CROSS-BORDER M&A GUIDE

ALLOCATION OF COMMERCIAL RISKS
AND DESIGN OF LEGAL CLAUSES

跨境并购实战指引

商业风险分配和法律条款设计

王兴华◎著

法律出版社 LAW PRESS · CHINA
北京

著作权合同登记号
图字：01-2024-4932

王 兴 华

Owen Wang, Esq. & CFA

金杜律师事务所国际合伙人，美国纽约州执业律师、中国执业律师和特许金融分析师（CFA）。

王兴华律师在跨境并购领域深耕多年，曾在纽约和香港的美国顶级律所执业多年，之后曾在一家大型民营企业集团担任高管，负责海外投资业务，亲自操刀执行了数项大规模的海外并购，并曾担任某跨国数据集团的董事、董秘和执行委员会委员。王兴华律师被多家法律媒体评选为市场领先律师。

王兴华律师毕业于北京大学（法学学士）、清华大学（法学硕士）和美国密歇根大学（法律博士，J.D., *Magna Cum Laude*）。

XborderMA@163.com

他序一

兴华律师在《跨境并购实战指引：商业风险分配和法律条款设计》一书即将付梓之际，邀我作序，盛意难却。

改革开放40多年来，中国创造了经济快速发展与社会长期稳定的两大奇迹，这与国家法治建设不断进步紧密相连。过去10多年来，中国律师队伍快速发展壮大，现已突破70万人，成为律师大国。律师队伍在推动国际经贸合作、促进经济繁荣进步、维护社会稳定和谐、维护社会公平正义等方面做出了突出贡献。同时也要看到，行业发展仍然面临诸多挑战，仍有很多方面需进一步加强与完善，特别是在涉外法治领域我们还比较薄弱，涉外法治人才仍然严重匮乏。

2023年11月27日，习近平总书记在中共中央政治局第十次集体学习时强调，涉外法治作为中国特色社会主义法治体系的重要组成部分，事关全面依法治国，事关我国对外开放和外交工作大局，要积极发展涉外法律服务，要完善以实践为导向的培养机制，早日培养出一批政治立场坚定、专业素质过硬、通晓国际规则、精通涉外法律实务的涉外法治人才。

司法部党组高度重视涉外法治工作，深入学习贯彻习近平法治思想和习近平总书记关于加强涉外法治工作的重要论述，推出多项举措加快培养高素质涉外法治人才，着力提升涉外法律服务能力，这势必对我国涉外法治事业的进一步发展进步产生积极影响。

关于涉外法治人才培养的重要性，我仍记得梁振英先生曾经说过的一段话。他说人才培养要提前20年入手，一支能够在国际舞台上运用法治方式维护国家和人民利益、主动参与国际规则制定、推进构建更加公平公正的国际新秩序的涉外法治人才队伍，也是国家的“大国重器”。

在世界百年未有之大变局加速演变、全球产业链供应链深度调整与重构的时代背景下，中国坚持推进高水平对外开放，推动高质量共建“一带一路”，加快构建以国内大循环为主体、国内国际双循环相互促进的新发展格局，为中国企业全方位拓展海外市场带来新机遇。在这个过程中，面对日益复杂的国际政治、法律和监管环境，中国企业“走出去”要行稳致远，更加需要具有国际水准的高水平涉外法律服务队伍为其保驾护航。正如过去外资来华时国际律所扮演着牵头顾问的角色，随着中国的优秀企业不断走向世界，中国的律师事务所也势必会在更宽广的舞台上为客户提供全面的优质服务。

金杜成立30多年来，始终坚持以推动国际化发展为方向，致力于跨境与涉外专业法律服务。经过持续不懈的努力，金杜在银行融资、公司、跨境并购、资本市场与证券、诉讼仲裁、知识产权、企业合规等各个领域均有广泛和深入实践，并取得众多专业服务成就。伴随企业“走出去”步伐，金杜积极拓展与搭建全球性法律服务网络，在世界主要区域与核心城市设立办公室，不断提升综合性专业服务能力，努力为客户提供高品质法律服务和最佳解决方案。

此外，我们积极响应国家号召，设立金杜法律研究院，关注和推动涉外法治领域课题研究，也通过金杜学堂在涉外法治人才培养上做了很多探索和努力，包括与北大、清华等高校合作，建设涉外法治人才协同培养创新基地、开展法律硕士专业学位（涉外律师）研究生联合培养项目等。

金杜在跨境投资和并购领域拥有丰富的实操经验。我们借助事务所全球执业网络，组成跨地域、跨法域、跨文化的专业团队，代表众多大型国有企业、民营企业、上市公司、基金和金融机构等客户，在境外直接投资、收购兼并、融资、工程承包等不同类型的境外投融资与合作项目中担任专项法律顾问，帮助客户获取海外资源、技术、品牌和市场。近年来，金杜在越来越多的具有重大国际影响力的跨境交易中扮演着牵头顾问的角色。

作为金杜公司并购业务团队的优秀合伙人，兴华律师有着深厚的国际执业背景和丰富的跨境并购交易服务经验。《跨境并购实战指引：商业风险分配和法律条款设计》是兴华律师多年执业经验的结晶，也是金杜跨境并购业务实践的总结之作。希望该书能够对加强涉外法治工作、助力中国企业“走出去”、帮助国际投资来华发展等方面起到积极推动作用，亦对中国企业、律师同行和其他专业服务同仁相关实务有所裨益。

预祝本书早日出版。

王俊峰

2024年6月6日

他序二

兴华律师是金杜公司业务部专长于跨境投资并购业务的合伙人，看到他的著作出版，我感到非常欣喜。诚如俊峰主席所言，近几年随着国际政治经济形势的演变，国际投资环境日益复杂多变，法律服务市场也在经历着深刻的变化。外资来华投资业务跌宕下行，中国企业出海如火如荼，尤其在一些新兴的业务领域，中国企业已经走在了世界前列。伴随中国企业“走出去”的步伐，金杜也从一家根植于中国本土的律师事务所成长为一家总部在亚洲、覆盖多个司法辖区的国际一流律师事务所。

中国企业在出海的过程中对法律服务的需求是巨大而迫切的，不仅因为很多企业走出国门，对于国外的法律和监管环境较为陌生，对于跨境交易的国际惯例并不熟悉；而且近年来逆全球化、贸易保护主义风行，中国企业面临的法律监管风险与挑战前所未有。拥有丰富跨境业务经验的律师能够为中国企业出海保驾护航，对防范风险起到至关重要的作用。兴华律师曾在中国和美国的顶级法学院接受法律教育，毕业后在国际顶尖律师事务执业数年。他于2015

年加入了一家大型民营企业集团，负责海外投资业务，亲自操刀执行了数个大规模的海外收购交易，并且负责了收购后的整合、运营，以及后续的退出事宜，拥有全流程的实操经验和心得体会。

在加入金杜后，兴华律师融会贯通了他作为执业律师和来自企业内部的海外并购的丰富实战经验，为客户的跨境并购交易提供优质的法律服务。在执业过程中，兴华律师笔耕不辍，将其丰富的经验总结为一系列文章，发表在金杜研究院微信公众号上，受到了客户和读者的广泛好评。《跨境并购实战指引：商业风险分配和法律条款设计》即是以这些公众号文章为主体，经过重新地整理、补充和打磨而形成的，是兴华律师多年执业的结晶。这本书以跨境并购的流程为主线，详细介绍了跨境并购中的主要步骤和每一步骤的核心商业及法律问题，并辅以翔实的案例分析，具有很强的实用性、可操作性和借鉴价值。

金杜律师事务所作为一家根植于中国的国际性律师事务所，致力于为中国企业出海保驾护航。2022 年，金杜组织撰写了《中国投资者海外投资合规经营和权益保护使用指南》；2023 年，随着金杜成立三十周年，我们出版了一系列丛书，包括《涉外商事风险防范和争议解决》《“带路”法律与实践》等。希望本书与其他金杜同仁撰写的书籍为中国企业出海有所裨益。

金杜公司业务部管理合伙人　徐　萍

2024 年 6 月 17 日

自　序

跨境并购是中国企业出海的主要形式之一，相较于业务合作、绿地投资等其他出海方式，跨境并购的技术性更强，涉及的商业和法律问题更为复杂。如在本书第6回案例摘要中所介绍的，在A股上市公司暴风影音收购欧洲体育版权商MP & Silva Holding S. A. 的戏剧性失败案例中所揭示的，中国企业走出国门，在不熟悉的法域从事并购交易是充满风险的，商业风险的分配和与之配套的法律条款的设计至关重要，稍有不慎，就可能跌入万丈深渊。

本书立足于剖析跨境并购中的主要流程和步骤，并对其中的“坑点”（核心谈判点）予以重点提示和充分讨论，比如交易价格如何确定和调整、陈述与保证的作用和设计、赔偿机制和并购保险的运用、股权和债务融资的引入以及上市公司交易中的交易保护和信息披露等。我曾在中美顶尖的律师事务所执业多年，并曾在一家大型民营企业担任高管，负责海外投资业务，亲自操刀执行了数个大规模的海外收购交易。基于我在商业侧和法律侧多年的实践经验，我从商业风险的分配和对应的法律条款的设计出发，力求在本书中探究跨境并购的“法与术”，法为基本原理，术为具体方法，术发之于法，法实现于术，二者互为交融。

跨境并购交易经常是以购买目标公司股权的方式进行，主交易文件一般称为 Share Purchase Agreement，简称 SPA。资产交易的法律文件一般为 Purchase Agreement 或者 Asset Purchase Agreement。当然，还有其他常见的交易形式和相应的法律文件，比如合并协议（Merger Agreement）或业务合并协议（Business Combination Agreement）。本书中，有时使用 SPA 泛指各类交易文件，不只限于购买目标公司股权的方式。

本书第一篇自保密协议开始，介绍了跨境并购的交易流程和主交易文件的核心条款，这些都是绝大多数跨境交易中的共性问题。跨境并购中的保密协议通常冗长繁杂，而非仅仅是对收到的信息进行保密这样简单，其中暗藏诸多玄机。在签署了保密协议之后，你将接触到更多的项目信息，进入跨境并购的正式流程。你需要了解跨境并购通行的交易模式——拍卖出售（auction）如何操作，如何踩准时点从而成为最后的赢家。

在完成了初步尽职调查、进入交易谈判之际，你需要关注的首要问题是如何确定和调整交易价格。价格是交易中根本的问题之一，是真金白银的正面较量。在不同的市场中（美国市场、欧洲市场或亚太市场），价格博弈的方式是有差别的，双方谈判地位的高低也将决定交易价格的确定方式。在谈定了价格条款后，本书将带你进入冗长“枯燥”的陈述与保证章节，这个章节往往是整份交易文件中占据篇幅最大的部分。陈述与保证虽然冗长，但并非“废话”，它是对交易风险的分配。陈述与保证之后，往往是承诺条款，陈述与保证分配的主要是签约日之前既存的风险，而承诺条款则是对从签约日到交割日之间的事项甚至是交割后的事项的约定和风险分配。在陈述与保证和承诺条款涵盖的事项中，监管审批无疑是其中相当重要的事项之一。因为跨境并购不仅是买卖双方之间的事情，还涉及政府的监管和审批，直接关系到交易的成败。除监管审批之外，在绝大多数跨境并购中，陈述与保证和承诺条款还会涉及员工事项，如何对待员工是买卖双方在并购中都关注的问题。作出陈述与保证和承诺之后，如何让上述陈述与保证和承诺真正发挥其该有的作用，即通过引入赔偿条款，一旦陈述与保证不真实准确或者承诺被违反，违约方需对守约方予以赔偿。由于市场和交易方的性质不同，赔偿条款的模式亦不相同，依据市场的既有惯例进行谈判会更容易达成交易。最后，不是所有的交易都能够满足条件实现交割，倘若交易遇到了障碍，那么如何拆解障碍、解决争议就是非常重要的事项了。

第二篇主要涵盖除主交易文件外的其他交易事项和附属交易文件。在本书的第一部分，我们依照交易发生的逻辑顺序讲解了跨境并购中的一些核心商业问题和法律条款设计，我们称之为“主战场”。除主战场的攻防之外，在分战场，并行爆发的其他“战斗”时有发生，比如融资、资金托管、股东协议和并购保险等。通常而言，融资分为股权融资和债务融资，均会涉及不同的交易文件。本书仅从并购律师的视角来讲述融资，无意深入借款协议等主融资文件以及相应的担保措施等。除融资外，交易还会涉及托管协议、财团联合体协议、股东协议等其他交易安排和文件，此篇将循序予以讲解。近年来，无追索权交易（non-recourse deal）变得越来越普遍，特别是在私募股权基金作为卖方的交易中，所以，并购保险越来越受到关注和普及应用，成为分配和管理交易风险的重要工具之一。

第三篇主要涵盖上市公司的交易和信息披露。第一篇和第二篇的内容普遍适用于所有类型的跨境并购交易，但在上市公司作为目标公司的交易中，又会存在一些特别的问题。本篇旨在讲解这些特别问题，比如董事信义义务和交易保护措施等。因为通常上市公司的所有权和经营权处于分离的状态，那么维护所有者的利益并同时保护交易的稳定就成为上市公司交易面临的重要问题，是贯穿于反收购措施和交易保护措施的核心事项。另外，在涉及美国上市公司的交易中，会经常遇到注册权和持股信息披露的问题，本篇一并予以介绍。

如很多读者所知，我是一名美国纽约州的执业律师，成长于华尔街的律师事务所，因此本书的指引方法偏向于美国市场的惯例，但其中阐释的法律原理和商业实践是具有普适性的，所以本书对于涉及其他法域的跨境并购交易同样具有指导意义。同时，我也是一名中国执业律师，在某些相关章节，我会对中美之间不同的法律体系差异进行提示和阐述。如果您对本书内容有任何疑问需要与我讨论，请发送邮件至 XborderMA@ 163. com。另外，我曾与无讼研究院合作，将本书的核心内容变成了线上课程，感兴趣的读者可在无讼律师 App 搜索课程“跨境并购实战指引 9 讲”。

另外，本书的大部分内容都曾发表在金杜研究院微信公众号和我的微信公众号（XborderMA），在此我由衷地感谢与我合作撰写公众号文章的各位同事们，包括我的合伙人黄玲、费佳、徐家兴、杜卓南、罗华、王宇和资深顾问刘宁等，以及诸多年轻律师包括陈思乔、富江洲、韩李相依、黄少汶、李瑞声、梁嘉伟、萧君、杨昕玥、余子霄、张碧珊、张键、赵泱地、郑雅文等（以姓氏首字母的英文顺序为排序）。我更由衷地感谢各位敬爱的客户们，是你们的商业实践不断推动着我们探究解决问题的方法，终得以本书的形式呈现给广大读者。

王兴华（Owen）

2024 年 8 月 8 日

目录 contents

第一篇 跨境并购的主战场

——交易流程和主交易文件

第二篇　跨境并购的分战场

——其他交易事项和附属交易文件

第三篇　上市公司并购的特别问题

第一篇

跨境并购的主战场

——交易流程和主交易文件

第 1 回　保 密 协 议

保密协议是大家最耳熟能详，且在各种商业交易过程中都会遇到的法律协议。但是，在跨境并购交易中，特别是在竞标交易流程中，保密协议显得特别重要，因为它不仅是规定要对信息保密，更重要的是对整个竞售流程的规制，以产生最优的价格。

一、保密义务

竞售流程中的保密协议，通常由卖方撰写初稿。其最基本的内容是规定卖方将保密信息披露给潜在买方，供其对拟议交易进行评估，同时规定信息的接收方对收到的信息严格保密，因此又称为不披露协议（non-disclosure agreement，NDA）。NDA 同时还会规定信息接收方只能为评估拟议交易使用该信息。卖方撰写的保密协议经常只是规定了信息接收方的单方面义务。但是作为谨慎的买方，通常会要求在某些信息上的保密是双向的，比如对正在进行的拟议交易和该买方参与竞标的事实进行保密，否则卖方也许会借买方的市场影响力进行碰瓷炒作或者其他的买方不希望看到的操作。在双方都会提供敏感信息的情况下，比如买方是战略投资者，或双方探讨交易的协同等，则保密协议可能是双向的，即彼此要对收到的信息严格保密。

二、允许披露的对象

对信息保密是保密协议的主要内容，但是做成交易才是目的。因此，保密协议也需要界定明确可以披露的对象范围。通常而言，除了潜在买方及其关联方外，还有如下类别的人可能成为被允许披露的对象。

（一）专业顾问

就像对垒的两军双方都会有军师一样，交易的双方都有一些军师，包括投资银行、律师、会计师、税务师、评估师等。通常而言，这些人都会被定义为买方的代表（Representatives）而被允许获得保密信息。虽然对这些人披露是被允许的，但是在一些保密要求特别严格的交易中也会设定条件，比如这些专业顾问的名字必须事先披露给卖方并获得卖方的首肯等；律师通常而言又有别于其他顾问，在谈保密协议的时候，买方的律师可能已经介入，因此再要求事前披露律师的名字是没有意义的。

（二）融资方

对交易融资方（股权或债权）进行披露及限制条件对交易流程的影响比较大，是谈判中双方经常讨价还价的一个条款。通常而言，卖方不允许买方向潜在的股权融资方进行披露，原因在于卖方希望更多的潜在买方单独投标（而不是大家一起联合投标），而且卖方可以对潜在买方的范围进行控制。对于债权融资方而言，取决于交易的规模和市场的情况，有些交易在保密协议阶段可能不允许对债权融资方进行披露，有些可能是允许的。对债权融资方的披露经常会附加一些限定条件，比如要求融资银行采取不同的“人员树”系统（tree system，即融资方针对并购交易中的某一方单独设置的工作组）和信息隔离墙（Chinese Wall），[①]以防止不同买方的信息在融资银行处发生混同（不同竞标买方通过为交易提供融资的银行进行信息交换）。

（三）买方关联方

能否向买方的关联方进行披露是个比较复杂的问题。虽然对关联方的披露一般是允许的，但对于关联方的定义必须特别谨慎，对于关联方定义中的每一个元素都要特别小心甄别评估，比如能否披露给基金的 LP 或者基金的被投资公司（portfolio companies），买方关联方中是否存在目标公司的竞争对手等，以及这些实体获得目标公司的保密信息后会产生什么影响。另外，基金买方通常还会要求排除“dual-hat”相关的实体成为信息接收方，即不因收到信息的人员同时担任数个基金或关联公司的董事或高管（dual-hat），从而推定该等未参与竞标的其他基金或关联方收到了保密信息，并承担本保密协议项下作为信息接收方的义务。

以上是典型的信息披露对象的范围。近年来，随着交易结构的变化，比如陈述与保证保险在交易中越来越广泛的使用，保险经营者（insurance carrier）也经常被列进买方代表的范围。最后，卖方

---

① “Chinese Wall”源自中国的长城。在金融领域，它指的是金融机构内部实施的一种信息隔离机制。这种机制的目的是防止金融机构内部不同部门之间不当交换保密或敏感信息，从而有效避免潜在的利益冲突。具体而言，“Chinese Wall”机制通常涉及对存在利益冲突的部门实施隔离，以及对敏感信息的访问进行严格限制。

通常会要求买方对其各类代表违反保密协议的行为承担责任，但就买方角度而言，买方可能要求限定其承担责任的范围（如对与目标公司或卖方签订了单独保密协议不承担责任等）。

三、对信息接收方的行为限制

在竞售流程中，卖方处于主导地位，其通常会设定出售流程的规则，并在保密协议中要求买方遵守这些规则。这些规则的目的是使出售流程有序进行，以产生最优的价格，同时保护目标公司和股东的利益。

（一）禁止串标（no-clubbing）

竞售流程的首要目的是要通过制造竞争从而产生最优的价格，因此买方之间的互相串通是要严格禁止的。只有在个别的情况下，在卖方知情甚至主导的情况下才允许买方之间进行联合投标。

（二）禁止锁定（no-lockup）

为维持竞售流程的竞争性，保持并购战场上火力供应（融资）市场的竞争性也是十分必要的。具体而言，卖方会在保密协议中要求买方不可以锁定债权融资方和提供并购陈述与保证保险的保险公司，即买方不得与银行等金融机构/提供并购陈述与保证保险的第三方签订限制该等机构为其他竞标买方就项目提供融资/保险的协议或安排。尤其是在交易金额比较大的项目上，市场上能够提供融资或者保险的玩家不多，如果被锁定，火力供应受限，则将大大降低竞售流程的竞争性。

（三）禁止联系（no-contact）

在竞售流程中，目标公司的经营都会受到或多或少的干扰。为维持目标公司的正常经营，并保证竞售流程的正常有序进行，也为了防止潜在买方与目标公司管理层达成私下协议损害卖方的利益等考虑，卖方通常会要求买方不得联系目标公司或其关联方的董事、雇员、高管、客户、供应商等。与卖方和目标公司的联系一般是通过卖方聘请的投行进行，以保证沟通渠道的统一和竞售流程的有序进行。

（四）禁止招揽（no-solicitation）

在尽职调查的过程中，买方会接触到卖方的董事、高管或员工，甚至目标公司的客户和供应商。有些战略投资者参与竞售流程的目的可能并非真正想收购公司，而是为了获得保密信息以了解目标公司并接触或招揽其核心人员或供应商、客户等。为了避免以上情形，卖方通常要求买方在签订保密协议后的一段时间内（如 18 个月或 24 个月等）不得招揽或聘用目标公司的董事、高管或员工以及公司的客户和供应商等。双方通常会对禁止招揽的范围和条件，以及允许的例外情况等进行讨价还价。

（五）禁止行动（standstill）

为了将战争维持在主战场，防止收购方发起出其不意的侧面攻击，卖方通常会要求买方在签署保密协议后的一段时间内不得收购目标公司或者关联方的股票或资产，通常称为 standstill。这样要求通常会有几个方面的考虑：（1）防止买方发起敌意收购（hostile takeover)；(2) 防止买方通过收购目标公司或其关联方的股票或资产从而对卖方施加不正当的压力；(3) 鼓励买方在本次竞售流程中给出最好的价格等。买方通常会对以上限制提出各种修改，以尽可能地缩小以上限制的范围，包括作为 standstill 的例外，允许公开市场的小比例的目标公司股票交易等行为；另外，买方通常要求在特定的条件发生时，该 standstill 条款随即终止（称为 fall-away provision），比如在第三方与目标公司就项目签订交易协议后。[②]

四、战略投资者的特殊考虑——反垄断

在并购交易中，如果买方属于战略投资者，还需要考虑通过分享保密信息而导致的反垄断法下的抢跑问题（gun-jumping）。[③]反垄断法要求参与并购交易的双方在交割前均作为独立经济主体充分参与市场竞争，不得就敏感信息进行信息交换，包括客户名单及销售量、价格、成本、产品创新、市场营销计划及战略计划等，但这些信息在保密协议项下很可能被卖方披露给买方以供其对拟议交易及目标公司的价值进行评估。

为了规避或降低反垄断违法风险，卖方或其财务顾问在将敏感

② 在涉及上市公司作为卖方或目标公司的并购交易中，这实际上给了买家第二次出价的机会（second bite）。因此，卖方可能还会增加一个条款，即 Don't ask don't waive 条款，即买方不能要求卖方豁免 standstill 条款。Don't ask don't waive 条款的目的即鼓励买家给出最好的价格，因为买家只有一次出价的机会。

③ 由于并购交易的双方在交易达到反垄断申报标准时需要向反垄断主管机关申报，经主管机关批准（或在特定期限内未采取任何行动，即 waiting period）后方可交割，因此双方在交割前采取的一系列旨在促进双方在交割后更好且更迅速地合并的行为被统称为抢跑（gun-jumping）。

信息披露给战略买方之前，通常会将部分敏感的信息进行遮挡；在涉及特别敏感的信息但又不能不披露的情形下，还可能采取“干净房间”（clean room）的策略，将这部分特别敏感的信息单独放进一个独立数据库，只能披露给买方聘请的第三方顾问或者买方的部分支持人员（不能披露给买方的关键商业人士）并由该第三方顾问或者买方的部分支持人员进行查阅评估。

五、保密协议的期限

保密协议没有期限是很多并购玩家难以接受的事情，但就卖方角度而言，保密信息并不因为过了一段时间就自动脱密，因此在卖方起草的保密协议初稿中，要求买方承担永久保密义务（evergreen）的也十分常见。对于买方而言，尤其是在并购市场十分活跃的私募基金投资者而言，每年要签署大量的保密协议，如果都没有期限，则其义务及责任的累积是难以承受的。因此，双方通常会妥协达成一个保密期限，一般而言，1～3 年比较常见。在有的交易中，卖方还会要求即使在保密协议的期限到期后，买方也不应主动披露保密信息，即所谓的尾巴期限（tail period），该期限是否适用以及其长短完全取决于双方的谈判。另外，如果双方就拟议交易签署了交易文件，则保密协议通常会终止，双方之后关于保密信息的权利义务，包括持续保密义务等，会在交易文件中另行约定。

六、其他事项

（一）因合规目的之披露

对信息严格保密是保密协议的天职，但保密义务也不是绝对的。信息接收方通常会要求在法律法规或法庭、监管机构等要求其披露的情况下，允许其披露保密信息以及关于拟议交易的一些事实。但某一个具体情形是否适用该等因合规目的之披露需要根据保密协议的具体语言进行判断，例如，因买方主动采取行动而导致买方被监管机构要求进行披露可能不能适用本条，但具体要看保密协议的条款约定。④另外，为防止该条款被滥用，信息披露方还可以要求信息接收方提供律师意见作为合规披露的依据，以及在合规披露时，需要事前就该等披露及其披露范围通知信息披露方，并在合理的范围内配合信息披露方采取行动保护保密信息。

（二）保密信息的返还或销毁

在竞售流程中，卖方希望尽可能地控制信息的扩散和使用。如果卖方不想某个买方继续参与交易，交易终止或者卖方已与第三方买方进入独家谈判阶段甚至签约，卖方可要求信息接收方返还已接收的保密信息。但是，对于买方而言，返还接收到的保密信息工作量很大，通常而言，买方都要求可以自主选择返还或者销毁接收的保密信息。实践中，我们极少见到买方返还保密信息的情形。因

---

④ 在特拉华州衡平法院 2012 年的 *Martin Marietta Materials, Inc. v. Vulcan Materials Co.* 案中，Martin Marietta 在向美国证券交易委员会（U. S. Securities and Exchange Commission，SEC）提交的文件中披露了有关拟议交易谈判的细节。在判断该等披露是否构成本条所述的因合规目的之披露时，结合协议文本及交易背景，法院认为案涉协议下因合规目的之披露必须是外部触发的，而不是由一方的自主行为（如交换要约和投票权争夺）所导致的。Martin Marietta 因发起敌意收购和征集代理投票权这种自主的行为而使其主动受限于监管机构的披露要求不适用本条规定的例外。

此，卖方通常会要求买方对保密信息的销毁出具一个高管确认证书（officer's certificate）。此外，现代无纸化办公通常会对公司服务器上的所有文件进行自动备份，这些备份有些是按照监管要求进行，有些是根据公司内部的文档保存制度进行。但通常而言，这种自动化的备份是不易销毁的，因为要么不符合监管要求，要么实践起来成本很高。因此，卖方律师应在保密协议中确保这些备份的信息仍然受保密义务的约束，而且在很多情况下还应对备份数据的访问权限提出某些限制性要求，例如仅将访问权限提供给合规人员等。

（三）不再参与拟议交易的通知

卖方为了更全面的掌控竞售流程，有时会在保密协议中要求信息接收方在决定退出交易时及时主动地通知卖方。但对于买方来说，这是一个很难做到的事情。其一，买方何时不再继续参与交易很多时候没有明确的时间节点，很多交易是跟着跟着就冷下来了，内部并没有形成正式决议不再推进，因此对项目团队而言，很难决定一个时点来通知卖方；其二，对很多私募基金买方而言，他们每年评估的交易数量非常多，实践中可能无法就某一个特定交易通知卖方。

结　语

以上简要介绍了跨境并购竞标出售流程中保密协议的一些要点。在每一点上，基于卖方和买方的谈判地位不同，关注点不同，最终谈成的结果也是不同的。每个点的谈判都是一场攻防战，保密协议虽常见，但却可能是刀刀见血，深刻理解这些要点对交易流程的影响，才能化繁为简，更好地维护客户的利益。

延伸阅读

案例摘要 1－1

Martin Marietta Materials, Inc. v. Vulcan Materials Co.

56 A. 3d 1072（Del. Ch. 2012）

Vulcan Materials Co.（以下简称 Vulcan）是一家在新泽西州成立的公司，总部在亚拉巴马州的伯明翰，是美国国内最大的建材商。Martin Marietta Materials, Inc.（以下简称 Martin Marietta）是一家北卡罗来纳州的公司，是美国第二大建材商。它们两家的主要业务是开采石头及类似矿物，并加工成公路、建筑或其他公共设施的材料。

2010 年春天，Martin Marietta 和 Vulcan 这两家建材巨头开始讨论可能的合并（merger）并签署了两份保密协议，一份是惯常的不披露协议（NDA），用于涵盖惯常的保密评估信息的交换和处理并需对谈判的信息保密；另一份是共同抗辩协议（joint defense agreement, JDA），主要是关于信息共享而导致的反垄断问题的分析。两份协议均没有禁止行动条款。双方都非常关注信息的保密，尤其是 Martin Marietta，因为当时 Martin Marietta 面临可能的第三方敌意收购的危险。

双方在开始洽谈的时候假设 Vulcan 将是收购方，但随着市场的变化，Vulcan 所在的房地产市场疲软，Vulcan 的盈利和股价不断下跌，而 Martin Marietta 的市值和经济实力变得愈加强大。2011 年 12 月 12 日，Martin Marietta 发起了对 Vulcan 的敌意收购，并发起股东投票权争夺，以选举 4 名新成员进入董事会。在随后向美国证券交易委员会（U. S. Securities and Exchange Commission，SEC）提交的 S-4 表格（Form S-4）[①] 中，Martin Marietta 使用了大量在与 Vulcan 前期谈判中获得的信息，包括谈判本身的信息。这些信息在之后被 Martin Marietta 继续用于市场推广和与投资者的沟通。

Vulcan 认为 Martin Marietta 违反了保密协议。在发起交换要约的同一天，Martin Marietta 主动提起了诉讼，要求法院确认保密协议没有禁止 Martin Marietta 发起交换要约或者投票权争夺。Vulcan 提起了反诉。

NDA 和 JDA 都对保密信息的使用做出了限制。NDA 只允许使用保密信息评估“交易”（transaction），交易的定义是可能的商业合并（a possible business combination transaction between Martin Marietta and Vulcan）。JDA 只允许使用保密信息推进和完成“交易”（transaction），交易的定义是双方正在谈判的潜在交易（a potential transaction being discussed by Vulcan and Martin Marietta）。Vulcan 认为两份协议都排除了交换要约和投票权争夺，因为“交易”在两份协议中均被定义为限于合意的交易。Martin Marietta 反

---

① S-4 表格是美国证券交易委员会要求的一种证券注册表格，在本案例用于注册在交换要约中拟发行的股份。

驳道，交换要约和投票权争夺应该被认为符合“商业合并”的要求，“between”并没有要求交易必须是合意的，因为最终的合并就是商业合并。法院认为两份协议的语言都比较模糊，很难依据协议的语言做出决定，需要看外部证据。外部证据支持Vulcan的解读，因为在谈判时，Martin Marietta担心被Vulcan或者第三方收购，所以当时的协议从“involving”改成了“between”，即要求双方进行谈判。因此法院判决Martin Marietta对保密信息的使用违反了保密协议。

另外，法院不同意Martin Marietta的主张，即它应被允许在SEC的披露信息中使用保密信息，因为这是法律的强制要求，应法律要求进行的披露是保密协议所允许的。法院认为协议的语言是模糊的，必须依赖外部证据。而根据外部证据，双方的意思是法律强制要求的披露必须是外部触发的，而不是由一方的自主行为（如交换要约和投票权争夺）所导致的。Martin Marietta将保密信息用于市场推广和与投资者沟通也违反了保密协议。

最终法院判定Martin Marietta违反了两份保密协议，因此法院判令暂停交换要约和投票权争夺4个月，直到保密协议约定的期限到期。但4个月的禁令（injunction）使Martin Marietta无法在2012年Vulcan股东大会上提名新的董事。Martin Marietta最终放弃了本次交易。

第 2 回　竞标流程和竞标流程函

在上一回中，我们已经介绍了保密协议的主要内容和对竞标交易流程所起的规制作用。在正式的竞标项目中，卖方通常还会通过竞标流程函（bid process letter）来规制由数个或数十个竞标人参与的复杂交易流程。

如名字所昭示的，竞标流程函的主要作用是要告诉竞标者如何参与竞标，投标的内容和时间安排等。虽然以上内容听上去更像是程序性的事项，但竞标流程函对于卖方如何有效地组织竞售流程（auction process）以产生最优价格，并保留卖方对交易流程的控制权和避免潜在责任都有十分重要的作用。

通常而言，竞售流程会分为两个阶段，第一阶段竞标和第二阶段竞标，在特殊的情形下，也可能只有一轮竞标或者有多轮竞标。在正式流程开始前，卖方会向数十个或者更多其认为合适的潜在买家以邮件或者简单的 PPT 形式发出项目简介（teaser），其将包含最基本的行业、业务及财务信息，但不会包括拟出售公司的真实身份信息。在潜在买家表示了初步兴趣后，卖方会要求有兴趣参与竞标的买家先签署保密协议（此时将披露目标公司的真实身份信息）然后再给予其竞标流程函，因为竞标流程函中包含的竞标时间安排等内容同样是保密信息的重要组成部分。

一、第一阶段的竞标流程函

竞标流程函通常由卖方的财务顾问（通常为投资银行）向感兴趣的买家提供。竞标流程函一般附带关于拟出售公司的业务介绍（confidential information memorandum，以下简称 CIM 或 IM），并要求买家在审阅 CIM 之后提供非约束力的报价。从接收到竞标流程函和 CIM 到提供非约束性报价的时间周期可能是 3 ~4 周，但这个周期的长短与每个项目的情况有很大关系，无一定之规。

第一阶段的竞标流程函通常要求买家在某一个确定的时间前提交非约束性报价函，并且要求投标人在报价函中包含以下内容：(1) 投标人身份：投标人的身份很重要，将影响交易的资金安排、反垄断审查、国家安全审查等各项所需的监管审批。(2) 估值和估值的方法与依据：通常而言，卖方财务顾问会要求竞标者提供一个估值，并提供估值的假设，比如是否是基于无现金无负债的企业价值；并且，卖方财务顾问通常会要求投标者提供一个估值数字，而非估值范围，如果竞标者提供的是估值范围，则按照下限作为估值。[①] (3) 对价支付方式（现金、有价证券或两者的某种组合及支付时间）。(4) 资金来源［是否需要第三方融资及融资来源（股权或债权）的详细信息］：对于战略投资者，可能会要求投标者提供

---

① 实践中仍有不少竞标者提供估值范围；虽然卖方声称将按照估值范围的下限作为估值进行评估，但根据交易的竞争激烈程度，提供估值范围仍然具有一定的意义。

其财务报表或主要数据或银行出具的资信证明；对于财务投资者，可能会要求投标者提供融资意向函。(5) 尽职调查的要求：对尽职调查的范围、程度和所需时间要求比较高的投标者通常会被卖家放在劣势的位置，除非其提供的价格非常具有竞争力。(6) 所需的内部审批及是否已经取得。(7) 是否需要取得政府或监管的批准，或者需要取得第三人的同意，或其他重要前提条件。(8) 未来的业务发展规划等。在部分交易中，卖家可能对竞标者将来是否计划大规模裁员或者将公司迁址等有特别的关注。(9) 如果是非 100% 出售，还需提供未来公司治理及股东权利义务安排的计划。

在第一轮竞标阶段，投标人能够获得的信息一般是有限的，通常是限于 CIM 和与卖方财务顾问的交流。竞标流程函通常会禁止投标人直接联系卖方或目标公司，并不得与其他潜在投标人接触或串标。

在卖方接收到第一轮的非约束性报价后，卖方与财务顾问通常需要花费 1 ~2 周的时间来评估收到的报价（周期长短取决于每个交易的情形）。卖家通常通过这些非约束性报价来评估拟出售资产的受追捧程度和大概的估值范围，并筛掉卖家认为不具有相应实力的买家或有其他企图的买家（如通过竞标获取保密信息等）。

二、第二阶段的竞标流程函

在卖方评估完第一阶段收到的非约束性报价函之后，会邀请很少数量的投标者进入第二轮。对于进入第二轮的投标者数量没有一定之规，既可能只有很少的几家，也可能有多家。

第二阶段的竞标流程函通常会提供关于目标资产的更多信息，包括管理层演示或访谈的安排、开放尽职调查的数据库、安排现场考察和尽调、交易文件的草稿等，有的交易中还会提供卖方准备的尽职调查报告（vendor due diligence reports, VDD reports）和卖方财务顾问准备的财务模型，以帮助投标者加快尽调流程和提供更好的报价。

第二阶段的竞标流程函会要求买家在数个星期内完成其尽调流程（尽调期间的长短与项目的复杂程度和交易的情境相关，无一定之规）。在这一阶段结束时，买方将需要提供有约束力的报价函，并附带对交易文件的修改意见（或重要问题清单）。报价函会针对性地回复第二阶段的竞标流程函的问题并提供相关信息及文件。约束性报价函的内容与第一轮非约束性报价函的内容大体类似，但更为具体和确定，比如要求投标者确认已完成所有尽调，不需要继续进行尽调，已取得所有内部所需的审批，交易资金的安排已经落实，等等。

虽然投标者提交的是有约束力的报价函，但并不意味着已经到了马上签约的程度。通常而言，从提交约束性报价函到签署正式的交易文件还有一段路要走，很多谈判都发生在这个阶段。卖家一般在评估收到的约束性报价函后会选择一家或少数的几家进行最后的谈判，尤其是对价格和交易文件的谈判。

另外，在这一阶段，在某些交易中，卖家可能会撮合两家或数家投标者结成联合体进行投标。发生这种情形的原因是多样的，可能是资产缺乏市场吸引力，或者是目标资产有多元化的业务，对不同的买家有不同的吸引力，或者是目标资产体量太大，单一投标者很难独自吃下等。

三、声明和免责条款

除以上与交易流程紧密相关的条款外，竞标流程函通常包含大量的权利保留声明和免责条款，彰显出卖家及其顾问在任何时候都完全控制着竞标过程，并防止被竞标失败的投标人起诉时承担任何责任。

通常而言，这些权利保留声明和免责条款包括：

（1）在双方达成最终收购协议之前：①该竞标流程函不构成出售要约；②卖方没有义务与任何投标人进行谈判；③任何投标均不被自动视为被卖方接受等。

（2）卖方有权自行决定：①在选择中标人时考虑所有因素，不仅仅是价格；②在任何时候修改、暂停或终止竞售流程；③在不通知的情况下，随时将任何投标人从竞售流程中除名；④同时与一方或多方进行谈判；⑤与任何一方签订最终收购协议；⑥不与任何投标人进行交易等。

（3）投标人自行承担其在尽职调查目标公司和卖方的过程中所发生的费用。

（4）卖方及其顾问对竞售流程中提供的任何信息的准确性和完整性不做任何陈述与保证等。

结　语

以上简要介绍了竞标出售的一般性流程和竞标流程函包含的主要内容。不同的项目中目标资产情况、交易背景和交易结构等都有差异，最终的竞标流程函及报价函内容也不尽相同，以上介绍侧重于通常交易中的共性因素。最后，需要提醒卖家和卖方顾问的是，在竞标流程函中要尽可能使用清晰、准确的语言，并严格遵守竞标流程函中规定的流程，以避免被落选的投标人起诉竞售流程的不公平甚至构成欺诈（fraud）。

延伸阅读

案例摘要2－1

Solow v. Conseco, Inc.

No. 06－CV－5988, 2008 WL 190340（S. D. N. Y. Jan. 18, 2008）

Conseco, Inc.（以下简称Conseco）是一家保险和金融服务公司，在1998年通过与唐纳德·川普合作取得了通用汽车大厦（GM大厦）的控制权。GM大厦位于曼哈顿中城第五大道767号，楼高50层。

2003年7月，Conseco通过其代理Eastdil Realty Company（以下简称Eastdil）对GM大厦进行拍卖出售。第一轮竞标流程函规定第一轮投标截至2003年8月11日下午6点。第一轮竞标流程函附带了保密协议，两者均明确保留了卖方的权利，包括接受或拒绝任何投标，基于其完全自主考虑的任何原因，在无须通知或者承担任何责任的情况下终止与任何投标者的洽谈，以及在评估投标时的自由裁量。Eastdil于2003年8月13日发出了第二轮竞标流程函，要求第二轮投标必须在2003年8月27日下午5点之前提交，并重申上述卖方权利保留条款。Sheldon H. Solow（以下简称Solow）根据前述两份竞标流程函的要求连续两次进行投标，并在上述截止日期前提交了最终14亿美元的报价，包括20%的股权出资和5000万美元的定金。但是Conseco将GM大厦以同样的价格（14亿美元）

出售给了 Harry Macklowe（以下简称 Macklowe）控制的实体。

2006 年 8 月 7 日，Solow 提起了本次诉讼，认为 Conseco 与 Macklowe 的交易违反了 2003 年 8 月 13 日第二轮竞标流程函的拍卖出售规则，声称构成了欺诈和违反了公平拍卖的义务，以及 Macklowe 的投标包含关于融资的不实陈述（misrepresentation）。Solow 在起诉状中声称，Conseco 是在投标截止的后一天联系了 Macklowe 并告知他如果他匹配 Solow 的 14 亿美元的报价，就把大楼卖给他。Solow 主张 Conseco 将 Solow 及其他投标者当成了陪标者（stalking horses）。

Conseco 发起动议，要求驳回 Solow 的起诉（motion to dismiss），依据是就法律上而言的，Solow 的诉由不能成立，因为保密协议和竞标流程函中均明确保留了卖方的权利。但法院否决了 Conseco 的部分驳回起诉的动议，并认为保密协议和竞标流程函的权利保留不能涵盖欺诈和对拍卖规则的不公平背离。值得注意的是，法院援引了纽约州的先例 *Valeo Engine Cooling v. Guy F. Atkinson Co.*，[①]即拍卖需要按照拍卖规则公平进行（a private auction to selected potential purchasers who submitted written bids must be conducted fairly pursuant to its terms）。

本案最终并未进行到审判阶段，因此没有关于案件结论的生效判决。

---

① *Valeo Engine Cooling v. Guy F. Atkinson Co.*, 240 A. D. 2d 176（N. Y. App. Div. 1st Dep't 1997）.

第3回　价格调整机制上篇：交割账目机制

绝大多数商业交易的核心是交易价格。那跨境并购交易的价格是如何确定，如何在交易文件中体现，以及如何在交易交割后进行调整和最终确定呢？在跨境并购中，以上市公司为目标的交易多采用固定价格交易，因为作为卖方的股东众多，实践中进行价格调整的操作难度很大。在以非上市公司为目标的交易中，买卖双方通常会约定一个价格调整机制，以使交易价格更准确地反映目标公司的价值。常见的价格调整机制有两种，即：(1) 在美国市场上普遍使用的交割账目机制（closing accounts or completion accounts）；(2) 在欧洲市场上更受欢迎的锁箱机制（locked - box mechanism）。[①]

一、交割账目机制概述

在我们讨论如何调整交易价格之前，首先需要弄清楚交易价格通常是如何确定的。在跨境并购交易中，流行的企业估值方法包括

① 锁箱机制本质上是一种固定价格机制，但如果目标公司的价值在锁箱日后发生损漏（leakage），则卖方需要向买方进行补偿，也是一种交易价格的调整。

相对估值法，即根据市场上的可比公司和可比交易的估值来确定目标公司的估值（通常是 EV/EBITDA 的倍数），或者采用现金流折现法（discounted cash flow）来计算目标公司的价值等。这些估值方法得到的结果通常是企业价值（enterprise value），并且假设目标公司无现金、无负债。在交易当中，企业价值在交易协议里经常体现为基础交易价格（base purchase price），并将按照交割时目标公司的现金和负债情况进行调整，从而得出目标公司的股权价值（equity value）。股权价值又称为交易价值（transaction value），即买方需要向卖方支付的对价。股权价值的基本计算公式为：股权价值 = 企业价值 + 现金 − 负债。

在实际操作中，需要调整的项目不会仅限于现金和负债，通常还会包括营运资本（working capital）、交易费用等。在以上估值方法中，我们假设目标公司是无现金、无负债，但现实中目标公司在交割时要保持正常运营，需要保持一个正常水准的营运资本。目标营运资本即在正常情况下公司运营所需要的资本，通常由买卖双方根据资产负债表中流动资产 − 流动负债得出。交易费用是目标公司发生的与交易相关的在交割时还未支付的费用。所以常见的价格调整公式是：交易价格（股权价值） = 基础交易价格（企业价值） + 现金 − 负债 + （交割时营运资本 − 目标营运资本） − 交易费用。

一个典型的交割账目价格调整流程如下（见图 3 − 1）。

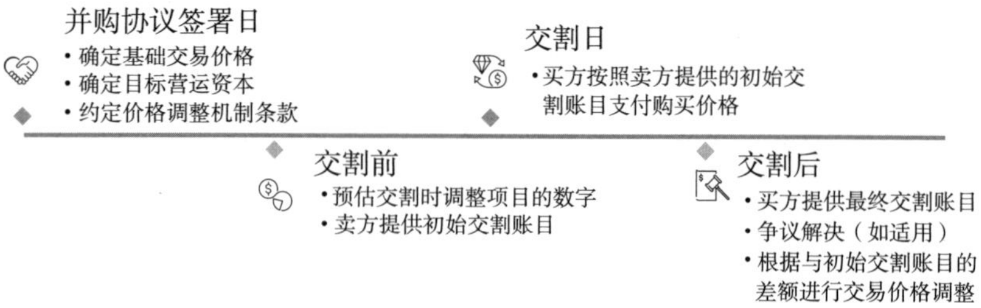

图 3－1　交割账目价格调整流程示意

Step 1：签约时

交易双方通常在交易文件中约定价格调整的公式和两个基础数字，即基础交易价格和目标营运资本（target working capital）。目标营运资本将在后文详述。为了帮助大家更好地理解，我们举例假设拟议收购的目标公司的基础交易价格为 1000 万美元，目标营运资本为 100 万美元。

Step 2：交割前数日

卖方向买方提供初始交割账目，合理预估在交割时调整项目（现金、负债、营运资本和交易费用等）的数字，用于在交割时对基础交易价格进行初步调整。我们继续假设卖方此时提供的初始交割账目中预估目标公司在交割时的营运资本为 110 万美元，现金为 10 万美元，负债为 30 万美元，交易费用为 10 万美元。

Step 3：交割时

作为交易对价，买方应向卖方支付基于上述预估数字调整后的购买价格。在我们的例子中，买方此时需要向卖方支付的价格＝

1000 万美元（基础交易价格）+10 万美元（预估现金）－30 万美元（预估负债）+10 万美元（预估营运资本－目标营运资本）－10 万美元（交易费用）=980 万美元。

Step 4：交割后

在交割经过一段时间（通常是60 天或者90 天）后，买方需要向卖方提供最终交割账目，其内容为关于该等调整项目在交割时准确数额的核实和计算，相对于初始交割账目通常会有调整。如卖方确认买方的计算无误，交易双方便可以根据最终交割账目中的数字对购买价格作最终调整。但是，如果卖方对买方出具的最终交割账目持有异议，则双方应根据并购协议中约定的争议解决机制善意协商或是提交第三方来进行评判和决断。

继续前文的例子，如买方出具的最终交割账目中确认在交割时的营运资本为90 万美元，现金为15 万美元，负债为40 万美元，交易费用为10 万美元，且假设卖方对此无异议，则最终确认的交易价格应为1000 万美元（基础交易价格）+15 万美元（现金）－40 万美元（负债）+［－10 万美元（交割时营运资本－目标营运资本）］－10 万美元（交易费用）=955 万美元。则相对于交割时买方已经支付的980 万美元，则净调整额为负25 万美元。所以，卖方应返还买方在交割时多支付的25 万美元，最终调整后的买价为955 万美元。

二、交割账目机制的谈判要点

（一）调整项目的确定

如前文所述，常见的价格调整公式是：交易价格（股权价值）=

基础交易价格（企业价值）+现金-负债+（交割时营运资本-目标营运资本）-交易费用。公式里的每一项，除了基础交易价格在双方进入交易协议谈判之前通常已经确定外，其他都是要调整的项目，也是双方谈判的要点。

目标营运资本通常是交易双方讨价还价的重点之一。卖方希望目标营运资本定的越低越好，这样交割时的实际营运资本高于目标营运资本，则买方需要支付更多对价；反之，买方则希望把目标营运资本定得尽量高一些。目标营运资本的确定理应按照预计交割时可能的营运资本水平来确定，要考虑到营运资本的季节性变化，比如假设目标公司是一家啤酒公司，则该公司夏季的营运资本可能会显著高于冬季的营运资本。实践中，双方可能按照一定时期的营运资本的平均数来确定（比如按照过去12个月每月末的平均营运资本水平确定），并明确特定的调整项（如剔除一些一次性事件的影响）。

现金和负债表面上看起来很容易确定，但实践中买卖双方通常会花费大量的时间和精力谈判现金和负债的定义。比如现金应该包括哪些科目，是否应该包括受限现金（restricted cash or trapped cash），是否包括在托管账户中的现金（escrowed cash），是否包括在海外国家的现金（调回美国可能需要付税），是否应该包括可销售的证券（marketable securities）或投资账户（investment accounts）等。负债的定义则更为复杂，买方通常会把一长串的债务或者类似债务的项目包括在负债的定义当中，比如递延收入（deferred revenue）、欠缴的退休金（underfunded pension）、未支付的收购对价（earn-outs in prior transactions）、终止金融衍生品可能支付的终止费，等等。以上定义的范围存在一些市场通常的做法，但并没有统一的标准，经常是买卖双方讨价还价的结果。律师在确定这些项目时，应该与会计师和财务顾问保持充分的沟通，了解每一个科目可能的数值范围，因为每一个项目都会影响交易价格。最后，应注意到现金是流动资产的一部分，负债中的流动负债是营运资本计算的一部分，以上同时对营运资本、现金和负债进行调整会有重合的部分，因此在交易协议中需要明确约定不能重复计算，通常的做法是将所有纳入现金和负债中调整的事项不再纳入营运资本的计算。

除了营运资本、现金和负债三个财务指标外，交易双方还可以根据交易的具体情况约定其他的调整项目。例如在 Churchill Downs Incorporated 收购 Peninsula Pacific Entertainment LLC 的 100% 股权的购买协议中，双方约定，如果对目标公司两家特定子公司的收购不能与另一项交易共同构成美国税法下定义的“交换”的情形（将导致无法延迟纳税义务），则购买价格应相应调低一定数额。②

（二）对调整的限制

在大多数交易中，对交易价格调整的金额及方向是没有限制

② Churchill Downs, Inc., *Purchase Agreement by and between Peninsula Pacific Entertainment Intermediate Holdings LLC and Churchill Downs Incorporated*, EDGAR (Feb. 18, 2022), https://www.sec.gov/Archives/edgar/data/20212/000119312522047716/d283637dex21.htm.

的。但交易方可根据每个交易的情况和双方谈判地位的差别，对价格调整施加限制，比如只允许交易价格向下或向上调整；只有在调整金额超过特定数额后才进行调整；设定调整金额的上限，超出上限的金额不再调整以及前述多项措施的组合等。卖方通常更希望对调整进行限制以提高最终价格的确定性，但买方则通常更希望根据实际情况进行调整，因为买方在交割后实际控制公司，对调整项目和数值的确定有更多的控制权。

（三）会计准则

目标公司的财务账目是交割账目调整机制的基础，交易双方需要在并购协议中对该等财务账目所适用的会计准则进行详细约定。大多数并购协议中会约定初始交割账目以及最终交割账目都应根据与目标公司历史惯例一致的公认会计准则（GAAP consistent with the Company’s past practice）进行编制。③该约定包含了至少两层含义：一是要符合公认会计准则，二是要与目标公司的历史惯例一致，因为公认会计准则在某些情况下允许公司从数种可能的会计处理方法中选择一种方法或者给予公司相当的判断空间，此时编制报表时必须与历史惯例一致。但是交易双方还需要预见到，如果目标

---

③ 在 2022 年，54% 的以非上市公司为目标的并购交易中使用了此种约定方式，详见 SRS Acquiom，*SRSA 2023 M&A Deal Terms Study*，https：//www. srsacquiom. com/our－insights/deal－terms/。但是，2023 年的调研显示约有 36% 的交易使用了此种约定方式，详见 SRS Acquiom，*SRSA 2024 M&A Deal Terms Study*，https：//www. srsacquiom. com/our－insights/deal－terms/，这是该方式在调研中第一次低于 50%，越来越多的交易开始采用更加细致的“底稿”（worksheet）方式来约定适用的会计准则。

公司的历史惯例与公认会计准则不一致该怎么办？为了避免潜在的争议，交易双方通常会：（1）以文字详细定义较为重要的会计术语（如现金、负债、营运资本等）；（2）明确约定详细的会计处理方法，尤其是当目标公司的历史惯例与公认会计准则不一致时应适用何种规则，通常作为交易文件的附录予以列示；（3）将交割账目的范例格式（包含具体的会计科目）作为协议的附录。

（四）争议解决

在使用了交割账目机制的交易中，买方对交割账目的核验和二次计算提高了买卖双方之间产生争议的风险，因此争议解决的方式和步骤通常是交割账目调整机制相关条款的重要内容。

1. 善意沟通

在买方提供了最终交割账目后，如果卖方对其中的任何内容有异议，可以在一定时间（通常是 30 天）内提出。卖方需要在异议通知中书面写明持有异议的具体数字以及理由（其他没有异议的数字则视为双方已达成一致）。在这之后，买卖双方之间往往有一段时间的沟通期（通常是 30 天），双方应在这个期限内就争议事项进行善意沟通和协商，争取在双方之间就最终交割账目的数字达成一致。

2. 第三方争议解决机制

如果在沟通期限内双方仍不能就争议数字达成一致，则应按照并购协议的约定提交第三方解决。在大多数的并购交易中，交易双方会共同选择一个独立的会计师事务所来处理交割账目上的争议，而非交由法院或者仲裁机构来进行决断。其主要原因是诉讼和仲裁的程序往往较为冗长且成本较高，而会计师事务所可以在短时间内以较低成本完成关于争议的决断。同时，会计师在适用相关会计准则以及判断交割账目争议问题上也更加具有专业性。实践中交易双方往往会对第三方会计师事务所审查交割账目的权力和范围加以限制，常见的限制包括：（1）将审查的范围限于交易双方有争议的部分；（2）受审查的材料仅限于交易双方提交的材料和文件；（3）审查的方式限于评判交易双方对交割账目的数字计算是否正确、是否符合交易文件约定适用的会计准则，而不能对交割账目数字来源的真实性和正确性作出评判；（4）对争议数字的改正上限和下限不能超出交易双方所主张的数额；（5）会计师事务所的角色应被视为是专家（expert）而非仲裁员（arbitrator）等。

第三方会计师事务所对争议的审查通常需要30天（或双方约定的其他期间）。一旦第三方会计师事务所作出了评判并出具了关于争议数字的结论，该等结论的效力通常对交易双方都是终局且不可诉的，交易双方应随即根据该等最终结果对交易价格进行调整。

3. 调整资金托管

在跨境交易中，为了保证交割后价格调整部分对价的及时支付，双方通常约定将交易对价中的一部分资金存入第三方托管账户，届时按照对账结果支付给卖方或者退还给买方，托管金额按照

SRS Acquiom 的统计在 2023 年的中位数是交易金额的 1.0%，[4]往年略低于这个比例，中位数通常在 0.6%~1.0%。同时，交易中还可能存在其他类别的托管账户，比如与赔偿条款相关的托管账户（关于赔偿条款的具体介绍可参见第 9 回）。假如价格调整的结果是买方需要支付更多购买对价，则通常买方需要额外支付该部分对价给卖方；如果价格调整的结果是卖方需要退还部分对价给买方，并且需调整的数额超过了对价调整的托管金额，在部分交易中会从赔偿等其他托管账户中释放部分金额给买方。

结　语

价格调整机制不是单纯的法律技术条款，而是关系到目标公司估值、价格计算和支付的核心商业条款。在谈判相关条款的过程中，作为律师，要认识到自己的局限，保证会计师和财务顾问对价格调整相关条款的充分审阅，协同作战才能保证相关条款的可落地和避免可能的分歧和争议。

---

④ SRS Acquiom, *SRSA 2024 M&A Deal Terms Study*, https://www.srsacquiom.com/our-insights/deal-terms/.

延伸阅读

案例摘要3－1

Chicago Bridge & Iron Co. N. V. v. Westinghouse Elec. Co. LLC

166 A. 3d 912（Del. 2017）

Westinghouse Electric Company（以下简称 Westinghouse）和 CB&I Stone & Webster, Inc.（以下简称 Stone）于2008年起合作建造某美国核电站。2013年，Chicago Bridge & Iron Company N. V.（以下简称 Chicago Bridge）收购了 Stone，成为项目合作方之一。随后，监管要求的设计变更导致工期延误和超支，引发双方分歧。为解决争议，Chicago Bridge 与 Westinghouse 于2015年10月27日签署收购协议，同意将 Stone 出售给 Westinghouse，约定如下内容：

（1）交割账目调整机制。买方以0美元为基础交易价格，最终交易价格通过一系列账目调整计算得出，以此作为卖方 Chicago Bridge 交割后责任豁免的交换。其中，营运资本（working capital）调整计算公式为实际营运资本净额（actual net working capital amount）与目标营运资本净额（target net working capital amount）之差，目标营运资本净额在2015年6月30日设定为11.74亿美元。

（2）会计准则。卖方 Chicago Bridge 就目标公司既往的会计准则符合美国公认会计准则作出了陈述与保证。双方在编制交割账目时需参照目标公司 Stone 的历史会计惯例及双方共同接受的会计准则，特别是营运资本的账目调整须符合交割日时与目标公司历史惯例一致的公认会计准则以及 2014 年年报和协议附录 1.4（f）条款中所使用的会计准则和实践。

（3）独立审计师。对于交割声明的争议，若双方协商无果，则提交独立审计师（independent auditor）评判。审计师作为专家而非裁决者（an expert，not an arbitrator），需在收到书面材料后 30 日内，以书面形式给出结论，且确定的价格须在双方主张的价格区间内。

（4）卖方责任限制。若 Chicago Bridge 违约，Westinghouse 仅在交割前有权拒绝交割或请求赔偿，而不得就交割后非欺诈行为再进行索赔。作为交割先决条件，核电厂之运营方需签订协议，免除 Chicago Bridge 在 Stone 在建项目中的责任。交易完成后，Westinghouse 将承担所有与 Stone 在建项目相关的费用和损失。不过，前述卖方责任限制不会影响独立审计师对最终交易价格争议的评判。

在交割阶段，卖方 Chicago Bridge 沿用目标公司既往会计准则，在 2015 年 12 月 28 日提交的交割声明中，将会计基准日后卖方注入目标公司的 10 亿美元额外资本计入流动资产下的应收账款，由此计算出 16 亿美元的实际营运资本净额，令 Westinghouse 需支付 4.28 亿美元的交易总价。然而，Westinghouse 在 2016 年 4 月 28 日声明中质疑目标公司的历史会计处理违背公认会计准则，根据卖方所采用的会计准则，考虑到工程超支情况，应计提30%坏账准备和预计负债。据此调整后，Westinghouse 计算的实际营运资本净额为负 9.765 亿美元，要求作为卖方的 Chicago Bridge 支付给 Westinghouse 近 20 亿美元的最终交易价格。

双方的初步协商未就会计准则应用及实际营运资本净额达成一致。Westinghouse 依据合同条款，将会计准则争议提交独立审计师评判，并要求审计师在公认会计准则框架内支持其立场，并要求 Chicago Bridge 依据营运资本调整结果反向支付近 20 亿美元。为解决争端，Westinghouse 向特拉华州衡平法院（Delaware Court of Chancery）提起诉讼，主张目标公司历史会计做法违反公认会计准则，进而要求赔偿。初审中，特拉华州衡平法院支持了 Westinghouse 的所有诉求，卖方 Chicago Bridge 对此判决不服并上诉至特拉华州最高法院（Delaware Supreme Court）。特拉华州最高法院依据合同文本解释和合同目的，认定协议就营运资本所适用的会计准则侧重与目标公司既往会计准则相一致。

首先，当前解释与合同的商业目标相契合。在本次交易中，卖方 Chicago Bridge 以 0 美元作为基础交易价格的前提是买方 Westinghouse 在交割后放弃追究其与核电站项目相关的所有责任。协议中明确设置了卖方责任限制条款，即交割后买方不再有权就卖方的陈述与保证提出索赔。因此，若允许 Westinghouse 在交割后基于会计准则陈述与保证不实的主张进行索赔，将违背双方订立合同时的商业预期，并突破了协议明确设定的卖方责任限制。

其次，该解释与合同条款表述一致。协议规定，在编制交割账目时，双方需遵循目标公司一贯遵循的公认会计准则（GAAP applied on a consistent basis）及双方认可的会计准则。就营运资本，其账目编制需符合目标公司历史上遵循的公认会计准则（consistent with GAAP, consistently applied）以及其在2014年年报和交割账目范例［协议附录1.4（f）条］中采用的历史实践、原则、方法和政策（past practices and accounting principles, methodologies and policies）。特拉华州最高法院认定，关于营运资本适用会计准则的约定侧重的是与目标公司既往会计准则相一致。二审法院否认了一审法院的类比，认为一审法院所援引的 *Alliant Techsystems, Inc. v. MidOcean Bushnell Holdings, L. P.* 案中，营运资本适用会计准则要求同时符合历史惯例和公认会计准则（in accordance with GAAP and consistent with the practices and methodologies used）。[①]

最后，独立审计师仅负责在接收到书面材料后30日内，根据买卖双方提供的数据，在简要书面声明（brief written statement）中确定一个处于双方主张价格区间的营运资本调整数额，而并不涉及追溯性审查目标公司历史会计准则是否违反公认会计准则的问题。鉴于上述约定所体现出的独立审计师职能的有限性，尽管协议中卖方责任限制不妨碍或阻止（interfere with or impede）独立审计师就最终交易价格争议作出决定，但法院认为独立审计师的评判范围不

① *Alliant Techsystems, Inc. v. MidOcean Bushnell Holdings, L. P.*, No. 9813 - CB, 2015 WL 1897659 (Del. Ch. Apr. 24, 2015).

包括卖方是否违反了历史会计准则的陈述与保证，买方不能借助独立审计师程序突破卖方在交割后责任限制的约定，针对目标公司历史会计处理问题追偿。

第4回　价格调整机制下篇：锁箱机制

在上一回中，我们对交割账目机制的制度设计和谈判要点进行了介绍。在这一回中，我们将重点分析锁箱机制的运行模式和谈判要点，对两种价格调整机制进行比较，并浅谈如何选择适合交易的价格调整机制。

一、锁箱机制的介绍

锁箱机制文如其名，交易标的物被提前锁紧在一个箱子里，其价值会一直被锁定到交易交割；但如果箱子被中途撬开导致箱内标的物的价值受到减损，则交割时的价格也会进行相应的调整。

在锁箱机制中，用来购买交易标的物的价款即为交易的“购买价格”，其通常会以双方签署并购协议前商定的一个日期为基准日（经常定义为“锁箱日”，locked box date），依据基准日的财务报表数据确定目标公司的价值。另外，双方通常会约定哪些属于卖方转移了目标公司价值或进行了利益输送导致目标公司价值减损的情形，该等情形即为“价值损漏”（leakage）。在绝大多数交易中，卖方需承诺在锁箱日至交割日之间（经常定义为“锁箱期”，

locked box period）没有发生价值损漏情形，否则买方可就价值损漏的部分相应减少需支付的购买价格。但通常来说，考虑到并非所有在目标公司和卖方之间的价值转移都是不合理的，因此双方会约定一些例外情形（经常定义为“可允许的价值损漏”，permitted leakage）。

锁箱机制的惯常安排和流程如下（见图4－1）。

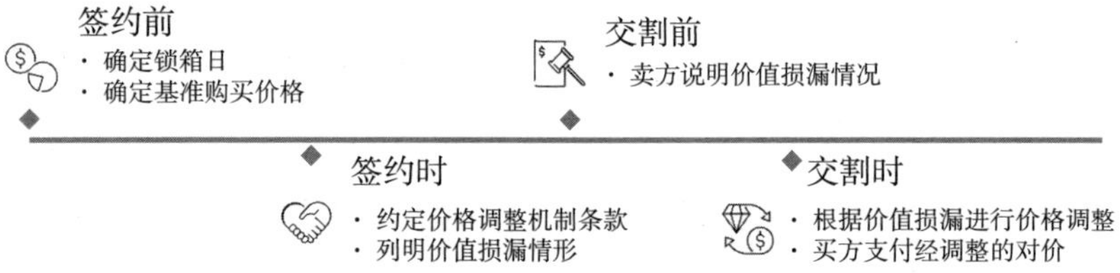

图4－1 锁箱机制价格调整流程示意

Step 1：签约前

交易双方在并购协议签署前商定一个锁箱日作为评估目标公司价值的基准日，其多为拟议交易最近的年度审计日、最近的季度结束日或者双方商定的其他日期。通常而言，锁箱日与并购协议签署日之间的间隔越短，则针对目标公司的估值越准确。买方会对估值基准日的财务报表进行详细尽调，以确保其估值的准确。

Step 2：签约时

交易双方在并购协议签署时对基准购买价格、价值损漏情形、可允许的价值损漏情形和最终购买价格的计算方式等进行约定，卖方就锁箱期期间良好的公司管理及不会发生价值损漏情形作出相应的陈述与保证和承诺。

Step 3：交割前数日

作为交割前提条件，卖方需向买方递交一份“价值损漏证明”（leakage certificate），确认目标公司在锁箱期期间没有发生任何价值损漏，或说明已发生的价值损漏所导致的损失金额，在此情况下买方通常会要求卖方补充提供相应的证明文件。

Step 4：交割时

根据协议中约定的计算方式确定最终购买价格，买方向卖方支付对应价款。

考虑到买方在交割后可能会发现存在卖方未披露或买方认为应构成价值损漏的情形，为应对该等风险，买方会在协议中引入一个赔偿机制（indemnity）。比如，在协议中约定在交割后的某一期限内（通常为3～9个月，近两年市场较为疲软，有延长的趋势），买方可以书面通知卖方其发现的价值损漏情形及对应的损漏金额并进行具体描述；卖方在收到通知后需与买方共同确认是否存在该等价值损漏，确定损漏金额，并退还相应金额给买方。

二、锁箱机制的谈判要点

在采用锁箱机制的并购交易中，交易价格多为基准购买价格，加上锁箱期期间的利息（ticker），减去锁箱期期间发生的价值损漏，对买方友好的交易则会进一步扣除该等价值损漏自发生之日起至交割日期间所产生的利息（经常定义为“价值损漏利息”，leakage interest）。影响最终购买价格的核心要素是价值损漏情形的认定，因此买卖双方在交易谈判阶段应谨慎考虑哪些价值转移行为需被列为价值损漏情形。

（一）常见的价值损漏情形

目前市场上通常都会认可的价值损漏情形包括：向目标公司股东派发现金分红或股息、回购公司股份或进行其他回报股东行为、目标公司免除卖方所欠的债务或减免卖方应付的赔偿金额、向卖方提供贷款或为卖方债务提供担保、目标公司为完成拟议交易所产生的成本费用、因交易产生的奖金等。在对买方友好的交易中，价值损漏可能包括更多情形，包括目标公司应向卖方支付的管理费和服务费等业务活动费用、目标公司应向卖方支付的赔偿金、目标公司在锁箱期期间因以不公允的价格向卖方转让资产所产生的低于市场公允价值的部分及因任一价值损漏情形所产生的税款等。价值损漏情形的具体范围取决于双方的谈判，但买方需注意，价值损漏的定义描述要足够准确和具体。在 *Al – Hasawi v. Nottingham Forest Football Club Ltd.* 案中，购买协议中价值损漏被定义为在限制金额范围内“卖方及与卖方相关联的任意方（从目标公司处）收到的款项”；买方主张，目标公司向除卖方外的足球俱乐部支付的球员培训费、向足球学校支付的费用以及因涉及卖方的法律纠纷支付的律师费均使卖方最终受益，因此该等款项需被认定为价值损漏，但英国高等法院认为上述款项并未直接支付给卖方或其相关方，与购买协议的表述不相符，因而拒绝进行扩大解释。[①]

（二）可允许的价值损漏

在交割之前，鉴于目标公司仍为卖方集团的一部分，卖方和目标公司之间的某些安排仍需继续。卖方需要在签署交易协议前梳理在锁箱期期间仍需继续的交易安排，并将此等事项列为可允许的价值损漏。卖方通常主张的可允许的价值损漏情形包括：目标公司依照公平交易原则需向卖方支付的款项、目标公司在正常经营活动中需向卖方员工支付的福利或报销费用、经买方同意进行的向卖方支付的付款安排、已知债务工具的支付款项等。[②]买方通常会对卖方的以上主张进行限缩，以使适用情形更加明确和具体。

（三）锁箱期期间的利息

如下文详述，锁箱机制本质上是一种固定价格交易机制，目标公司的价值在锁箱日即被锁定，在锁箱期期间的经营损益由买方承担，但考虑到在此期间卖方仍在经营管理公司，因此为弥补卖方在锁箱期期间的努力，卖方通常会要求买方基于基准购买价格支付一定的利息。理论上讲，该利息应该接近目标公司的经营回报［如基于内部回报率（internal rate of return）计算］，但实践中更多是双

---

① *Al – Hasawi v. Nottingham Forest Football Club Ltd.*，［2019］EWHC 1287（Ch）.

② 例如，在 Smiths Group International Holdings Limited 和 ICU Medical，Inc. 的股权购买协议中，双方将因消除目标公司与卖方间贷款关系所产生的费用明确列为可允许的价值损漏，详见 ICU Medical，Inc.，*Share Sale and Purchase Agreement relating to Smiths Medical* 2020 *Limited between Smiths Group International Holdings Limited as seller And Icu Medical*，*Inc. as purchaser*，EDGAR（Sept. 27，2021），https：//www. sec. gov/Archives/edgar/data/883984/000119312521267387/d228927dex21. htm。

方之间商业谈判的结果，需综合考虑基准购买价格等各种交易条件。

三、交割账目机制与锁箱机制的比较与选择

交割账目机制和锁箱机制是市场上两大主流的价格调整机制，两种机制都有其特点和优缺点，通常而言交割账目机制更受买方欢迎，锁箱机制更受卖方欢迎。

（一）交割账目机制的优势和劣势

相较于锁箱机制，交割账目机制具有很多的优点。首先，交割账目机制能更准确地反映目标公司在交割时的价值，买方按照交割时目标公司实际的资产和负债水平支付最终购买价格；其次，交割账目机制具有更强的普适性，很多不适宜用锁箱机制调整的交易可以适用交割账目机制进行调整；最后，对买方而言，因买方在交割后控制了目标公司，其对于目标公司资产和负债情况的审阅和对最终购买价格的调整具有主动权。

但交割账目机制也有一些缺点。首先，该机制很复杂，在交易协议的谈判中往往需要花费很多的时间以确定相关条款，影响交易的效率；其次，因卖方对购买价格交割后的调整过程缺乏有效控制，导致出现双方争议的可能性增加；最后，因为最终购买价格的确定待调整结束后通常需要等待数月的时间，在此期间，卖方可能无法就目标公司的出售收益进行分配，买方因此可能要求保留一部分购买价款在托管账户中以支付可能出现的价款调整等（见图 4 – 2）。

	卖方	买方
优势	· 可获得过渡期期间目标公司的全部经营损益	· 交易价格更准确地反映目标公司交割时的价值 · 对价格调整拥有更多主动权
劣势	· 交易机制复杂 · 缺乏价格调整的主动权 · 需承担过渡期期间目标公司的经营风险	· 交易机制复杂

图 4－2　交割账目机制的优劣势

（二）锁箱机制的优势和劣势

相较于交割账目机制，锁箱机制也有其独特的优点。首先，因锁箱机制本质上是一种固定价格交易，除非存在价值损漏，购买价格在签约时就已确定，购买价格的确定性大大增强；其次，基于购买价格的确定性，交易双方不需要商定复杂的价格调整方式，协议条款可以更快地达成一致，提高了交易效率；最后，对于卖方而言，因为目标公司的购买价格在签约时已锁定，在锁箱期期间的经营损益均由买方承担，因此提高了交易的确定性，卖方可以在交易完成后更快地分配出售目标公司的收益。

但锁箱机制也存在一些缺点。首先，锁箱机制做不到对交割时目标公司价值的准确评估，买方需要承担锁箱期期间目标公司出现价值变动的风险，因此买方需要在签约前对目标公司进行更详细和全面的尽职调查；其次，在锁箱期内，尽管卖方仍在经营公司但实则由买方承担目标公司的经营风险，因此卖方可能缺乏足够的动力对目标公司的经营活动进行有效管理；最后，锁箱机制对于某些类型的交易适用性较为受限，比如对于预计交割期很长的交易、没有独立财务报表的目标业务（资产剥离交易情形）以及经营稳定性较差的公司（如创业公司、经营亏损的公司或者季节性很强的公司）等适用的难度较大（见图4－3）。

	卖方	买方
优势	· 价格确定性高 · 交易机制简单 · 提前转移经济风险，买方承担了锁箱期期间的经营损益	· 价格确定性高 · 交易机制简单
劣势	· 难以获得锁箱期期间目标公司的全部经营收益	· 更严格的尽职调查要求 · 需承担锁箱期期间目标公司的经营损益

图4－3　锁箱机制的优劣势

结　语

价格调整机制的核心是使最终购买价格贴近交易双方对目标公司价值的认定，限制交易的任一方做出仅对己方有利的滥用行为，从而提高交易的确定性。虽然就机制本身而言，交割账目机制具有更高的准确性，但选择何种价格调整机制更大程度上取决于交易所处的市场、双方的谈判地位和交易的特别情形（如在拍卖型交易中，卖方可能会要求采用锁箱机制）等其他因素。根据调研，在美国市场上有超过 90% 的交易会选择交割账目机制作为价格调整机制；在欧洲市场上有超过 50% 的交易会选择锁箱机制作为价格调整机制；而在涉及亚洲的跨境并购交易中，更多采用交割账目机制，但也有相当一部分交易使用锁箱机制。

延伸阅读

案例摘要 4－1

Al-Hasawi v. Nottingham Forest Football Club Ltd.

［2019］EWHC 1287（Ch）

2012 年，Al-Hasawi 先生通过其全资所有的 NFFC Group Holdings Limited（以下简称卖方）收购了英格兰足球冠军联赛俱乐部诺丁汉森林足球俱乐部有限公司（以下简称俱乐部）。在拥有俱乐部的期间内，Al-Hasawi 先生向俱乐部提供了累计 538 万英镑的无担保借款。至 2017 年，卖方与 NF Football Investments Limited（以下简称买方）订立了一份股权买卖协议，同意以 1 英镑的名义对价将所持有的全部俱乐部股权转让给买方，并在交割后由俱乐部依照交割时拟签署的借款变更协议（Deed of Variation and Facility）对 Al－Hasawi 先生持有俱乐部期间所投入的借款进行偿付。

2017 年 5 月，股权转让顺利完成后，双方签订了借款变更协议（Deed of Variation and Facility）。然而，在偿还了首笔 188 万英镑之后，俱乐部未能按照约定继续执行剩余债务的还款计划。因此，卖方启动了借款变更协议第 3.7 条所述的加速偿还程序，要求俱乐部立刻全额清偿未偿余额并开始计算利息。

面对卖方的借款偿付诉求，买方依据借款变更协议第 5.1 条，主张有权就卖方违反股权买卖协议给俱乐部及买方带来的损失进行抵扣（set-off），其中涉及根据股权买卖协议第6条定义的价值损漏问题。根据股权买卖协议第6条的规定，此处所说的价值损漏特别指的是“卖方或与其有关联的人士”（the Seller, or any person Connected to it）从目标公司获取的超过2, 303, 671英镑的款项。这里的“关联人士”被界定为按照英国2010年《公司所得税法》（*Corporation Tax Act* 2010）第1122（2）（a）条款定义的相关方，以及由Al-Hasawi先生控制的所有实体。

买方总共主张了价值损漏金额191, 788英镑，其中争议部分为46, 334英镑，具体包括：（1）俱乐部按照国际足联规定向其他俱乐部支付的9348英镑年轻球员培训补偿费；（2）因处理多起纠纷，俱乐部向律师支付的总计34, 206英镑法律服务费；（3）俱乐部为培养三名球员支付给Vertex Soccer Ltd. 足球学校的2780英镑费用。买方基于两点理由提出主张：第一，由于股权出售前俱乐部与卖方均由Al-Hasawi先生共同控制，根据英国2010年《公司所得税法》第1122（2）（a）条款的规定，俱乐部应被视为卖方的关联方。第二，股权买卖协议中列举的“可抵扣的价值损漏”中，包括俱乐部向美国财团偿还的4, 521, 014. 80英镑贷款。尽管判决原文未具体明确，但买方似乎是基于俱乐部偿还贷款的行为降低了俱乐部负债，有利于买方，进而基于该项“可抵扣的价值损漏”主张任何有助于减轻俱乐部债务负担的支出都应计入股权买卖协议下的价值损漏范畴。

针对买方主张的46,334英镑争议款项，法院在审议中，拒绝接受买方上述的推断，采纳了卖方立场，认为由于这些支付并非直接由卖方或其关联方作为收款方，并不符合股权买卖协议中对“价值损漏”需流向卖方或其关联方的明确要求。因此，争议款项不应当计入股权买卖协议下的价值损漏范畴。

第 5 回 陈述与保证条款和披露函

大家拿到一份跨境并购的交易协议，通常第一部分是定义（也可能放到后面或者附表），第二部分是交易安排，主要内容即以上第 3 回或第 4 回所述的交易机制和价格调整机制，以及交割相关的条款等。再之后，通常是占到交易文件最长篇幅的陈述与保证条款。大家对陈述与保证应该是耳熟能详，那么应该如何看待陈述与保证条款呢？

一、陈述与保证条款的概念与功能

在并购交易中，卖方的陈述与保证是卖方向买方作出的关于目标公司或目标资产的状况的披露及保证。[①]在跨境并购交易中，买方通常会尽可能对目标公司或目标资产从业务、技术、财务、税务和法律等各个方面进行详尽的尽职调查。但是，由于交易时间表的紧迫性、买卖双方信息的不对称性及沟通局限性等，买方的尽职调查

---

① 并购交易中，买方也会向卖方作出一些基础的陈述与保证，这类陈述与保证通常包括：买方实体合法设立且有效存续、买方已取得完成交易所需的必要授权和批准、买方完成交易不会违反任何法律或合同义务等。在杠杆并购交易中，买方的资金来源和融资安排是买方陈述与保证的重点。本文主要探讨卖方的陈述与保证，很多条款可对应适用于买方的陈述与保证。

不可能做到尽善尽美。陈述与保证条款可以帮助弥补买卖双方之间信息不对称的鸿沟，降低买方的顾虑，在买卖双方之间有效分配风险。

陈述与保证条款至少具有三个方面的重要意义：一是在签约前，交易双方谈判陈述与保证条款的过程使买方更深入了解目标公司，是对买方尽职调查的有效补充和对估值基础的确认；二是交割时，在签约交割非同时的情况下，买方通常会要求将“卖方的陈述与保证在签约日和交割日（在所有重大方面）均真实准确”作为交割先决条件之一，也就是说，买方可以基于卖方的陈述与保证不实而拒绝交割；三是在交割后，如果买方在约定的期限内发现卖方的陈述与保证存在不实的情况，则通常有权基于此要求卖方就其损失进行赔偿（indemnification）。因此，陈述与保证的核心是对交易风险的分配。

二、陈述与保证条款101

（一）陈述与保证的时间和主体

陈述与保证是关于截至特定时间点（通常为签约日）目标公司的过去和当下既存事实的声明，而非持续性的情况或未来的状况。在大多数并购交易中，签约和交割之间会有一段时间间隔，以满足一系列交割先决条件，例如获得完成交易所需的监管审批或获得融资等。在此情况下，买方通常会要求卖方的陈述与保证（除了仅限于特定日期的陈述与保证外）在交割日予以重述，即卖方需要保证其陈述与保证在交割日仍然是真实准确的，这也就是我们通常所说的陈述与保证的"重述"（又称 bring-down，即相关陈述与保证在交割时亦真实准确）。陈述与保证的"重述"机制使签约到交割之间发生任何使卖方陈述与保证不实的情形的风险由卖方承担。在 *Akorn, Inc. v. Fresenius Kabi AG* 案中，买方主张由于目标公司在合并协议中的陈述与保证在交割时并非真实，并且该不实保证过于重大以至于将对目标公司在合理可预期范围内产生重大不利影响（Material Adverse Effect，以下简称重大不利影响或 MAE），因此拒绝交割并要求终止合并协议。法院认为，目标公司作为一家仿制药公司，美国食品药品监督管理局（U. S. Food and Drug Administration，FDA）相关方面的合规是其业务的必要部分（essential part of its business），目标公司在此方面的不合规情况足够重大，补救这些不合规情形所需要的成本将会使目标公司的价值减损 21%，因此目标公司违反了"其在交割日符合所有监管要求"的陈述与保证，该等违反陈述与保证的情形会导致重大不利影响，买方据此拒绝交割是合理的。[②]

此外，作出陈述与保证的主体通常是目标公司，但买家也经常要求卖方，即目标公司的股东也作出一定的陈述与保证，通常是基础性陈述与保证（详情见下文）。

（二）陈述与保证的常见内容

陈述与保证的内容通常涵盖目标公司的公司基本情况（basic

---

② *Akorn, Inc. v. Fresenius Kabi AG*, No. 2018-0300-JTL, 2018 Del. Ch. LEXIS 325 (Del. Ch. Oct. 1, 2018).

information/corporate details）、财务（financials）、运营（operations）及合规（compliance）等各个方面。公司基本情况和财务方面的陈述与保证通常是每个交易都会包含的基本内容。而运营和合规方面的陈述与保证则取决于具体交易的情况、目标公司所处的行业和业务状况以及尽职调查的结果，不同交易中卖方给出的陈述与保证和其详尽程度也各不相同。例如，近几年以来电信类公司收购项目中，数据保护与隐私合规方面的陈述与保证是必不可少的部分；在医疗行业的并购中通常会十分关注反垄断、反不正当竞争合规及反商业贿赂方面的陈述与保证；在高新科技公司的并购项目中，知识产权方面的陈述与保证是最基本的内容之一；在房地产类公司的并购中非常关注资产的产权和权利负担等；在传统工业或重运营业务中，劳动合规、供应商等也是关注的重点。

此外，陈述与保证按照其性质和谈判结果可以分为两类：基础性陈述与保证（fundamental representations）和一般性陈述与保证（non - fundamental/general representations）。基础性陈述与保证是交易双方达成交易所基于的最根本、最重要的内容。哪类陈述与保证构成基础性陈述与保证一般遵循近期的同类交易的市场惯例，但也是双方通常会讨价还价的地方。

常见的基础性陈述与保证包括：卖方/目标公司合法设立且有效存续（organization）；卖方/目标公司享有签署并履行交易文件的授权（authority）；卖方/目标公司履行交易文件不会导致违反适用于卖方的法律法规及其组织章程（有时甚至包括不违反卖方受约束

的合同或安排）（no conflicts）；目标公司的资本结构（capitalization）；卖方出售的股份没有瑕疵、其他权利负担或第三方权利（ownership of shares）等。取决于交易各方的谈判，其他事项如税务（taxes）、无经纪费用（broker's/finder's fees）或知识产权（intellectual property）等也可能成为基础性陈述与保证。

除基础性陈述与保证以外的其他事项统称为一般性陈述与保证。在交易文件中对基础性陈述与保证和一般性陈述与保证划分的意义在于：买方可以要求基础性陈述与保证适用不同的责任限制和救济方式。例如，如我们在第9回"赔偿条款"中所介绍，买方通常会要求就违反基础性陈述与保证的情形单独规定一个较长的索赔期限，取决于交易双方的谈判结果，该期限可被设定为永久存续、与法定诉讼时效一致或是一个明确的年限。此外，作为交割先决条件，交易双方可就基础性陈述与保证和一般性陈述与保证在交割日所适用的真实准确标准（bring - down standards）作出不同的约定，例如，基础性陈述与保证需要在所有方面均真实准确（true and correct in all respects），而一般性陈述与保证则仅需要在所有重大方面均真实准确（true and correct in all material respects）。再者，在对卖方较为友好的交易协议中，可能会约定如果卖方违反了基础性陈述与保证，买方可拒绝交割；但如果卖方仅违反了一般性陈述与保证，则买方不能拒绝交割（但通常会保留买方在完成交割后要求损害赔偿的权利）。

（三）陈述与保证条款的常见限定（qualifiers）

在并购交易中，买方希望卖方就目标公司/资产的状况作出尽可能广泛、全面、不受限制的陈述与保证，而卖方则希望对尽可能少的内容作出陈述与保证，并对其陈述与保证进行限定。实践中有以下三种常用的限定，也是交易双方谈判的重点。这些限定反映的并非是卖方对陈述与保证涵盖的某个事实情况的真实了解或判断，而更多的是对该事项在买卖双方之间的风险分担安排。

1. 重大性

“重大性”（materiality）是最常用的限定，表现形式为“重大”（material）或“重大不利影响”。例如，“公司的业务运营在所有重大方面均符合适用的隐私保护法律的规定”；“公司持有其目前所从事业务所需的全部重大牌照和资质”；“自财务报表日期起，公司未发生任何合理预期会产生重大不利影响的事件”等。在跨境并购市场，双方通常不会量化重大性，在发生争议时通常由法院依据判例裁定是否构成重大性。在有中国公司参与的交易中，出于对确定性的追求，双方可能对重大性设定具体的金额门槛。具体的金额门槛要取决于交易的规模和双方的谈判。

与此相关的一点是买方应当特别注意双重重大性（double materiality），即卖方在陈述与保证的具体条款之中嵌入重大性的标准，且同时一般性地约定只对重大违反（material breach）陈述与保证的情形进行赔偿。“双重重大性”会极大地减少卖方的责任，买方需要证明同时满足双重重大性标准后才能提起索赔。实践中，买方通常要求在赔偿条款中加入相关语言以排除双重重大性（materiality scrape），即明确约定在确定是否发生导致索赔事项的违约情形和具体损失金额时，将不考虑卖方的每一项陈述与保证中所包含的“重大”或“重大不利影响”等限定，即视同该等限定已被删除。

2. 知晓

另一个常用的限定为“知晓”（knowledge），卖方希望在一定的知晓范围内作出陈述与保证，该限定通常适用于在卖方控制之外的或者卖方经过合理问询亦无法确定的事项或事实，例如在卖方尚未收到任何主张或通知（demand notice or complaint）的情况下就是否存在任何潜在诉讼进行陈述与保证。在买方同意针对某项或某些陈述与保证做出限定的前提下，交易双方的谈判重点则为如何定义“知晓”？这包括两个层面的内容：一方面是“知晓”是“实际知晓（actual knowledge）”还是“推定知晓（constructive knowledge）”；另一方面是卖方的“知晓”是否仅限定在特定的某些或某类人的范围内。

“实际知晓”要求相关主体实际知道会导致陈述与保证不实的情形或事项；“推定知晓”则是一种被推断的知晓（imputed knowledge），即特定的人在进行合理的问询（due inquiry）之后应当知晓或者作为公司的高管、董事或员工本应当知晓的情形或事项。据统计，绝大多数交易使用推定知晓标准，仅少数交易使用实际知晓标准。[③]此外，交易双方经常就知晓人士的范围名单（knowledge group）进行谈判。就买方角度而言，该名单应该涵盖所有对相应陈述与保证的相关事实内容可能有了解和控制的内部人士。在股东人数较少的小型私人公司中，除董事和高管外，买方有时会要求将所有的股东都纳入名单中；而在业务多元、组织架构复杂的大型公司中，针对特定内容的陈述与保证，买方还可能会要求将特定相关人士加入名单，例如针对人力资源和劳动事项的陈述与保证加入公司人力资源负责人，针对知识产权事项的陈述与保证加入公司的知识产权负责人，针对财务报表的陈述与保证加入公司的财务负责人等。

3. 特定时限（specific time or look-back periods）

实践中，卖方会要求就某些陈述与保证加入具体的时间限制，尤其是针对一些合规事项的陈述与保证，例如“在过去三年内（或自2020年1月1日），公司未收到任何政府机关的通知声称公司的业务运营违反任何环境保护或电信相关的适用法律”。据统计，此类时间限制通常为过去两年到五年，时限的长短通常也是双方谈判的重点之一。

三、披露函

披露函（disclosure schedule）与陈述与保证条款紧密相关且构成交易协议不可分割的组成部分。披露函通常以交易协议正文之后

---

③ 根据SRS的调研，2023年约96%的交易使用了推定知晓标准，仅4%的交易使用了实际知晓标准。参见SRS Acquiom，*SRSA 2024 M&A Deal Terms Study*，https：//www. srsacquiom. com/our－insights/deal－terms/。

的附表形式出现，由多个清单组成，不仅包括卖方陈述与保证的例外（消极披露，negative disclosures），也包括卖方根据陈述与保证需要在披露函中列明的事实和信息（积极披露，affirmative disclosures）。

就卖方的角度而言，其可利用披露函对陈述与保证条款的例外事项进行充分披露。如前文所述，在典型的并购交易中，买方通常要求卖方针对目标公司的各方面情况作出广泛的陈述与保证。任何陈述与保证被发现有符合重大性标准的不实情形，视协议约定，买方可拒绝交割或在交割后要求卖方赔偿。但在实践中，目标公司总会存在或多或少的问题，卖方需要对陈述与保证进行限定，以控制陈述与保证不实的风险。披露函即是除前述常用限定之外另一种最有效的方式，例如，卖方会陈述与保证“除披露函第 X 部分所列事项以外，目标公司不存在重大环保不合规的情形”等。

而一旦某个事项在披露函中予以披露，就构成了交易协议的组成部分，买方不能在交割前基于该等事项要求终止交易或者在交割后由于该等事项给买方造成了损失而要求卖方进行赔偿（除非将此事项约定为特别赔偿事项）。例如，如果卖方在披露函中披露了一项正在进行的诉讼，作为针对诉讼的陈述与保证的例外，则如果在交割后目标公司在庭审中败诉，买方通常无法基于此向卖方主张赔偿。当卖方在披露函中披露某项责任（liability）时，其风险即转移给了买方，鉴于买方在交割前即已知晓此责任，其在交割前已经有机会将相应责任反映在收购价格中或者在协议条款中加入其他风险划分的条款，所以此责任及其未来可能产生的潜在问题是买方收购的目标公司固有的部分。因此，卖方希望把尽可能多的事项加入披露函中，有时甚至会超越具体事项的披露而写入一般性的免责语言，买方对此应十分谨慎和小心。

就买方的角度而言，披露函向买方提供目标公司的重要信息。虽然大部分买方会对目标公司进行尽职调查，但有些问题很难仅凭审阅尽调文件发现，卖方在尽调资料室（data room）中提供的文件可能也不完整，因此买方会通过披露函要求卖方全面完整地披露关于目标公司的信息。例如，买方会要求卖方作出“披露函第 X 部分列明了目标公司拥有的所有著作权”的陈述与保证，目标公司可能有一些著作权并未登记，买方是无法通过公开途径查询到这部分未登记的著作权的，因此买方需要卖方提供一个完整的清单以掌握目标公司拥有的全部著作权。在审阅披露函时，买方应做到所有披露的事项都经过了尽职调查和核对，而非笼统的接受卖方的披露。从买方角度看，最重要的是需要确保在知晓并考虑了所有的披露情况之后，给出的收购价格和关键条款安排仍然是适当的。

与披露函相关的一个重要问题是在签约和交割并非同时发生且要求陈述与保证在交割时亦真实准确的情况下，卖方是否可以针对在签约和交割之间发现或发生的情况更新披露函。如果允许卖方毫无限制的单方更新披露函，那是否就意味着卖方如果在签约和交割之间发现任何导致陈述与保证不实的情况，均可通过更新披露函的方式来“修复”该等陈述与保证？若是如此，则陈述与保证的

"重述"对于买方而言就没有意义了。另外，在签约到交割之间，目标公司仍然需要正常运营，在日常经营中不可避免地会发生雇佣新员工、签订新的业务合同的情况，可能会导致卖方有关重大合同或员工事项方面的披露需要进行更新。一般来说，买方可能会允许卖方更新积极披露，而不允许更新消极披露；或者允许卖方更新签约后才发生的情况，签约前的既存情况则不允许更新。近年来，大多数的交易协议对是否可以（或有义务）更新披露函保持沉默；在少数明确允许更新披露函的交易中，作为风险分配的折中方案，通常也会明确约定买方基于陈述与保证不实而主张赔偿的权利将不受披露函更新的限制或影响，同时如果卖方更新的内容涉及重大的消极披露，则买方有权终止协议。④

四、关于披露的不同市场惯例

在以美式文件（US-style documentation）为范本的交易中，对于陈述与保证的披露一般需要明确和具体的写入披露函当中。但是，在欧洲或者亚太市场（如我国香港地区、新加坡等）的交易中，卖方通常要求所有数据库中披露的信息均视为对陈述与保证的披露（在某些对卖方友好的交易中，甚至将可通过公开查询获取的信息作为对陈述与保证的披露）。对于所有数据库中披露的信息作为陈述与保证的例外需要谨慎，确保数据库中的所有文件都经过了

---

④ Daniel Avery & Daniel H. Weintraub, *Trends in M&A Provisions: Disclosure Schedule Updating*, JDSUPRA (Nov. 5, 2020), https://www.jdsupra.com/legalnews/trends-in-m-a-provisions-disclosure-29762/.

仔细的审阅，并且要明确约定上传数据库的截止日期（cutoff date），以确保在签约前有足够的时间审阅文件，并在必要时，在交易文件中做出相应的调整。对于可公开查询获取的信息作为对陈述与保证的披露更需要格外谨慎，因为公开查询具有很大的模糊性、不确定性和不及时性。

五、沙袋条款和反沙袋条款

跨境并购中有一些行业“黑话”或者特定的用语，比如沙袋条款和反沙袋条款就属于这一类型。沙袋条款（pro-sandbagging clause）是指买方在交割前知晓卖方违反陈述与保证仍然选择交割，交割后买方仍然有权向卖方索赔。反沙袋条款（anti-sandbagging clause），顾名思义，即如果买方在交割前知晓卖方违反陈述与保证仍然选择交割，交割后买方将无权向卖方索赔。买方是否知晓陈述与保证的违反与以上披露（或视为披露）的市场惯例紧密相关，关系到买卖双方之间的风险分配，以及买方在交割后是否能够行使索赔（indemnification）的权利。假如买方接受了以上所有数据库中的信息（甚至包括可公开查询的信息）视为披露（构成陈述与保证的例外），并且约定了反沙袋条款，则买方在交割后能够从卖方陈述与保证中获得的保护将非常有限。

如果交易文件对沙袋条款保持沉默，既没有沙袋条款也没有反沙袋条款，则买方是否有权利对其交割前已经知晓的卖方对陈述与保证的违反在交割后提起索赔则存在不确定性，可能需要通过诉讼或者仲裁去解决。在美国纽约州和特拉华州（涉美跨境并购交易最常见的准据法），虽然对此没有明确的法律规则，但倾向于支持沙袋条款，原因是交易方应该获得交易谈判带来的好处（the benefits of bargin），既然卖方给出了陈述与保证，则买方应该有权利进行依赖。

结　语

陈述与保证条款是每一个并购交易中最重要的谈判点之一，事关交易双方的风险和责任分配。陈述与保证条款与并购交易文件中的价格条款、交割先决条件、赔偿条款、披露函均密切相关，交易双方在谈判时一定要注意把握各条款之间的有机互动，最大限度地维护自己的利益。

延伸阅读

案例摘要 5－1

Akorn, Inc. v. Fresenius Kabi AG

No. 2018－0300－JTL, 2018 Del. Ch. LEXIS 325

（Del. Ch. Oct. 1, 2018）

德国制药巨头 Fresenius Kabi AG（以下简称 Fresenius）在全球拥有约 37,000 名员工和 70 个生产基地。在本案中，其全资子公司 Quercus Acquisition, Inc.（以下简称 Quercus）计划收购美国伊利诺伊州的特种仿制药上市公司 Akorn, Inc.（以下简称 Akorn）。鉴于 Quercus 在此案中的角色不显著，故以 Fresenius 作为实际买方进行讨论。Akorn 的业务需严格遵循美国食品药品监督管理局（U. S. Food and Drug Administration, FDA）的规定，包括申请新药许可等。2017 年 8 月 24 日，双方达成合并协议，其中 Akorn 就公司符合监管要求作出了广泛陈述与保证。根据后续 Fresenius 提供的证据显示，Akorn 存在以下违反监管要求陈述与保证的事实：

（1）审计与评估操纵：Akorn 公司蓄意取消了原定在 Somerset 和 Amityville 两地由第三方审计机构 Cerulean 进行的多项审计与评估任务，此举意图隐藏可能暴露的更多数据完整性问题，以防止影响公司的出售进程。不仅如此，Akorn 的高级管理层，包括执行副总裁 Joseph Bonaccorsi、总法律顾问及公司秘书等，还试图从 Cerulean 报告中删减关于公司高管可能面临的刑事责任内容。

（2）普遍且严重的数据完整性缺失：专家证人在对超过 120 家制药企业的评估中证实，Akorn 公司存在的数据完整性问题尤为严重。其基础数据完整性保障的缺失性质，在任何公司，尤其是从事无菌注射药物生产的制药企业中，都是不可接受的。这个问题的根本性导致对 Akorn 在过去数年间推出的全部产品的数据真实性产生重大质疑。

（3）问题应对滞后：在 Fresenius 启动调查并敦促 Akorn 采取整改措施之前，Akorn 并未对已识别的数据完整性问题采取实质性解决行动。在 Fresenius 介入前，Akorn 并未积极应对这些问题，其内部沟通显示，对于解决问题所制订的计划仅仅是表面上应付 FDA 检查的，并非真心打算实施，直至 Fresenius 揭露了虚假的监管回应，才迫使 Akorn 主动向 FDA 报告并承诺解决数据完整性问题。

根据协议，如交割日陈述与保证不实且该等不实被合理预见到会产生重大不利影响（Material Adverse Effect，以下简称重大不利影响或 MAE），Fresenius 有权基于陈述与保证不实而拒绝交割。

法院在解释“合理预见”一词，认为 Fresenius 在基于陈述与保证不实将合理预见导致 MAE 的情况时，引述先例 *Frontier Oil Corp. v. Holly Corp.* 案中的观点，证明合理预见要求存在法律规范和客观事实上对该严重后果预测的合理性基础（a basis in law and in fact for the serious adverse consequences），具体而言，法院需兼顾定量分析与定性分析两个维度（quantitative and qualitative aspects）。[①]

首先，从重大不利影响分析的定性层面看，Akorn 广泛且严重的不合规行为及其监管违规记录强有力地支持了 MAE 的发生是合理可预见的结论。法院引述 *In re IBP S'holders Litig. v. Tyson Foods* 案中的观点，认定 MAE 的发生应从理性收购者的长远视角审视。[②] Akorn 的广泛且严重的不合规行为可明确划归为"重大"范畴，因此有足够的根据认为相关事实将被合理预见到会带来重大不利影响。

其次，从重大不利影响分析的定量层面看，双方争议的核心在于对 Akorn 合规问题修复成本的不同计算方式。Akorn 估计修复成本仅为 4400 万美元，认为不会对公司的总体价值造成影响，而 Fresenius 则估算直接修复成本达 2. 54 亿美元，再加上因需暂时下架现有产品及推迟新品上市以验证数据，可能造成的潜在市值损失最高可达 19 亿美元。法院驳回了 Akorn 的保守估计，指出其低估了问题的严重性，因为 Akorn 的预估是基于迅速修复问题且不出现额外问题的假设，而实际情况可能需要更深入的整改、数据重新验证，甚至可能出现产品召回或上市延期等情况。相比之下，Fresenius 的估算更为全面地考虑了各类潜在成本。据此，法院最终确

① *Frontier Oil Corp. v. Holly Corp.*, 2005 WL 1039027, at ∗35 (Del. Ch. Apr. 29, 2005).

② *In re IBP S'holders Litig. v. Tyson Foods*, 789 A. 2d 14 (Del. Ch. 2001).

定，Akorn 的合规问题可能招致大约 9 亿美元的估值损失，相当于其隐含股权价值 43 亿美元的 21% 的估值下降。

就上述数量重大性的判断，法院又一次引述 *In re IBP* 案中关于理性收购者眼中长远视角下的重大性标准，并基于以下交叉对比（cross-check），认定 21% 的估值下降应被视为满足了合理预见 MAE 的定量标准，具体而言：

（1）股市通常将股价下跌 20% 视作进入熊市的信号，例如，道琼斯工业平均指数一日内下跌 20%，将会创下历史第二大跌幅纪录，仅次于 1987 年的黑色星期一；

（2）研究数据显示，当买卖双方在遇到目标公司特定 MAE 后重新协商交易价格时，平均降价幅度约为 15%，因此，20% 的降幅明显超出了常规意义上的重大水平；

（3）公开市场交易定价区间的研究也显示，一般来说，定价区间的下限通常设置在原始交易对价的 90% 左右；

（4）在并购交易中，反向分手费常常被用来限制买方因违约而需承担的损害赔偿额，如果没有特定的履约救济措施配合，这类反向分手费通常是卖方向买方主张的唯一赔偿方式，通常定价在交易金额的 6% 至 7% 区间。

最后，Akorn 抗辩称，鉴于 Fresenius 在清楚了解潜在监管风险的前提下仍然同意签署合并协议，因此 Fresenius 无权主张监管问题将导致重大不利影响。然而，法院否定了 Akorn 的这一辩护意见，明确指出，尽管 Fresenius 可能基于尽职调查而对 Akorn 存在的潜在监管风险有所了解，但这并不能削弱Fresenius依据Akorn所做陈述采取行动的权利。法院援引*Cobalt Operating*，*LLC v. James Crystal Enterprises*，*LLC*案，阐明即使买方在缔约时对陈述真实性存疑且能通过尽职调查核实，在违约时仍可基于该陈述主张权益，无须证实其合理依赖。[③]这一裁判背后逻辑在于，对目标公司的业务开展事无巨细的尽职调查成本太高，因此在合同谈判中，双方通常通过详尽的陈述与保证条款减轻买方对卖方业务全盘查核的压力，这些保证条款在风险分配中至关重要，卖方一旦作出保证，即应对诸如财务报表错误等特定风险承担责任。此外，即使合同陈述中加入MAE限制，也不改变陈述本质和风险分配职能。基于上述观点，法院认为Fresenius即使在清楚或应当清楚潜在监管风险的前提下同意签署合并协议，其仍有权主张目标公司违反监管合规陈述与保证将导致的重大不利影响。

综合以上分析，Akorn违反监管合规陈述与保证的情形将“合理预见”引发重大不利影响，因而Fresenius可以基于相关陈述与保证的违反主张交割条件不成就，进而终止协议。

---

③ *Cobalt Operating*，*LLC v. James Crystal Enterprises*，*LLC*，2007 WL 2142926（Del. Ch. July 20，2007），aff'd，945 A. 2d 594（Del. 2008）.

第6回　并购协议中的承诺事项

在主交易文件的陈述与保证章节之后，一般是承诺条款（covenants）章节。承诺条款通常约定了协议各方签约之后应该去做的事情［所谓的积极承诺（positive covenants）］和不应去做的事情［所谓的消极承诺（negative covenants）或限制性承诺（restrictive covenants）］。另外，从时间轴角度分类，可分为“交割前的承诺事项”（pre-closing covenants）和“交割后的承诺事项”（post-closing covenants）。在有些交易中，出于某些特别原因比如保密等，部分承诺事项还有可能被放在披露函当中。

一、交割前的承诺事项

日常生活中的很多交易，比如在超市买菜或在星巴克买咖啡，是能够在合同订立之时或订立后的很短时间内就可以完成的。但并购交易通常都比较复杂，在交易签署和交割之间通常都有一段时间，称为过渡期（interim period）。过渡期的存在通常基于以下原因：交易需要获得监管审批或/和股东大会的批准、取得第三方的同意、解决尽职调查中发现的问题、安排融资或获得保险等，完成这些事项通常需要几周、几个月甚至更长的时间。因此，买卖双方通常会做出约定以管理各方在交割前的行为，这些约定就是“交割前的承诺事项”。

交割前的承诺事项可能分为以下几个大类，这些都是并购交易中最常见并普遍出现在大部分交易中的交割前承诺事项（非穷尽式列举）：

（1）过渡期的业务运营；

（2）监管审批；

（3）股东大会批准；

（4）买方访问目标公司的信息权；

（5）可能影响交割条件满足的重大事项通知；

（6）过渡期内买方不得单独接触目标公司的客户、供应商或商业伙伴等；

（7）交易保护措施（独家权利、go－shop/no－shop 等）；

（8）融资条款；

（9）终止关联交易；

（10）员工期权等事项的处理（若适用）；

（11）其他根据尽调发现需要完成的事项等。

基于篇幅限制，本文无法对以上列举的每一条款进行详细介绍或分析，仅对其中若干重要条款介绍和分析如下：

（一）过渡期的业务运营

在交易签署后，交易价格即基本锁定，虽然绝大部分交易都有价格调整机制，但很多公司行为并不能立即从财务上反映出来，因此买方通常希望约定严格的过渡期业务运营规则和限制，以最大限度地保留公司价值，并防止卖方在过渡期滥用对公司的控制而采取不合适的行为（manipulation）。但是，从卖方角度讲，在交割之前，他们希望保持对公司的正常运营，并且在运营过程中保持灵活度以应对不时出现的情况。因此，双方通常会针对过渡期的业务经营限制进行讨价还价。买卖双方通常先一般性地约定目标公司的业务需保持正常经营（operate in the ordinary course of business），然后会约定一个列举式的清单，通常包括未经买方同意，卖方不得对目标公司业务做出重大变更、增加新股东、新设子公司或分支机构、变动目标公司股本结构、修改目标公司组织文件、变更会计准则、添置或处置重大资产、关联交易、进行超出一定金额的资本支出、借贷或担保、发起或和解重大诉讼、变更员工福利待遇超出一定范围等。对于这些事项，通常双方会确定一个数额标准，只有超过标准的行为才需要取得买方同意。这个数额标准通常与陈述与保证条款中重大合同（material contracts）的定义或不存在重大变化（absence of material changes）具有一定的关联性但不一定一一对应；数额标准的确定通常需要由熟悉公司运营的公司管理层审阅确定。

（二）获得监管审批的承诺

并购交易经常需要获得监管机构的审批。常见的监管审批包括目标公司所在地的外商投资审批、国家安全审查、反垄断审批、受监管的行业审批等，还可能包括买方所在国的对外投资审批、外汇审批等；如涉及上市公司，还可能需要取得证券监管部门的审批等。具体需要何种审批根据每个交易的情况而异。

承诺条款通常约定某一方将作为主要的义务方提交以上监管申报并尽到商业合理努力（或其他义务标准，见下文讨论）获得审批，另一方应承诺提供合理和必要的协助。通常而言，买方会承担主要的监管申报义务，但需视具体交易情况确定。需要特别提示的是，在监管审批的承诺条款中，我们会经常见到“赴汤蹈火”（hell or high water）条款，该条款约定承担监管审批责任的一方应采取监管机构要求的一切措施获得监管机构的批准，包括对业务的重大调整、出售资产（甚至与交易无关的现有资产）等。该条款看似无奇，实则杀伤力极大，因为监管审批可能附加的条件有可能是非常苛刻的而且成本极高。“赴汤蹈火”条款通常会是双方争议的焦点之一，结果取决于双方的谈判地位和能力，承担主要监管审批责任的一方应尽力避免接受此条款，至少应该争取某些限定或例外。

（三）终止关联交易

该承诺条款通常要求在交割前终止卖方与目标公司之间的关联交易。虽然本条款不复杂，但如站在买方角度，应避免遗漏。当然，有些交易会特意保留甚至达成交易后的持续商业安排等。

（四）根据尽调发现需要完成的事项

买方对目标公司的尽职调查通常会发现一些事项，这些事项要么通过价格调整以反映其风险，要么通过合同约定予以纠正或补充。比如目标公司缺乏某一项业务的资质要求，合同可约定目标公司在交割前取得这一资质等。该等承诺事项的内容在不同交易之间可能存在很大的区别，取决于每个交易的情况。

除以上主要类别的承诺条款外，交易保护措施、融资相关条款以及员工期权的处理等都涉及相当复杂的内容，我们将在本书其他部分介绍和分析。

二、交割后的承诺事项

交割后的承诺事项主要包括以下类别（非穷尽式列举）：

（1）不竞争和不招揽；

（2）员工薪酬待遇的维持；

（3）董事和高管的继续保护；

（4）税务相关事项；

（5）保密和信息发布；

（6）未来的互相协助等。

我们无意对以上列举的每一条款进行详细介绍或分析，仅对其中若干重要条款分解如下。

（一）不竞争和不招揽

在并购交易完成后，买方希望避免卖方利用对目标公司的熟悉与目标公司展开竞争，或者招揽目标公司的经营管理人员或业务骨干，因此买方通常会要求卖方在交易交割后一段时间内：（1）不得从事与目标公司相竞争的业务，不竞争有时也会限定地域和行业等；（2）不得招募目标公司的员工，可能会限定员工的类别范围或者存在若干例外，如不限制员工主动向卖方求职，也不限制卖方面向不特定的人群进行公开招聘等。不竞争和不招揽条款在目标公司业务依赖卖方资源的行业内显得尤为重要。在 2016 年暴风影音收购英国体育版权公司 MP & Silva Holdings S. A. 并在随后的戏剧性失败中，不竞争和不招揽条款的缺失导致的灾难体现得淋漓尽致。[①]因此，作为买方应尽可能防范此种风险。

（二）员工薪酬待遇的维持

并购协议中经常约定在交易交割后的一段时期内买方需要维持目标公司的员工薪酬待遇不低于交易前的水平，具体的义务时限（常见的期限是 12～24 个月）和待遇的类别和内容是双方谈判的要点。这个条款的出现与近几十年来公司治理中从股东利益至上理念向利益相关者利益保护的转变相关。本来交易完成后员工的薪酬待遇已与卖方无直接关系，但为体现股东对员工的关怀，卖方一般都会要求此条款，但需注意并购协议通常约定此条款仅及于合同方，并不创设第三方权利（third party beneficiary），员工个人不能基于此合同条款主张法律救济。

（三）董事和高管的继续保护

卖方卖掉目标公司后，原来卖方在目标公司中任命的董事和高管人员通常也会离开，但是他们曾在目标公司担任董事和高管而需承担的法律风险并不会立即完结，现实中仍可能存在交易后被第三方追诉而导致他们卷入诉讼或调查甚至承担责任的法律风险。对此，卖方会要求买方承诺在交割后继续保持有效且达到一定标准的

---

① 文中提到，MPS 原股东未签订禁止竞业的相关条款，导致 MPS 原股东在离开公司后仍在体育领域发展，并利用老资源争夺市场上的体育版权。参见卞纯：《将暴风拖入泥潭的 MPS 到底是什么?》，载财联社，https://www.cls.cn/detail/372065，最后访问日期：2024 年 3 月 20 日。

董事责任保险，同时维持目标公司章程中保护离职董事的条款，如公司应为离职董事在履行其职责中产生的法律责任承担赔偿责任等。与维持员工薪酬待遇的承诺条款不同，董事和高管的继续保护条款通常会创设第三方权利（third party beneficiary），即董事和高管可基于此合同条款寻求法律救济。

（四）未来的互相协助

并购协议通常会约定在交易完成后的一段时间内，双方负有互相协助的义务，比如提供合理信息以供对方完成财务报告或者税收申报等。除此之外，根据各交易的情况，可能有更多具体的事项需要双方配合完成，比如某些政府登记的变更以及某些财产的转移等。

三、承诺义务的履行标准

在以上承诺事项中，从接受承诺的角度讲，希望承诺事项是严格责任，承诺方应竭尽一切努力完成承诺事项；但从承诺方角度讲，很多承诺的事项并非由其控制，承诺方希望承诺义务的履行应该有个标准，不应过于严苛。比如，承诺事项之一是卖方需取得重大合同相对方的同意，如何使用措辞将非常重要，是“卖方应取得重大合同相对方的同意”还是仅要求“卖方应尽合理努力取得重大合同相对方的同意”；前者的义务履行标准是客观结果，如果无法达成，买方将可能以此拒绝交割；后者的义务具有一定的弹性，只要求卖方有一定程度的行为，如果卖方尽到了合理努力而无法取得重大合同相对方的同意，买方将不具有以此拒绝交割的权利。

承诺方应尽到何种程度的努力往往是交易双方谈判的焦点之一。我们经常见到的义务标准包括“最大努力”（best efforts）、“合理努力”（reasonable efforts）以及“商业合理努力”（commercially reasonably efforts）等。至于这些标准之间到底存在何种差别，在不同的法域会有不同的答案，在美国各州之间也不尽相同。

从字面上理解，“商业合理努力”“合理努力”“最大努力”之间应该有一个程度上从宽到严的顺序，但在纽约州，上述标准之间的区别并未被成文法或判例法明确接受。在 *Holland Loader Co.*，*LLC v. FLSmidth A/S* 案中，法院将“商业合理努力”的标准解释为需达到“至少付出有意识的努力以完成商定目标”的程度标准，但不要求义务方作出伤害自己商业利益的努力。②针对“合理努力”和“最大努力”标准的使用，纽约州法院并未采取统一立场，有些认为两个表述可以互换使用，有些则认为两者是有差别的。例如在 *Kroboth v. Brent* 案中，法院支持“最大努力”标准应当严格于“合理努力”标准，仅仅是善意（good faith）的努力显然不够，且义务方要采用所有合理的方法来实现目标。③针对义务方在具体某种努力标准下应做出何种行动，绝大部分纽约州法院会根据协议上下文、交易和当事方具体情况进行个案分析。

考虑到以上情况，做出承诺的一方通常会争取采用“商业合理

---

② *Holland Loader Co.*，*LLC v. FLSmidth A/S*, 313 F. Supp. 3d 447（S. D. N. Y. 2018), aff'd, 769 F. App'x 40（2rd Cir. 2019).

③ *Kroboth v. Brent*, 215 A. D. 2d 813, 814（N. Y. App. Div. 3d Dep't 1995).

努力”或“合理努力”的标准，而接受承诺的一方通常会争取“最大努力”的义务履行标准，有时双方会妥协达成“合理最大努力”（reasonable best efforts）的标准或其他类似的义务标准。应该注意的是，在同一份文件里，应该尽量保持努力标准的一致，除非是有意区分在不同条款下的努力程度。

结　语

承诺事项条款涵盖的内容较为广泛，既有比较常见的内容，也有因为交易个案的具体需求而约定的不常见内容。承诺事项条款的内容直接规定了交割前和交割后交易双方的行为义务，一旦义务不能按照约定履行，既可能导致交易无法顺利交割，也可能触发一方解除协议、索取赔偿或行使其他救济的行为，因而该条款内容的谈判具有高度的对抗性，需要字斟句酌，慎重把握。

延伸阅读

案例摘要 6-1

暴风影音收购 *MP & Silva Holdings S. A.*

一、交易背景

2016 年，暴风集团看好互联网体育产业的发展前景，因而着手策划收购欧洲体育版权提供商 MP & Silva Holding S. A.（以下简称 MPS），该公司在全球体育版权市场上占据领先地位，拥有包括英超、意甲、美洲杯、NFL 在内的多项顶级体育赛事的部分或全球转播权。同年 2 月，暴风集团联合光大资本旗下的子公司光大浸辉，共同设立了规模约为 52 亿元人民币的浸鑫基金，其中光大资本作为劣后级合伙人出资 6000 万元人民币。

2016 年 3 月 2 日，暴风集团与光大浸辉签订了《北京暴风科技股份有限公司及冯鑫与光大浸辉投资管理（上海）有限公司关于收购 MP & Silva Holding S. A. 股权的回购协议》。根据该协议，暴风集团承诺在收购完成后的 18 个月内，回购上海浸鑫持有的 MPS 65% 的股权，并承担不可撤销的回购义务。[①]

① 中国证券监督管理委员会北京监管局：《关于对暴风集团股份有限公司采取责令改正行政监管措施的决定》（〔2019〕81 号），载中国证券监督管理委员会官网 2019 年 9 月 11 日，http：//www. csrc. gov. cn/beijing/c103560/c1536053/content. shtml。

同年4月，光大资本分别向招商证券和华瑞银行这两名优先级合伙人出具《差额补足函》，承诺在优先级合伙人无法实现退出时，由光大资本负责补足投资本金和利息的差额。根据《差额补足函》内容，光大资本对招商证券和华瑞银行的差额补足义务对应的本息敞口金额分别为34.89亿元和4.98亿元，总计约为39.87亿元。②

2016年5月23日，浸鑫基金以大约47亿元人民币的价格完成了对MPS公司65%股权的收购。然而，在收购之时，MPS拥有的诸多体育转播版权即将到期，如意甲、法甲的转播权在2018年到期，英超、F1以及与阿森纳的战略合作协议也在2019年届满，最长期限的法网版权也将于2021年到期。③由于无法续签或获取新的版权，MPS的经营状况开始恶化。随着手中版权合同陆续到期，MPS无力支付高额的版权费用，各大版权所有方纷纷提前终止合同，并将其告上法庭。④比如，2018年7月，意大利足球甲级联赛因MPS欠付其4400万美元版权费将其诉诸法庭。⑤

---

② 中国证券监督管理委员会上海监管局：《关于对光大证券股份有限公司采取出具警示函措施的决定》（沪证监决〔2022〕1号），载中国证券监督管理委员会官网2022年1月5日，http：//www.csrc.gov.cn/shanghai/c103864/c1773843/content.shtml。

③ 泰勒：《海外投资踩大雷：招行怒告光大证券子公司　索赔35亿》，载新浪财经，https：//finance.sina.com.cn/money/bank/bank_hydt/2019-06-03/doc-ihvhiqay3424090.shtml。

④ 泰勒：《光大证券踩雷52亿海外并购案　索赔42亿》，载证券时报网，https：//news.stcn.com/sd/202106/t20210614_3333983.html。

⑤ 万雨芯：《MP&Silva破产后续：光大、暴风等中国投资者起诉其商业欺诈》，载懒熊体育2019年3月21日，http：//www.lanxiongsports.com/posts/view/id/15076.html。

由于体育赛事转播权竞标是一个需要高度技术性领域，在竞标的过程中需要不同的窍门。在公司的创设人离开公司后，公司接管人员并不擅长这一领域的运作，导致公司其后意甲国际版权竞标输给对手IMG，法甲国际版权输给BeIN。⑥ 2018年10月，在法国网球协会与MPS的法律纠纷案中，MPS总部所在的法院判定MPS以资抵债偿还法网660万美元版权费，这也实际上宣告了MPS的破产。⑦

二、竞业影响相关条款影响分析

在暴风集团收购MPS的案例中，由于未与MPS原股东签订“禁止竞业协议”，为后续的商业竞争和MPS的衰败埋下了隐患。禁止竞业协议的作用在于约束原股东在一定期限内在相同产业内从事与原有业务形成竞争的活动，而此案中这一条款的缺失，让MPS原股东能够在体育传媒行业内自由创业并充分利用他们在MPS期间积累的资源与人脉，从而直接冲击MPS的市场份额。

具体到关键人物Andrea Radrizzani，他在2015年通过Aser Ventures⑧

⑥ 蔷薇财经：《惊天大雷！暴风集团实控人被抓，400亿市值崩到20亿……》，载雪球网2018年11月1日，https：//xueqiu. com/1453552495/130311969。

⑦ 万雨芯：《估值14亿美元的MP&Silva破产，这是中资接手2年多后发生的事》，载懒熊体育 2019年7月29日，http：//www. lanxiongsports. com/posts/view/id/13651. html。

⑧ Michael Long，"*I always over – achieved*"：*Andrea Radrizzani on Creating a Legacy with Aser Ventures*，SportsPro Media（Nov. 3，2020），https：//www. sportspromedia. com/insights/features/from – the – magazine/andrea – radrizzani – interview – aser – ventues – mp – silva – eleven – sports – livenow/.

创立了 Eleven Sports，[9]这家国际体育内容平台及电视网络迅速崛起，凭借其全球 OTT 平台吸引了数千万用户，并通过互动式体验提供世界级体育娱乐内容。[10]借助在 MPS 期间积累的资源与人脉，Eleven Sports 迅速扩张，Radrizzani 先后购入了英冠球队利兹联的所有权，[11]并在 2018 年获得了西甲、意甲三年在英国和爱尔兰的电视转播权。[12]这一系列动作无疑加剧了体育媒体市场的竞争，Eleven Sports 因此在短时间内成长为体育传播领域的重量级玩家，掌握着包括欧洲足球冠军联赛、英超联赛在葡萄牙的转播权，以及意大利和比利时顶级国内足球赛事的转播权。[13]

2023 年，DAZN 集团宣布收购 Eleven Sports，这一重大收购进

---

⑨ Aser Ventures, *Our Team | Andrea Radrizzani*, Aser Ventures (2024), https://www.aser.com/people.

⑩ Aser Ventures, *Aser Ventures Announces Acquisition of Its Eleven Group Sports Media Businesses by Dazn Group*, Aser Ventures (Deb. 16, 2023), https://www.aser.com/news/aser-ventures-announces-acquisition-of-its-eleven-group-sports-media-businesses-by-dazn-group.

⑪ Tom Lunn, *Who is Andrea Radrizzani? Leeds United and Eleven Sports owner who has beaten Sky Sports to La Liga TV rights*, The Sun (May 2, 2018), https://www.thesun.co.uk/sport/football/3470217/andrea-radrizzani-leeds-united-eleven-sports-la-liga-sky/.

⑫ BBC Sport, *La Liga: Eleven Sports gain TV rights from Sky in three-year deal*, BBC Sport (May 2, 2018), https://www.bbc.com/sport/football/43976560; BBC Sport, *Serie A: Eleven Sports gain TV rights from BT in three-year deal*, BBC Sport (July 13, 2018), https://www.bbc.com/sport/football/44818136.

⑬ Susan Lingeswaran, *DAZN Group to acquire Eleven Sports, Team Whistle with Radrizzani joining board*, Sportcal (Sept. 27, 2022), https://www.sportcal.com/media/dazn-group-to-acquire-eleven-sports-team-whistle-with-radrizzani-joining-board/.

一步彰显了 Eleven Sports 在全球体育媒体市场中的扩张实力和影响力。通过这次收购，DAZN 不仅扩充了全球平台，并通过整合 Eleven Sports 每年 40,000 场比赛，加强了自身作为全球足球媒体的地位。此外，Eleven Sports 还在 FIFA 的 OTT 服务“FIFA +”中扮演了关键角色，负责多个 FIFA 会员协会现场比赛的制作、传输和分销。这次合并不仅为 DAZN 带来了新的收入来源和社交媒体上的年轻观众群体，还构建了全球最大的女子足球内容库，充分体现了 Eleven Sports 与 DAZN 合并后在全球体育媒体市场的强大竞争力和广阔发展前景。[14]

三、后续发展

2016 年暴风集团与光大浸辉签署了《回购协议》，承诺在收购 MPS 股权后的 18 个月内进行回购。然而，当回购期限到达时，暴风集团及冯鑫未能履行回购义务。2018 年年初，光大浸辉向暴风集团和冯鑫发送《告知函》要求履行回购协议，5 月 31 日，由于仍未见回购行动，光大浸辉与上海浸鑫向暴风集团发出《履约催告函》，要求支付包含收购成本及 40% 溢价在内的总计 869,075.94 万元人民币。[15]

由于未能按计划退出投资，2019 年 2 月 25 日浸鑫基金投资期

⑭ DAZN, *DAZN Accelerates Global Growth Momentum with Acquisition of Eleven Group Businesses*, DAZN (Sept. 27, 2022), https://dazngroup.com/press-room/dazn-accelerates-global-growth-momentum-with-acquisition-of-eleven-group-businesses/.

⑮ 中国证券报：《暴风集团冯鑫被终身市场禁入！证监会详述公司违法行为》，载东方财富网，https://finance.eastmoney.com/a/202112032201370793.html。

限结束后，优先级合伙人招商银行和华瑞银行依据《差额补足函》对光大资本提起诉讼。2020 年 8 月，上海金融法院一审判决光大资本赔付两家银行共计 35.16 亿元人民币，其中招商银行 31.16 亿元，华瑞银行 4 亿元。2021 年 6 月二审维持原判，光大资本于 2022 年 1 月向上海市高级人民法院申请再审，但同年 6 月法院裁定驳回其再审申请。[16]

2019 年 7 月，暴风集团董事长冯鑫因在 MPS 项目融资过程中涉嫌对非国家工作人员行贿而被公安机关拘留，并于同年 9 月被上海市静安区检察院批准逮捕，罪名还包括职务侵占罪。[17]与此同时，暴风集团内部出现严重问题，包括高层管理人员离职、员工大量流失、财务状况恶化以至于无法按时发放工资，并由于未能及时聘请审计机构完成 2019 年年报的披露，最终触发退市指标。2020 年 8 月 28 日，深圳证券交易所正式决定终止暴风集团的股票上市。[18]

---

⑯ 马晓甜：《MPS 官司一审判决出炉！光大证券子公司赔偿招商银行和华瑞银行超 35 亿》，载界面新闻 2020 年 8 月 8 日，https：//www.jiemian.com/article/4796468.html。

⑰ 张楷欣：《暴风集团实际控制人冯鑫被拘　因涉嫌对非国家工作人员行贿》，载中国新闻网，https：//www.chinanews.com.cn/cj/2019/08－01/8913270.shtml。

⑱ 中证中小投资者服务中心：《【权益 360】暴风集团的退市案例解析》，载中国投资者网，https：//www.investor.org.cn/rights_ interests_ protection/my_ rights_ interests/rights_ and_ interests360/a_ right_ tip/202105/t20210520_ 494560.shtml。

第7回　监 管 审 批

跨境并购交易通常需要获得若干的监管审批。近年来，在新冠疫情以及国际政治经济形势复杂化的大背景下，世界各主要经济体都收紧了对外来投资和并购交易的监管，以防止本国的重要企业或经济领域在低谷期被外国收购，保护本国的供应链和经济安全，因此监管审批在跨境交易中的重要性愈加突出。我们希望借由此文梳理跨境并购交易中常见的监管审批类型（以美国为例），以及买卖双方应如何在并购协议条款中对监管审批相关的风险进行分配。

一、主要的监管审批类型

（一）国家安全审查

2021年12月14日，韩国半导体公司Magnachip（NYSE：MX）宣布其与中国智路资本的交易已无法获得美国外国投资委员会（Committee on Foreign Investment in the United States，CFIUS）的批准被迫撤回和终止。①这是近年来中国企业海外并购遇阻的又一

① Magnachip，*Magnachip and Wise Road Capital Annouce Withdrawal of CFIUS Filing and Mutual Termination of Merger Agreement*，Magnachip（Dec. 13，2021），https：//www. magnachip. com/magnachip - and - wise - road - capital - announce - withdrawal - of - cfius - filing - and - mutual - termination - of - merger - agreement - 4/.

重要案例。

CFIUS是一个由美国财政部牵头、多个联邦政府部门共同组成的联席办公机构，负责审查可能影响美国国家安全的外商投资和并购交易，即所谓的“受管辖的交易”（covered transaction）。在2018年美国《外国投资风险评估现代化法案》（Foreign Investment Risk Review Modernization Act，以下简称FIRRMA法案）获得通过后，CFIUS的审查权限得到了进一步的扩张。目前，受CFIUS管辖的交易主要分为三类，即控制权交易、特定的非控制性投资交易和特定的房地产交易。具体而言：

（1）控制权交易是指外国人士取得对美国业务的控制的交易。需要注意，CFIUS对于“控制”的定义比我们通常理解的概念宽泛，是指拥有决定或指导重要事项的直接或间接的权力。除了掌握目标企业的多数股权或投票权，通过合同安排、一致行动安排、董事任命等其他方式取得对目标企业的重要事项的决定权也同样会被视为“控制”了该目标企业。

（2）特定的非控制性投资交易主要指外国人士对涉及关键技术、关键基础设施和敏感个人数据的美国业务（合称“TID业务”）的投资，且该等投资会使外国人士①获取TID业务的重大非公开技术信息；②成为TID业务公司的董事或观察员，或有权指派董事或观察员；③有权参与关于TID业务经营事项的重大决策。如果一项投资落入了这个范围，则无论是否取得了对目标企业的控制权都，都落入了CFIUS的审查范围。

（3）特定的房地产交易主要涉及位于或者接近敏感地理位置（如军事设施、港口、机场或者其他可能影响美国国家安全的位置）的美国房地产被外国人士购买、租赁或被许可给外国人士使用的情况。

FIRRMA 法案要求以下两类受管辖的交易需要向 CFIUS 进行强制申报：（1）外国政府交易：交易完成后将导致一家美国 TID 业务公司的 25% 或以上有表决权权益被一个外国政府持有 49% 或以上有表决权权益的外国买方收购。（2）关键技术交易：如果一项交易涉及①生产、设计、测试、制造、装配或开发关键技术的业务；②该等关键技术的输出、再输出、转移（国内）或再转移给外国投资者需要取得相关监管批准，那么这样的关键技术交易就需要进行申报。除以上两种情形外，CFIUS 审查是一个自愿申报程序，由交易各方根据对交易所涉及的国家安全风险的判断自行决定是否向 CFIUS 做申报。但是，如果交易方不申报，CFIUS 在获悉了交易后（无论交易是否已经完成，也无论完成了多久），依然可以依职权主动发起审查或是要求交易双方进行申报。例如在上文提及的 Magnachip 收购案中，交易双方没有进行自愿申报，但后续仍然被 CFIUS 要求进行申报，且最终未能获得 CFIUS 的批准。

CFIUS 的申报有两种形式：一是简要申报（declaration），二是正式申报（notice）。对于较为简单且国家安全敏感度低的交易，简要申报是一种可能的选择。从交易方提交申请到 CFIUS 接受简要申报的周期大概是5.59个工作日，[②] CFIUS会在接受简要申报后30天内对交易进行审查并做出决定，决定可能是通过交易，要求交易方提交正式申报或通知交易方未能完成审查。从统计数据看，使用简要申报的案例大部分是来自与美国关系良好的国家的投资者。[③]

正式申报的审查流程与简要申报相比则更为复杂。交易方需要先向CFIUS提交初步书面通知，在收到初步通知的10个工作日内，CFIUS会反馈对初步通知的意见或者决定接受通知。实践中，交易方通常会在提交正式申报前向CFIUS提交一个初稿（draft notice），CFIUS在收到初稿后回复意见平均是7.4个工作日；交易方根据CFIUS的初步意见修改后提交正式申报到申报被接受的平均周期是4.5个工作日。[④] CFIUS在接受正式申报后，会在其接受申报通知后的45天内对交易进行初步审查；若发现该等交易可能涉及美国国家安全，则CFIUS可以进一步对交易开展期限为45天的调查（在特殊情况下可以延长15天）。实践中，交易双方通常会在这个阶段与CFIUS谈判和签署国家安全协议（national security agreement）或是保证函（letter of assurance），采取某些措施以降低CFIUS在国

---

② U. S. Department of the Treasury, *Treasury Releases CFIUS Annual Report for* 2022, U. S. Department of the Treasury (July 31, 2023), https://home.treasury.gov/news/press-releases/jy1663.

③ U. S. Department of the Treasury, *Treasury Releases CFIUS Annual Report for* 2022, U. S. Department of the Treasury (July 31, 2023), https://home.treasury.gov/news/press-releases/jy1663.

④ U. S. Department of the Treasury, *Treasury Releases CFIUS Annual Report for* 2022, U. S. Department of the Treasury (July 31, 2023), https://home.treasury.gov/news/press-releases/jy1663.

家安全方面的顾虑，从而换取 CFIUS 对交易的附条件同意。2022 年在 286 宗正式申报中，有 52 宗商谈了国家安全协议，最终有 44 个交易签署了国家安全协议。⑤在调查期经过后，如果 CFIUS 依旧认为国家安全方面的顾虑无法解决，则会将其调查结论提交美国总统，总统将在 15 天内作出最终裁决。虽然以上流程的期限明确，但实践中出现过在调查期临近结束时，CFIUS 提示交易方撤回申报和重新提交的情形，在这种情形下，整个期限要重新起计。而且，法律没有限制撤回和重新申报的次数，理论上可以发生多次撤回和重新申报。⑥

国家安全协议的主要内容即对 CFIUS 国家安全顾虑的缓释措施，通常都是保密的。但 CFIUS 会在每年给国会的公开年报里披露常见的缓释措施，主要包括以下常见的措施（非穷尽列举）：

（1）剥离全部或部分敏感资产；

（2）禁止转让或共享知识产权或技术秘密；

（3）特定敏感技术和信息只能由授权人员访问；

（4）要求交割后的董事会包含政府指定成员（通常为前政府

---

⑤ U. S. Department of the Treasury, *Treasury Releases CFIUS Annual Report for* 2022, U. S. Department of the Treasury (July 31, 2023), https://home.treasury.gov/news/press-releases/jy1663.

⑥ 在中国泛海控股集团收购 Genworth Financial Inc. 的交易中，交易双方曾 5 次撤回并重新向 CFIUS 提交申报，参见 Trade Practitioner, *CFIUS Clearance; Mitigation: China Oceanwide Holdings Group Co. Ltd. and Genworth Financial, Inc.*, Trade Practitioner (June 11, 2018), https://www.tradepractitioner.com/2018/06/china-oceanwide-holdings-group-co-ltd-and-genworth-financial-inc/。

官员或议员）或建立合规委员会；

（5）聘请第三方监督机构进行年度合规审计；

（6）特定产品和服务要求仅由美国公民管理、仅在美国境内提供、仅由经授权的供应商供应；

（7）保证美国政府或企业的供应；

（8）限制招聘特定人员；

（9）外国股东访问美国子公司提前通知政府或监督机构。

关于 CFIUS 申报，如果是简要申报，则无须支付申报费。如果是正式申报，则需要根据交易规模大小缴纳申报费，从免费（规模小于 50 万美元）到 30 万美元（规模大于 7.5 亿美元）不等。

尽管近年来中国企业赴美收购受到的 CFIUS 审查越来越严格，但中资赴美收购和投资的数量依然维持在高位。2022 年 CFIUS 收到了 286 宗正式申报，其中来自中国的申报是 36 宗，仅次于新加坡（37 宗）。中资赴美收购的大部分交易还是得到了 CFIUS 的批准，当然有相当多的交易是附带条件的（签署了国家安全协议）。

（二）反垄断审查

针对并购行为的反垄断审查是各国反垄断法律体系中的重要门类之一。在美国，这类反垄断审查通常被称为合并管制（merger control），类似于我国反垄断法中“经营者集中”的概念。

美国法下的合并管制主要由 1976 年颁布的美国《哈特－斯科特－罗迪诺法》及其修正案（Hart-Scott-Rodino Antitrust Improvements Act of 1976，以下简称 HSR 法案）规制，并由美国联邦贸易委员会（Federal Trade Commission of the United States，FTC）和美国司法部反垄断局（United States Department of Justice Antitrust Division）共同负责对相关并购交易进行事前审查和事后监管。一项并购交易是否需要进行反垄断申报应根据交易的规模和交易方的体量进行双重标准判断，最新的门槛金额见表 7 – 1。[7]

表 7 – 1　美国反垄断申报的交易规模和交易方体量标准

交易规模/美元	交易方的体量	是否需要申报
>4. 78 亿	N/A	是
>1. 195 亿且≤4. 78 亿	一方≥2. 39 亿， 且另一方≥2390 万美元	是
	交易方体量不同时满足以上条件	否
≤1. 195 亿	N/A	否

其中，交易规模取决于买方在交易后取得的资产、有表决权的证券和其他非公司权益的总体价值；交易方体量的计算则需要评估交易方在全球范围内的总资产或年度净销售额的总值。值得注意的是，合并管制的审查对象是交易方的最终母公司实体（ultimate parent entity），因此相关金额的计算必须合并该最终母公司实体下属所有直接或者间接控制的实体的数据。此外，值得一提的是交易

⑦　该门槛金额每年都会由 FTC 进行调整，交易方在反垄断申报评估时要注意使用最新的标准数字。Federal Trade Commission，*FTC Announces 2024 Update of Size of Transaction Thresholds for Premerger Notification Filings*，Federal Trade Commission（Jan. 22，2024），https：//www. ftc. gov/news – events/news/press – releases/2024/01/ftc – announces – 2024 – update – size – transaction – thresholds – premerger – notification – filings.

方在进行美国反垄断申报时必须一并提交与拟议交易的市场竞争相关的关键文件（如与市场份额、竞争对手、销售增长潜力、产品扩张等事项相关的分析、调查和报告）；这些文件可能是公司内部自己准备的文件，也可能是外部顾问如投行、咨询公司等准备的文件，该等文件常被称为“4（c）和4（d）文件”，如果未在申报时提交，很可能会导致等待期被重新计算或被反垄断监管机构处以民事罚款的后果。

美国反垄断审查的通过通常是交易交割的前提。美国反垄断审查申报提交后，开始计算等待期（waiting period），等待期的期限为30天（适用于一般交易）或15天（适用于现金要约或破产收购交易）。交易方需在等待期结束或者收到提前终止（early termination）的批准后才能完成交易。如果买方在等待期结束前就对被并购主体的义务或资产施加了控制，则会被视为抢跑（gun-jumping）。监管机构可能会对实施“抢跑”违法行为的交易方提起诉讼，并处以罚款。例如，在 *United States v. Flakeboard America Limited*, *et al.* 一案中，由于交易双方在等待期结束前就提早关停了作为交易目标的工厂，且买方提前获取了该工厂客户的竞争性敏感信息，导致交易各方被美国司法部起诉，最终不得不以支付380万美元民事罚款和返还115万美元非法所得的代价与美国司法部达成和解。⑧

---

⑧ *United States v. Flakeboard Am. Ltd.*, No. 3：14 – cv – 04949 – VC（N. D. Cal. Feb. 2, 2015）.

提交美国反垄断审查申报可能需要缴纳3万美元至233.5万美元不等的申报费用（申报费用将根据年度调整），根据交易规模确定。

（三）其他监管审批类型

1. 特殊行业

以上CFIUS审查和美国反垄断审查申报是几乎每个涉及美国的跨境并购中都需要考虑的监管审批事项。此外，若目标公司所在行业属于有特殊准入条件的行业，在并购交易完成后，股东的变更可能会引起运营牌照的更换、外资持股比例的审查等问题。这些有特殊准入条件的行业通常由特定的政府机构专门管理，往往对经济和民生有重大影响，包括但不限于银行、保险、通信、能源、重大基础设施等。比如，美国能源行业的并购将会受到美国联邦能源管理委员会（Federal Energy Regulatory Commission，FERC）的监管，通信行业的并购则会受到美国联邦通信委员会（Federal Communications Commission，FCC）的监管，而保险行业的并购将会受到相关各州的保险监管机构的监管等。因此，交易双方应尽早熟知目标企业运营所需要的资质和牌照、判断是否获得相关监管机构的批准才能完成交易，以及交易完成后该等资质是否可以保留或需要进行更新。

2. 涉及美国上市公司的监管要求

如果并购交易的标的企业为美国上市公司，外国买方需要注意严格遵守美国证券法和交易所的相关规则，包括但不限于完成要求的申报和披露、不得在持有目标公司重大非公开信息时进行证券交易等。同时，上市公司并购交易中常见的股东投票委托书（proxy statement）以及注册声明（registration statement）等法律文件也需要经过 SEC 的认可和批准。

3. 跨境并购的中国境内审批

中国企业在境外实施并购将会涉及诸多中国法下的监管审批程序，例如国家发改委的项目核准或备案、商务部门的境外投资核准或备案以及外汇管理部门的外汇资金登记备案等。根据项目的敏感程度以及中方的投资规模，分别适用不同的审批层级和管理要求。根据国家发改委《企业境外投资管理办法》，敏感类项目（涉及敏感国家或地区或者敏感行业）需要国家发改委核准，其他实行备案管理，中央管理企业或者地方企业的投资额 3 亿美元及以上的对外投资，由国家发改委备案，地方企业投资额 3 亿美元以下的对外投资，由省级发改委备案。根据国家商务部《境外投资管理办法》，敏感类项目（涉及敏感国家或地区或者敏感行业）需要国家商务部核准，其他实行备案管理，中央企业由国家商务部备案，地方企业由省级商务主管部门备案。国有企业计划进行境外投资并购的，还会受到国有资产监督管理委员会的相关监管。

（四）全球其他主要国家的国家安全/外商投资审批[⑨]

以上主要介绍了涉及美国的跨境并购所需要的监管审批类型。近年来，尤其是新冠疫情暴发之后，很多国家为了避免在危机时外国投资者趁机收购对本国至关重要的产业或公司，也相继推出或收紧了对外商投资的审批。以欧盟、英国和德国为例：

1. 欧盟

2020 年 10 月 11 日正式生效的《欧盟外商直接投资条例》［Regulation（EU）2019/452 of the European Parliament and of the Council］确立了欧盟对外商直接投资审查框架，是欧盟层面首个基于国家安全和公共秩序理由设置的外商直接投资审查工具。该条例旨在补充，而非取代成员国的国家审查体系。欧盟委员会本身对交易没有审批权，更多的是欧盟成员国之间的信息交换和协调机制，但对涉及欧盟整体利益的交易可以提出无约束力的意见供成员国参考。

2. 英国

英国《国家安全和投资法》（National Security and Investment Act）于 2022 年 1 月 4 日正式生效，该法案确立了英国首个国家安全与外商投资的独立审查制度，建立了包括强制申报、自愿申报、

---

⑨ 各国对外商直接投资（FDI）的审批与国家安全审查制度各异，有的合并为单一程序，有的则分为两个独立流程。加拿大采取后者，其外商投资审批主要依据《投资加拿大法案》（Investment Canada Act）进行，关注投资是否为加拿大带来“净效益”（net benefits）。而其国家安全审查则是并行的独立程序，由特定政府部门负责，专注于投资是否会对加拿大的国家安全构成威胁。

主动审查（call in）等较为全面的机制，同时确定了由英国商业、能源及工业策略部（BEIS）作为该法律的执行监管部门。

3. 德国

2021 年 5 月 1 日起，德国施行新的外资审查法规《德国对外贸易条例》（Außenwirtschaftsverordnung），大幅度扩大了须向德国联邦经济事务和能源部进行强制申报的外国直接投资交易范围。

（五）欧盟《外国补贴条例》审查

2023 年 7 月 12 日，欧盟《关于可能扭曲欧盟市场的非欧盟成员国政府补贴条例》［Regulation（EU）2022/2560 of the European Parliament and of the Council of 14 December 2022 on foreign subsidies distorting the internal market，以下简称《外国补贴条例》］生效，针对经营者集中（concerntration）及公共采购场景下的外国政府补贴规定事前申报制度，并就任何可能扭曲欧盟内部市场的外国政府补贴规定主动审查制度。《外国补贴条例》将外国政府补贴定义为任何来源于非欧盟国家政府，以直接或间接提供财政支持的形式，针对特定主体或行业的，且对在欧盟内部市场从事经济活动的企业授予的利益。[⑩]外国补贴条例所定义的财政支持，从形式上可以是资金转移、税收激励、债务措施、提供或购买商品或服务等形式，从来源上可以是任何可归因于非欧盟成员国政府的补贴，包括中央政府、公共机构、甚至是私有实体。[⑪]

⑩ 欧盟《外国补贴条例》第 3 条。

⑪ 欧盟《外国补贴条例》第 3 条。

就并购交易而言，该条例下“经营者集中”的定义较为宽泛，既包括两家企业之间的合并，也包括通过收购股权、收购资产、合同或其他方式取得另一家企业的控制（control），还包括多家企业之间共同设立合营企业。[12]就 2023 年 7 月 12 日及其后签约且未能在 10 月 12 日前完成交割的前述交易，[13]如果目标公司或合资公司在欧盟境内的营业额至少达到 5 亿欧元，且交易各方过去 3 年获得的外国政府补贴合计超过 5000 万欧元的，需向欧盟委员会（European Commission）进行申报，获批后才能完成交易。

二、并购协议中关于监管审批的约定

（一）陈述与保证条款与披露函

买卖双方通常需要在并购协议中对特定事项作出披露和保证，作为相互之间交易的信赖基础（关于陈述与保证条款与披露函的具体介绍可参见第 5 回）。关于监管审批事项，买卖双方通常会根据其自身具体情况向对方保证：除了协议或披露函中所列举的审批事项外，其签署并购协议以及完成并购交易都不需要任何政府部门的同意或批准。买卖双方应在交易文件定稿前全面评估将会涉及的监管审批，并尽可能详尽地列举所需的监管审批，以免遗漏审批事项从而导致交易遇到障碍。为了保密等目的，交易方通常会把所需的具体监管审批列入披露函，这部分内容通常不会公开，即使在涉及

---

⑫ 欧盟《外国补贴条例》第 20 条。

⑬ Questions and Answers for Regulation（EU）2022/2560，Question 1.

上市公司的交易中也鲜有披露。

（二）承诺/交割前提条件

承诺条款是交易各方就交割前后各方应当或不得采取某些行动的约定（关于承诺事项的具体介绍可参见第6回）。在实践中，交易各方应通过承诺条款对各项监管审批的取得进行清晰而具体的义务分配，尤其是要明确特定监管审批事项的负责主体，必要时可以在条款中直接列举获得审批所应当完成的事项以及相应的负责和配合主体。此外，协议中也应写明取得各项监管审批的最晚时间节点。取决于取得某一项监管审批所需要的时间以及双方的谈判结果，部分可以在交割前取得的许可或审批会被约定为需要在交割前完成的承诺事项，并同时作为交割的前提条件之一；而对于部分所需时间较长，且对交割的进行影响不大的审批事项，便可以约定为交割后承诺事项，以免延误双方的交割进度。[14]

在承诺条款中，协议还会约定各方完成相应义务所需要付出的努力程度（关于努力程度的具体介绍可参见第6回），从“合理努力”、“合理最大努力”到“最大努力”逐级递增，意味着对有义务完成该项承诺的一方的要求愈严格。这些努力标准在实践中到底意味着什么，需要根据协议的管辖法律来具体确定，但对义务方来说，总是希望能够使标准降低一些的，而对于相对方则正好相反。

---

⑭ 比如，交易双方进行交易的全球反垄断申报分析，有可能触发在某些低申报标准的国家的申报义务，但该国对目标公司业务的影响有限，并且不申报的法律后果不严重，则交易双方可能选择不申报或者事后申报。

对于承担完成大部分监管审批义务的买方来说，在谈判时除避免过高的努力标准外，还要特别关注是否存在所谓的“赴汤蹈火”条款（hell or high water），即要求买方配合监管机构的要求做出一切必要努力，包括但不限于剥离现有资产以获得所需的监管审批。买方在接受此条款时，需要进行谨慎的评估，有的时候监管机构可能要求买方对目标公司业务或者买方自身业务作出相当大的调整和变更，成本极高。但在某些情况下，买方为了促成交易，不得不答应“赴汤蹈火”条款。在此种情况下，可考虑对“赴汤蹈火”的程度进行限制，明确己方的底线所在，即买方可以赴汤蹈火，但在监管机构施加了苛刻条件（burdensome conditions）的情况下，买方可拒绝交割且无须支付反向分手费。另外，“赴汤蹈火”条款在一些交易中还可能排除一些特别情形，比如在需要中国政府审批的交易中，我们经常见到“一切必要努力”不包括要求当事方对中国政府的决定提起上诉等条款。

（三）**反向分手费**

除了以上承诺条款外，为进一步满足卖方对交易确定性的诉求，卖方可能要求买方在签约时将一笔金额存入到共管账户，作为买方在未能完成承诺、违反陈述与保证或出现其他违约情形且导致交易无法完成时应向卖方支付的金额，称为“反向分手费”（reverse break-up fee），常见的金额约为交易金额的5%~6%（关于反向分手费条款的具体介绍可参见第10回）。境外卖方通常认为中国企业的国内监管或者受到外国政府监管的风险较高，所以通常要求中国买方支付较高的反向分手费。在前些年，关于监管审批的风险分配更为平衡一些，中国买家在东道国政府不批准的情形下无须支付反向分手费，即卖方承担了本国监管审批的风险。但近年来随着监管环境和市场的变化，监管审批风险的分担变得对中国买家更加不利，基本上承担所有重要的监管审批风险。例如，在前文介绍的中国智路资本试图并购 Magnachip 的案例中，在 CFIUS 拒绝批准导致交易失败后，智路资本需要向卖方支付约为交易总对价 5% 的合计 7020 万美元的反向分手费。[15]

结　语

如前文所述，世界范围内监管审批的日趋严格，尤其是新冠疫情之后各国出现的保护主义倾向，使监管审批在跨境交易中作用愈加重要。在任何一项跨境交易的开始，除了商业考虑外，无论是作为买家还是卖家，中国的交易方都需要考虑到交易可能需要的监管审批事项。企业应尽早聘请具有丰富经验的顾问团队协助公司进行监管审批方面的分析和评估，稳妥推进交易。

⑮ Magnachip，*Magnachip and Wise Road Capital Announce Withdrawal of CFIUS Filing and Mutual Termination of Merger Agreement*，Magnachip（Dec. 13，2021），https：//www. magnachip. com/magnachip – and – wise – road – capital – announce – withdrawal – of – cfius – filing – and – mutual – termination – of – merger – agreement – 4/.

延伸阅读

案例摘要 7－1

智路资本收购 *Magnachip*

2021 年 3 月 26 日，韩国显示器及电源解决方案的领军企业 Magnachip Semiconductor Corporation（纽交所代码：MX，以下简称 Magnachip）宣布，已与两家由中国的智路资本及其有限合伙人设立的实体——开曼群岛注册的 South Dearborn Limited 和美国特拉华州注册的 Michigan Merger Sub，Inc. 达成合并协议。根据协议条款，Magnachip 的股东将以每股 29.00 美元的价格套现，该价格较其过去三个月加权平均股价溢价约 75%，对应总交易价值约为 14 亿美元，这是一笔全现金交易，且不依赖任何债务融资。[①]交易完成后，Magnachip 的管理层团队、员工及公司总部将继续驻留韩国，确保业务的连续性和稳定性。智路资本旨在与 Magnachip 管理层联手推进公司的全球扩张战略，力图将 Magnachip 塑造成全球显示器和电源市场的主导力量。

---

① Magnachip Semiconductor Corporation, *Magnachip Enters into Definitive Agreement with Wise Road Capital in a Take Private Transaction Valued at $1.4 Billion*, EDGAR (March 26, 2021), https://www.sec.gov/Archives/edgar/data/1325702/000119312521095477/d147241dex991.htm.

尽管Magnachip的主要生产和研发活动集中于韩国，且大部分员工和资产并未位于美国境内，但美国外国投资委员会（CFIUS）仍然对此次交易进行了审查。2021年5月26日，Magnachip收到CFIUS要求提交合并审查的通知，②随后于同年6月11日正式向CFIUS提交了相关通知。6月15日，美国财政部发出《临时缓解措施命令》（Order Establishing Interim Mitigation Measures），要求暂停交易直至CFIUS完成调查或美国总统批准交易。③

7月26日，CFIUS通知Magnachip，将对该交易进行全面调查，并计划在2021年9月13日前完成。④8月27日，CFIUS告知该交易涉及美国国家安全问题，无法保证获得批准。⑤9月10日，Magnachip通过外部法律顾问请求撤回6月11日提交的合并通知，以便进一步探讨永久降低CFIUS所顾虑的国家安全风险，并争取更多时间与CFIUS讨论合并事宜。新的CFIUS审查周期于9月14日重启，最迟应在10月28日结束，其间CFIUS有权将审查期限延

---

② Magnachip Semiconductor Corporation, *Form 8 - K*, EDGAR (May 26, 2021), https://www.sec.gov/Archives/edgar/data/1325702/000119312521177243/d185128d8k.htm.

③ Magnachip Semiconductor Corporation, *Form 8 - K*, EDGAR (Jun. 15, 2021), https://www.sec.gov/Archives/edgar/data/1325702/000119312521191587/d191052d8k.htm.

④ Magnachip Semiconductor Corporation, *Form 8 - K*, EDGAR (Jul. 26, 2021), https://www.sec.gov/Archives/edgar/data/1325702/000119312521229183/d206201ddefa14a.htm.

⑤ Magnachip Semiconductor Corporation, *Form 8 - K*, EDGAR (Aug. 27, 2021), https://www.sec.gov/Archives/edgar/data/1325702/000119312521259850/d207727ddefa14a.htm.

长 45 天。⑥

2021 年 12 月 13 日，历经数次延期以及多次与 CFIUS 的沟通协商后，CFIUS 最终未批准此次合并交易。当日，双方签署了《终止和解协议》（Termination and Settlement Agreement），并按照协议条款，智路资本支付了 7020 万美元的费用，其中部分款项延期至 2022 年 3 月 31 日支付。⑦

---

⑥ Magnachip Semiconductor Corporation, *Form 8 - K*, EDGAR (Sept. 13, 2021), https://www.sec.gov/Archives/edgar/data/1325702/000119312521271932/d220403d8k.htm.

⑦ Magnachip Semiconductor Corporation, *Form 8 - K*, EDGAR (Dec. 13, 2021), https://www.sec.gov/Archives/edgar/data/1325702/000119312521355865/d152828d8k.htm.

第 8 回　雇佣相关条款

在跨境并购交易中，除了买卖双方和监管机构外，还有一个重要的利益攸关方，即员工。在准备并购协议中的雇佣相关条款时，我们首先需要弄清楚员工（包括高管）在本次交易中的角色。在大部分的并购交易中，员工并非交易的一方；通常而言，他们也并非交易的第三方受益人（third party beneficiary）。既然如此，为何雇佣的相关条款仍然不容忽视呢？从卖方的角度来说，其就雇佣事项中的潜在或后续责任将会影响交易的价格和交易确定性；从买方的角度来说，员工队伍稳定与否将会影响目标公司的稳健发展，员工的保留与激励（retention and incentive）不可或缺；再者，雇佣事项相关的责任也将影响公司价值和交易价格。因此，并购律师需要考虑买卖双方的关注点，在条款的起草和谈判中实现风险的合理分配，以顺利完成交易和有利于业务的稳定过渡。笔者并非雇佣法的专家，本文将从并购律师的角度出发，探讨我们在起草并购协议时需要关注的雇佣事项。

一、尽职调查

在起草并购协议之前，我们需要先对目标公司进行尽职调查，为起草相关条款提供基础。买方对劳动与员工事项的尽职调查应当至少了解以下方面：

（1）目标公司核心员工的劳动合同，如确认雇佣关系的性质、是否存在竞业限制、知识产权相关条款等；

（2）目标公司为员工提供养老金计划、激励计划、离职补偿计划以及其他福利计划等；

（3）目标公司是否与其现任或前任员工存在劳动争议；

（4）目标公司是否曾经进行或正在进行劳资谈判或存在工会；

（5）目标公司在劳动和雇佣方面的合规情况，如是否受过相关处罚或调查等。

二、陈述与保证

针对以上尽职调查所得，陈述与保证条款将会就该等关注事项作出披露和总结，并就相关风险承担进行分配。以下为一些常见与雇佣相关的事项。

（一）雇佣合同

美国大部分州法规定雇佣关系为任意雇佣（at will employment），①但是公司高管和一些传统的工业公司仍可能存在雇佣合同。在审阅雇佣合同时，我们需要关注合同里有无特殊的员工保护条款，尤其是离职补偿（severance payment）或者控制权变更情形下公司的支付义务等。对于大部分任意雇用的员工，他们通常会收

① 任意雇佣指雇主可以在任何时候以任何理由（除非法原因外）解雇员工；同样，员工也可以随时以任何理由或无理由离职；其通常仅存在一个较短的通知期。

到录用信（offer letter），买方需要审阅录用信的内容和确认其是否存在偏离目标公司录用信模板的情形。

另外，买方需要关注公司对于劳动用工的分类，例如劳动者是雇员还是独立合同方（independent contractor），有没有错误的分类等。在 *Dynamex Operations W. v. Superior Court* 案中，加利福尼亚州最高法院将雇主一直宣称为“独立合同方”的运输车司机认定为其雇员，并确认了“独立合同方”的认定原则。②此举扩大了雇员的范围，大幅提升了雇主的经营成本。因此，买方应多加留意目标公司的用工政策与用工类别；尤其对于初创公司，其新型的运营模式可能出现含糊以致错误的用工分类，这或会导致目标公司存在未付的税金、工资和员工福利的情况。再者，买方也应注意公司员工是否属于豁免（exempt）类别，如其属于非豁免（non-exempt）类别，买方则需要关注公司的工作时间安排和记录，以及员工有没有加班补偿等潜在责任。

（二）福利计划

要求卖方披露完整的福利计划，并就该等福利计划的执行情况作出声明是交易上的惯例。福利计划的范围广泛，当中包括法律规

② 参见 *Dynamex Operations W. v. Superior Court*，4 Cal. 5th 903（2018）。该原则的核心意思是只有在提供劳动的人员同时符合以下三个要求的情况下，该劳动者才能被归为独立合同方：第一，该劳动者提供的服务无论在合同或事实上均不受公司的控制和指导；第二，劳动者所提供的服务不是公司的常规业务；第三，该劳动者通常从事与公司工作性质相同的独立业务。另外，该原则不允许劳动者向公司作出豁免，以防止公司要求劳动者在非自愿情况下放弃劳工法律的保护。

定以及企业自主设立或参加的计划。

其中，我们应重点关注责任比较重大的退休金福利计划。退休金计划通常分为收益类计划（defined benefits plan）和投入类计划（defined contributions plan）。就收益类计划而言，公司会对退休福利水平做出一定承诺，如果该计划的资产收益有所波动，公司需要承担相应的补足责任；而就投入类计划而言，公司只需要履行其投入义务（contributions），员工作为计划参与人则需要承担市场变动的风险。近年来，投入类计划越为多见，但一些历史悠久的公司，尤其是制造业公司，则可能还存在收益类的退休金计划。在这类计划的情形下，买方尤其需要关注拨备资产（reserve）的充足情况，其是否存在没有拨备（unfunded）或拨备不足（underfunded pension）的养老金义务以及当中涉及的金额。另外，涉及多雇主（multiemployer）或工会养老金（union pension）的退休金计划相对复杂，买方需要特别关注该等计划的范围及目标公司的履行情况。

除退休金计划外，离职补偿（severance）计划也是另一个值得关注的福利计划。比如，本次交易是否会触发离职补偿。虽然卖方一般会承担离职补偿的责任，但买方也需要关注该等员工的留任问题。

除以上福利计划外，公司的福利计划可能还有很多类别，当中可能包括医疗保险（以及退休后的医疗保险）、生命保险、特定休假、周年奖励等，我们需要仔细审核该等福利计划的潜在责任，并在交易价格中予以合适考虑。另外，我们还需要特别关注美国 1974 年《雇员退休收入保障法》（Employee Retirement Income Security Act of 1974，ERISA）的合规问题，买方在处理相关事项时务必咨询 ERISA 方面的专家。

（三）劳动争议

买方不仅需要关注公司与员工之间正在进行的诉讼，还要关注回看期（look-back period）内的争议情况。回看期并无法律规定，一般是双方谈判的结果，常见期限为 2 ~ 3 年。而上述所提及的劳动争议情况不限于诉讼，当中还包括向美国平等就业机会委员会（Equal Employment Opportunity Commission）或美国联邦劳动部（U. S. Department of Labor）提出的投诉，以及向其他州政府部门提起的诉求等。美国平等就业机会委员会处理各种歧视性的雇佣做法，如基于种族、肤色、宗教信仰、性取向、民族来源、年龄、残疾或基因等方面的歧视所引发的争议。

有关陈述与保证的更多介绍，可阅读本书第 5 回。

三、承诺

在并购协议中，我们也经常见到以下与雇佣相关的条款：

（一）薪酬待遇的维持

卖方通常会在并购协议中约定，买方需承诺在交割后一段时期内（常见期限为 12 ~ 24 个月）维持员工的薪酬待遇不低于交易前的水平。对于卖方而言，就 100% 的出售，其似乎无须关注交割后的员工事项。但是，卖方通常还是比较关注该条款，一是维护交易的确定性，避免交易被泄露或者披露后引起员工队伍的不稳定，尤其是交割还未完成的时候；二是体现了公司对员工的关心，维持公司的良好形象。对于买方而言，其需要考虑该等薪酬待遇的维持是否将会束缚交割后公司的治理，比如调整雇佣事项的灵活性。通常而言，买方会对薪酬待遇维持的范围和期限进行限制。就范围而言，买方可考虑维持的义务仅限于工资和/或年度奖金（或者总薪酬水平而非每项均要维持），以及是否包括离职补偿和其他各种福利计划。通常而言，该维持义务不会延展至长期激励计划。另外，薪酬待遇维持条款均会特别声明员工并非该条款的第三方受益人；也就是说，员工个人不能基于此条款主张雇佣权利、福利待遇或者寻求法律救济。

（二）董事和高管的补偿

并购协议中通常约定目标公司董事或高管所享有的免责和补偿权利通常在交割后一段时期内（通常为6年或诉讼时效期限）继续有效，不受到交易的影响，而买方则承诺交割后将会继续维持该等免责和补偿的条款和安排。同时，公司需要购买董事和责任保险，以确定交割后特定时期内（通常为6年或诉讼时效期限）对于交割前事项的保险覆盖（通常称为 tail policy）。这个成本通常由目标公司或买方承担，但买方一般会限制该等保费的上限为现行年度保费的250%～300%。

与前述的薪酬待遇维持条款不同，该补偿条款通常会明确约定董事和高管为该条款的第三方受益人，其可以基于此条款寻求法律救济。

（三）不竞争和不招揽

在并购交易中，买方通常会要求卖方及其关联方在交易完成后的特定时间（常见为1～3年）内：（1）不得直接或间接地开展或从事任何与目标公司现有业务存在竞争关系的业务；（2）招揽目标公司的现有客户或在交割前特定时限内与其有业务关系的客户；（3）不得新设从事竞争业务的商业组织或将既存商业组织的业务转变为竞争业务；（4）不得直接或间接地劝诱、诱使或招揽或聘用目标公司及其关联方的员工等。不竞争和不招揽的具体范围取决于双方的谈判。譬如在加利福尼亚州，法院通常不认可不竞争条款，但与业务出售相挂钩的不竞争（相对于与雇佣相挂钩的）则通常得到认可和执行。

四、激励计划和280G事项

长期激励计划通常有两种基本类型：现金激励与股权激励。现金激励计划通常会基于未来数年的业绩表现和服务年限授予激励。在并购交易中，通常的做法是根据交割时的业绩完成情况进行现金兑付（cash out），买方需要特别注意该计划有无加速到期条款等约定。在财务投资者作为买方的交易中，现金激励计划在交割后经常被终止或替换。

股权激励计划可能存在多种形式，其中最为常见的是期权激励计划。在并购交易中如何处理期权激励计划是一个相对复杂的问题。对于已经确权（包括加速确权）且期权有正向价值（in the money）部分，公司通常进行现金兑付（cash out），成本由卖方承担；对于没有正向价值（out of the money）的部分期权（无论是否确权），公司通常会予以取消，而不支付任何对价；但对于还未确权但有正向价值部分的期权如何处理可能存在不同的做法。公司的期权计划通常会保留给董事会或者薪酬委员会广泛的权利，包括取消未确权部分的期权而无须支付任何对价的权利。但是，期权计划的参与人（participants）对于这部分期权有相应的期待价值（expectation value）；如果这部分期权被无偿取消，那么可能影响员工队伍的稳定。因此，这部分的期权是否要承继或者获得部分的现金兑付以及相应成本由哪方承担通常是双方的谈判点。另外，买方需要综合考虑目标公司的期权计划在交割后是否被承继（assume）、终止（terminate）或者替换（replace），以及相应处理对买方激励计划和股票池的影响等；对于上市公司而言，买方还需要考虑披露等问题。

如果存在现金兑付，无论是现金激励还是股权激励，我们还需要特别考虑 280G 相关的问题。280G 是美国税法典的一个章节，其规定了对构成“金色降落伞”的支付金额的不利税务影响。概括而言，如果公司的高管（还包括其他适用人群）在控制权变更的交易中因此收到的支付金额超过了基础金额的 3 倍，则该超过部分构成“金色降落伞”；公司不可以在税前抵扣这部分的金额，而作为收款方的高管则需要支付 20% 的额外税收。前述所说的基础金额一般是指该高管在过去 5 年里从公司收到的课税收入的年度平均值。在并购交易中，买方需要考虑现金兑付是否存在“金色降落伞”以及其可能的影响，包括税收和对高管留用安排的影响。另外，美国法律存在豁免的情形，如目标公司为非上市公司，其在拥有超过75%投票权的可投票股东获得充分披露知情后批准的情形下，以上支付的金额将不构成“金色降落伞”。由于具体的技术细节相对复杂，本文在此不再赘述。

五、交割条款

如开篇所述，为保持公司运营的稳定，买方通常希望保留公司的高管和员工。如该等人士对公司业务的存续和经营至关重要，买方可能要求将某些高管和关键员工的留任，或与其签订新的雇佣合同作为交割的前提条件。但就卖方角度而言，这个前提条件将可能影响交易的确定性，以某个或某些高管和关键员工的留任作为交割条件相当于给了这些人士否决交易和借此讨价还价的砝码。因此，在谈判交割条件时，作为妥协，卖方可考虑接受某一比例的高管和关键员工的留任或签订新雇佣合同作为交割的前提条件，比例越低则风险越小。

另外，如果目标公司的业务跨越数个国家，尤其涉及欧洲国家时需要特别注意雇佣相关的事项。欧洲国家的劳动保护普遍强于美国，尤其是存在工会或者职工委员会（works council）等情形，在签约前或交割前是否需要征求这些组织的意见，甚至取得其批准可能会因国家而异，需要提前了解和安排。

结　语

雇佣事项与公司的经营活动密切相关。虽然买卖双方的关注点不同，但雇佣事项的处理对于买卖双方均有非常重要的意义。而且，雇佣事项是一个非常专业和本地化的领域，买卖双方在交易中应该谨记咨询相应的雇佣法和税法专家，以合理分配相关风险，保持员工队伍的稳定，实现业务的稳定过渡和与买方的良好融合。

第9回　赔 偿 条 款

陈述与保证的核心是分配风险，卖方给出了陈述与保证就要对这些陈述与保证的真实性和准确性负责。同样，卖方给出了若干承诺，则也需要对承诺的履行负责。如果卖方作出了陈述与保证及承诺，但又违反了该如何办？在交割之前，如果该等违反足够重大，则可能导致交割条件不满足。在交割之后，则在大多数跨境交易中，通过约定赔偿条款（indemnification 或 indemnity）来解决。

一、赔偿条款的概念与性质

与法定救济措施（通常是合同法下的损害赔偿）相比，合同中的赔偿条款详细约定了各方在违反陈述与保证内容与承诺事项后的权利，以及在产生特定损失后责任的划分及责任限制。因此，赔偿条款是交易各方的谈判重点。

对于买方而言，赔偿条款可以保护买方免受不可预见的损失，并可以扩大衡平法补救措施或法定救济措施的适用范围，例如将律师费或标的公司未决诉讼可能产生的损失约定为可赔偿的损失；[①]赔

① 在普通法下，胜诉方不一定能够获得律师费的补偿，具体取决于各个法域的具体规定。

偿条款还可以帮助买方更快捷地获得赔偿，避免诉讼等冗长法律程序。从卖方的角度出发，赔偿条款可以限定买方的索赔范围与索赔金额，以避免在交易交割后的争议，同时限定卖方可能承担的最大责任，并明确卖方在赔偿买方后拥有向第三方追偿的权利。

需要说明的是，赔偿条款通常存在于目标公司是非上市公司的并购交易中。在目标公司是上市公司的并购交易中不常见，原因一方面是基于交易惯例，另一方面则是较大的股东群体增加了追偿的困难性和复杂性。[②]另外，随着陈述与保证保险的普及，越来越多的非上市公司并购交易也采取了没有赔偿条款的模式（no indemnity deal）。在购买了陈述与保证保险的交易中，有些存在赔偿条款，但其具体设置与本文讨论的传统模式有很大的差别。此文将专注于传统模式的赔偿条款设置，与陈述与保证保险相关的讨论请见第 20 回。

二、索赔范围

索赔范围的谈判通常涉及两个方面的问题：赔偿事项及损失（loss）的定义。

通常而言，卖方要对违反了其作出的陈述与保证或承诺事项和其他义务做出赔偿。卖方也经常需要对一些买方在尽职调查中发现的特别事项或者损失承担赔偿义务。这些特别赔偿事项通常涉及或

② 虽然不常见，但市场上存在由上市公司的控股股东提供赔偿（indemnification）的先例。

有责任和损失，例如未决诉讼，特定的环保责任损失等。

在疫情期间，有些交易还将新冠疫情导致的损失设为特别赔偿事项。但卖方通常会主张新冠疫情是已知风险，双方已在估值和购买价格中反映了相关风险，因而不同意特别赔偿。是否将新冠疫情导致的损失设为特别赔偿事项取决于交易的具体情况和双方谈判地位的高低。

另外，对于损失的定义，买卖双方通常也会进行较多谈判。买方希望把尽可能多的损失类型纳入损失的定义，相反地，卖方会争取排除部分损失类型以限缩损失的定义。通常而言，卖方会强调损失仅包括实际支出的（out of pocket）损失，并排除间接损害（consequential damage）、附带损害（incidental damage）、价值贬损（diminution in value）、利润损失（loss of profits）、惩罚性损害（punitive damage）等难以被量化的损失项目。具体的损失定义同样取决于交易的具体情况和双方谈判地位的高低。

三、索赔期限

索赔期限是指在交割后买方可以向卖方主张赔偿权利的时限。针对卖方违反一般性的陈述与保证的索赔期限通常比法定诉讼时效短，但也要给买方充足的时间来发现陈述与保证的不准确或者违反。在实践中，这一期限通常为交割后的12~24个月，买方会尽量争取18个月，原因即为一个完整财务年度加审计周期。针对违反承诺及其他合同义务的索赔期限通常为某具体承诺履行截止日后的一定期限内，没有一定之规。

对于某些特定事项的陈述与保证，索赔期限通常会比较长，常见类型包括：（1）将某些较为重要陈述与保证归类为“基础性陈述与保证”（fundamental representations），例如适当成立（due organization）、适当授权（due authority）、资本结构（capitalization）等，并为这些陈述与保证设定一个额外的索赔期限。取决于双方的谈判结果，该期限可被设定为永久存续、同法定诉讼时效一致[③]或是一个明确的年限。（2）税务相关的陈述与保证大多会有额外的索赔期，通常的做法是延长至同法定诉讼时效相一致。（3）针对卖方的欺诈或故意虚假陈述行为的赔偿期限在大多数的交易中都会被额外延长至永久存续或是同法定诉讼时效一致。

需要注意的是，永久存续的索赔时效存在可能不被法院认可的风险。在 *Cigna Health and Life Insurance Co. v. Audax Health Solutions Inc.*[④]案中，合并协议约定买方对卖方的索赔权上限是全部交易对价及此索赔权的期限是无期限的（indefinite）。特拉华州衡平法院认为以上两个条款使得目标公司的股东所能获得的合并对价（merger consideration）的价值是无法确定的，因为股东收到的对价永远处在买方可能提起的索赔风险之下，因此该约定违反了美国

③ 此处的法定诉讼时效即为针对合同违约的法定诉讼时效，不同管辖法域就该时效的规定并不一致，较为常见的法域的相关规定为：我国香港特别行政区 6 年，纽约州 6 年，加利福尼亚州 4 年，特拉华州 3 年。

④ *Cigna Health and Life Insurance Co. v. Audax Health Solutions Inc.*，107 A. 3d 1082 (Del. Ch. 2014). 本案的争议核心是目标公司（非上市公司）的大股东通过合并（merger）的方式迫使目标公司的小股东同意交易，并让小股东豁免买方的责任及承担无期限和无限额的赔偿责任。

《特拉华州普通公司法》第 251 条关于并购协议所依据的事实应“清楚明了”的规定而无效。该判例后，合并交易中约定赔偿义务无限存续的交易数量呈现逐年递减的趋势，从 2015 年的 18% 下降至 2023 年的 3%。[⑤]

四、索赔额及其他赔偿义务限制

除了索赔范围与索赔期限的限制外，卖方通常还希望对赔偿金额进行限制。在赔偿条款中，有三个数额往往是买卖双方的博弈重点。

（一）单项最小索赔额

单项最小索赔额（de minimis amount/threshold）规定了单项索赔金额需要超过一个最低额度（threshold）后才有资格获得赔偿。也就是说，只有当单项事项的索赔金额超过一个最低数额时，一方才能请求赔偿。一般来说，为了减少买卖双方因为较小的损失产生不必要的矛盾，卖方通常希望此数额越大越好。自 2017 年开始，在美国市场设置单项最小索赔额的交易呈逐年递减的趋势，至 2023 年，只有 27% 的交易含有此条款。[⑥]但在欧洲市场和亚太市场，设置单项最小索赔额仍然是相对普遍的市场惯例。

（二）限制索赔额

限制索赔额（basket）规定当超过单项最小索赔额（如有）的

---

⑤　SRS Acquiom, *SRSA 2024 M&A Deal Terms Study*, https：//www. srsacquiom. com/our – insights/deal – terms/.

⑥　SRS Acquiom, *SRSA 2024 M&A Deal Terms Study*, https：//www. srsacquiom. com/our – insights/deal – terms/.

所有损失总额累计超过一定额度后买方才有权获得赔偿。根据最新市场报告显示，2023 年度中约 62% 的非上市公司并购交易的限制索赔额为交易价格的 0.5% 或以下，另有 28% 的非上市公司并购交易的限制索赔额为交易价格的 0.5% 至 1% 。⑦在交易中，限制索赔额又区分为起赔额与免赔额这两大类型。在欧洲市场交易中，大部分交易采用的是起赔额的类型，在美国市场交易中，两种机制都较为常见，相对比较平均。

1. 起赔额

如合同约定了起赔额（tipping basket），当索赔额超过该额度时，买方便有权全额追偿损失，即卖方应对额度之下与额度之上的所有损失进行赔偿。举例来说，假设赔偿条款约定买方在索赔额超过 50 万美元时有权请求赔偿，如果此时买方遭受了 40 万美元的损失，因 40 万美元尚未达到 50 万美元的门槛，因此买方此时仍无法向卖方请求赔偿；但如果买方遭受了 60 万美元的损失，因 60 万美元已超过 50 万美元的门槛，则买方此时可就 60 万美元的全部损失向卖方进行索赔。在起赔额的机制下买方往往有机会获得更多赔偿，因此该机制对买方更有利。

2. 免赔额

如合同约定了免赔额（deductible basket），当索赔额超过该额度时，买方只能对超过额度的部分请求赔偿，即卖方只需对额度之

---

⑦ SRS Acquiom, *SRSA 2024 M&A Deal Terms Study*, https：//www. srsacquiom. com/our－insights/deal－terms/.

上的损失进行赔偿。同样在上面的假设情形中，如果买方遭受了60万美元的损失，买方最终可获得10万美元的赔偿金额。在免赔额的机制下因买方需要承担部分损失责任，往往可以避免因买方的过错造成损失的进一步扩大，并可以减少买方寻求卖方赔偿的概率，因此该机制更受卖方的欢迎。

（三）其他

最大索赔额（cap）限制了赔偿方可能被要求支付的最大金额，美国市场交易中该数额大多为交易价格的5%至15%。[⑧]在欧洲市场和亚太市场，最大索赔额要高一些，可能去到20%~40%（少数交易中甚至更高）。此外，不同类型的赔偿事项可以设置不同的金额限制。通常来说，违反基本性陈述与保证内容、违反承诺事项、违反税务责任，或存在欺诈或故意虚假陈述行为所引起的损失不受限于单项最小索赔额、限制索赔额或最大索赔额的限制，或有单独的最大索赔额约定。具体例外的种类和情形取决于交易的具体情况和双方的谈判。

除此之外，卖方还可以通过以下几种方式对赔偿义务进行进一步的限制：

1. 保险赔偿及税收优惠抵扣的赔付调整

标的公司通常会购买财险及其他保险，因此当损失发生后，买方的部分金钱损失可由保险金覆盖赔偿，卖方由此可主张相应地减

---

⑧　SRS Acquiom, *SRSA 2024 M&A Deal Terms Study*, https://www.srsacquiom.com/our-insights/deal-terms/.

少其需支付买方的赔偿金额。但在大多数情况下，买方即便同意用保险赔偿金来抵扣，也会坚持其并无义务或无须尽合理努力追讨保险公司的赔偿。此外，在买方获得了损失带来的税收抵扣的情况下，卖方也可以主张赔偿金额减去相应的税收抵扣金额。但由于税收抵扣比较难以确定，买方往往无法接受这项限制内容。

2. 减损义务（duty to mitigate）

为了防止买方在损失产生时因处理不当造成损失的进一步扩大，卖方可以在赔偿条款中增加一项作为义务，要求被赔偿方在损失产生时有积极减轻损失的义务，进而避免卖方需要承担因买方过错造成的不合理成本或费用。

3. 反沙袋条款

即如果买方在交割前知晓卖方违反陈述与保证仍然选择交割，交割后买方将无权向卖方索赔。关于沙袋条款和反沙袋条款的更多讨论，请参见本书第 5 回。

最后，在存在赔偿条款的交易中，卖方通常都会要求将赔偿条款约定为排他性救济措施（exclusive remedy），即赔偿条款系买方获得赔偿的唯一途径，除此之外，买方不得提起诉讼或采取其他法律行动寻求更多赔偿。但买方通常会要求增加一些例外条款，比如在卖方欺诈或故意虚假陈述时可以提起诉讼要求更多赔偿，而不受赔偿条款是排他性救济措施的限制。另外，强制履行也通常是以上排他性救济措施的例外。在一些交易中，我们发现没有加入赔偿条款是排他性救济措施的限制。在这些交易中，卖方承担的风险大大增加了。试想，如果买方仍可在合同救济措施外寻求法定金钱补偿，那辛苦谈判的赔偿责任限制又有何意义呢？

结　语

赔偿条款是每一个并购交易中最核心的谈判要点之一，事关交易双方的风险和责任分配。但赔偿条款不是孤立的，要综合来看整个交易合同中交易各方风险的分配。比如，如果买方支付的价格很高，卖方可能会在合同条款，包括赔偿条款上做出更多让步。

延伸阅读

案例摘要 9－1

Cigna Health and Life Insurance Co. v. Audax Health Solutions Inc.

107 A. 3d 1082（Del. Ch. 2014）

2014 年 2 月，Audax Health Solutions，Inc.（以下简称 Audax）与 United Health Group Inc.（以下简称 United）签署了一份合并协议，根据该协议，United 将以其子公司 Optum Services Inc.（以下简称 Optum）对 Audax 发起收购。在该交易中，Cigna Health and Life Insurance Company（以下简称 Cigna）作为 Audax 的非签约少数股东，其权益分配遵循合并协议中的特定安排。根据该协议的条款，作为未签署合并协议的 Audax 股东，若 Cigna 希望取得其对应的合并对价，必须先行转让其所持有的股份，并签署一份通知书（Letter of Transmittal）。该通知书内含有两项关键性条款，其一，要求签署股东放弃对 Optum 及其关联公司和员工的所有索赔权利（以下简称豁免条款）；其二，要求签署股东需接受并服从合并协议中设定的赔偿义务。该义务不仅要求原 Audax 股东在公司合并后因违反特定陈述与保证而对买方 United 承担个人赔偿责任，而且特别指出，对于涉及 Audax 组织架构完整性和信誉状况等相关基本陈述与保证，其赔偿责任将在交易完成后无限期延续。

鉴于 Cigna 对该通知书内赔偿义务无限期存续条款的不满，拒绝签署该通知书，因此，收购方 Optum 未向 Cigna 支付相应的合并对价。对此，Cigna 针对合并各方及股东代表提起了诉讼，指控通知书中的赔偿义务无限期存续违反了美国《特拉华州普通公司法》第 251 条，导致通知书在法律层面不具备执行力。特拉华州衡平法院在该案的判决中支持了原告方 Cigna 的观点。

一、通知书中的豁免条款是否具有对价

本案第一个争议点在于通知书中的豁免条款是否具有对价。根据美国《特拉华州普通公司法》第 251 条的规定，合并协议应当清楚列出股东因合并所能获得的现金、财产、权利或证券。原告 Cigna 引用 *Roam-Tel Partners v. AT & T Mobility Wireless Operations Holdings Inc.* 案指出，一旦合并完成，对价便已经兑现（vested），如果此后通过通知书附加额外义务的，相关义务所对应的“已兑现”的对价将是一个预先存在的对价（pre-existing consideration），而其所对应的通知书附加的额外义务将因为缺乏对价而不具有可执行力。[1]而被告 Audax 则辩称，美国《特拉华州普通公司法》第 251 条中对“权利”的定义提供了灵活的空间，股东所获现金补偿与其在通知书中的豁免义务共同构成合并对价，因为若买方不对卖方提出履行相关承诺的要求，其出价将会降低。此外，由于合并协议中明确提到了通知书，所以通知书中的义务应当视为合并协议的一

---

① *Roam-Tel Partners v. AT & T Mobility Wireless Operations Holdings Inc.*, 2010 Del. Ch. LEXIS 247, ＊6, 2010 WL 5276991 (Del. Ch. Dec. 17, 2010).

部分。

法院最终支持了原告 Cigna 的观点，其理由如下：首先，根据美国《特拉华州普通公司法》第 251 条，“权利”应当理解为股东因合并获得的权益，而非承担的义务，通知书中的豁免条款事实上是对股东施加了额外的义务。其次，合并协议虽然提到通知书，但并未详述通知书的具体内容，因此，Cigna 无法合理预见到通知书内具体的义务条款。最后，如果卖方股东履行通知书中的豁免条款如同被告所述那样对交易具有重大意义，那么交易应该通过股权收购的方式针对 Audax 股东进行，而不是采取合并形式。因此，通知书中的豁免条款因缺乏对价而不具有可执行力。

二、是否可以就赔偿义务设置无限存续期

本案第二个争议点在于合并协议下的赔偿义务是否可以无限期存续。本案主要争议在于合并协议中赔偿义务无限期存续的合法性。原告 Cigna 主张，根据美国《特拉华州普通公司法》第 251 条的规定，有效的合并协议必须明确规定可精确计算的合并对价，而无限期存续的赔偿义务会使股东应得的对价因赔偿责任的不确定性而变得无法准确估算。被告则反驳，认为赔偿义务与合并交易中的 escrow 安排相似，否定无限期赔偿义务即否定 escrow 的普遍有效性。法院在审理过程中并未采纳被告的类比观点，指出合并协议中设定的赔偿义务与常规有限期限和限额的 escrow 安排有本质区别。法院强调，本案涉及的赔偿义务具有无限期延续的特点，这种特点有可能使整个合并对价面临不可预见的全面风险，因此并不符合市场常规的 escrow 运作模式。

法院进一步阐明，赔偿义务无限期存续的特性导致股东无法对未来可能发生的赔偿金额做出准确估计，进而影响合并对价的精确计算。基于这一原则，法院最终认定，在本案中，合并协议中设定的无限期存续赔偿义务条款违反了美国《特拉华州普通公司法》第 251 条的规定。

第 10 回　救 济 措 施

在上一回中，我们探讨了针对卖方的陈述与保证和承诺不准确或者违反的情形，在交割之后，买方可能请求赔偿的合同条款。在本回中，我们试图换一个角度来探讨该问题。如果是买方违约，则卖方通常会有哪些救济？不同类型的买方，卖方能够获得的救济措施会有区别吗？市场中存在一定的范式吗？

一、救济措施的概念与模式

在并购交易中，买卖双方需要在签约到交割之间的过渡期内完成并购协议项下约定的交割前提条件（或被豁免）。对交易各方而言，签约是一个并购项目的高光时刻，但是签约后交易仍可能因为交割前提条件未满足而无法完成，特别是当交易需要债务融资或监管审批的时候。通常而言，卖方会非常关注交易协议中关于如果交割不能如期完成的救济措施，买方当然也非常关注在此种情形下其承担的责任。买卖双方通过对这些条款的谈判和安排达到双方可接受的风险分配。

考虑到买方未能完成交易交割的可能性，在大多数收购协议中，根据时间点的不同，通常可以区分为以下两类救济措施：

(1) 在协议终止前，卖方有权要求买方履行其义务（交割义务等）的强制履行措施（specific performance）。

（2）在协议终止后，卖方有权要求买方以损害赔偿（damages）或预先确定的反向分手费（reverse break-up fee）形式的金钱补救措施（monetary remedy）。

上述协议终止前和终止后的救济措施通常会作为“一揽子”方案一起协商，下文主要介绍市场上通常采用的几种救济模式。

二、协议终止前的救济

区别于金钱赔偿，协议终止前的强制履行措施允许卖方强制买方按照协议条款的要求履行协议。在普通法系下，强制履行是一种衡平法补救措施（equitable remedy），法院有自由裁量权去强制合同方按照合同要求实际履行合同义务。

其中，强制履行措施可以细分为两种模式：（1）无条件强制履行（full specific performance），即卖方可以在满足交割条件的情况下要求强制履行（无论买方是否获得债务融资），实质上将融资风险分配给了买方；（2）有条件强制履行（conditional specific performance），即卖方仅可在某些特定的条件下（通常为债务融资到位）要求强制履行，实质上将融资风险分配给了卖方。

采用何种模式的强制履行措施与买家的性质紧密相关。通常而言，财务买家一般只会同意有条件强制履行，而战略买家则会更大概率同意无条件强制履行，即使他们在交易中需要债务融资。财务买家和战略买家采用不同的模式是因为战略买家通常是为了推进战略目标而进行并购交易，并且可以使用自有资金或者现有融资渠道

（如银行的信用额度、公开市场融资）来获得交易所需资金；而财务买家通常会设立 SPV 公司进行并购，其商业模式依赖于杠杆融资的并购贷款以实现达到其收益标准，如果债务融资失败，财务买家可能没有其他可用资金来源来完成交易或者无利可图。

值得注意的是，虽然财务买家通常只会同意有条件强制履行，但是并不能保证在债务融资无法到位时，买家就能全身而退。在 *Snow Phipps Group*，*LLC v. KCake Acquisition*，*Inc.* 案中，特拉华州衡平法院适用了“预防原则”（Prevention Doctrine），认为如果一方当事人的不履行违约行为实质性导致某前提条件无法成就，则该前提条件的不成就不可使其免于相关义务，详情请见案例摘要 10－1。[1]

此外，虽然存在以上两种不同的模式和市场惯例，但取决于交易的具体情况，采用哪种模式并不是绝对的。比如，2016 年私募基金 Thoma Bravo 作为财务买家收购 Imprivata 的交易就采用了无条件强制履行，协议中双方约定，即使买方未能获得债务融资，卖方也有权要求强制履行。[2]

---

① *Snow Phipps Group*，*LLC v. KCake Acquisition*，*Inc.*，2021 WL 1714202 (Del. Ch. Apr. 30，2021).

② Imprivata，Inc.，*The Agreement and Plan of Merger by and among Imprivata*，*Inc.*，*Project Brady Merger Sub*，*Inc. and Project Brady Holdings*，*LLC*，EDGAR (July 13，2016)，https：//www. sec. gov/Archives/edgar/data/0001328015/000119312516646874/d214605dex21. htm.

三、协议终止后的救济

协议终止后的救济措施主要有两种：损害赔偿（damages）与反向分手费（reverse break-up fee）或两种措施的组合。采用哪种救济措施也与买家性质有比较大的关系。通常而言，战略买家更可能同意损害赔偿或/和反向分手费，但财务买家一般倾向于不接受无封顶的损害赔偿。

反向分手费的目的是满足卖方对交易确定性的诉求，并在买方违约的情形下，无须通过诉讼或法律程序证明卖方所遭受的损失而获得补偿。反向分手费在私募基金主导的交易中被广泛使用，主要考虑之一是将杠杆收购中债务融资失败的风险转移给卖家，即如果买方未能获得并购融资，可以支付反向分手费并终止协议，无须承担更多责任。此外，反向分手费也会用于特定的监管审批（最常见的是美国 CFIUS 批准以及反垄断审查等）、获得股东或董事会的批准等。至于反向分手费的数额，并无特定的标准。[③]根据 SRS Acquiom M&A Deal Terms Study 的统计，2023 年调研范围内交易的反向分手费平均金额是交易价格的 3.8%，中位数大约是 4.1%；这较 2022 年有所下降，2022 年调研的反向分手费平均金额是交易价格

---

③　在评估反向分手费的合理性和最大允许金额时，特拉华州法院没有建立明确的规则。相反，法院坚持要根据每个案件的具体情况作出裁决。在特拉华州衡平法院 2007 年 *Louisiana Municipal Police Employees' Retirement System v. Crawford*, 918 A. 2d 1172, 1181 n. 10 (Del. Ch. 2007) 案中，法庭认为反向分手费的合理性需要考虑许多因素，包括但不限于：反向分手费的总体规模以及其百分比值、股东的利益、交易规模大小、对手方的相对规模大小、双方议价能力的差异，以及作为一个整体考虑协议下所有救济措施的排他性或强制性等。

的6.2%，中位数大约是5.0%。[④]当然，前些年在中国企业出海收购的浪潮中，中国买家通常需要支付的反向分手费普遍高于这个数字，一度被称为中国溢价（Chinese premium）。

在存在反向分手费安排的交易中，反向分手费是否适用于所有违约情形（包括故意违约）也存在不同的模式：一种模式是反向分手费是卖家的唯一救济，即使买方故意违约，卖家也不能寻求更多的损害赔偿；通常而言，财务买家会坚持这一要求。另一种模式是反向分手费适用于买方违约，但对于买方故意违约（willful breach），卖方可寻求更多的损害赔偿，不受反向分手费的限制。战略买家更有可能接受第二种模式。当然，以上不同买家对应不同的模式也不是绝对的，市场中也有财务买家接受在买方故意违约的情形下，卖家可以起诉要求更多的损害赔偿，不受限于反向分手费。

四、救济模式

综上所述，根据市场情形和交易方的不同，表10－1简要列举了在大多数情况下财务买家（financial buyers）和战略买家（strategic buyers）所采取的救济模式（如前文所述，根据交易具体情况不同，以下救济模式的采用并不是绝对的）。

④ SRS Acquiom, *SRSA 2024 M&A Deal Terms Study*, https：//www.srsacquiom.com/our－insights/deal－terms/.

表 10－1　财务买家和战略买家偏好的救济模式

时间	交易方	
	财务买家	战略买家
协议终止前	有条件强制履行	无条件强制履行
协议终止后	反向分手费 （适用于任何违约）	无上限损害赔偿， 和/或反向分手费 （不适用故意违约）

另外两种比较罕见但也被某些交易采用的救济模式如下。

（一）反向分手费作为排他性救济措施

买方可以选择随时通过支付反向分手费而无须完成交割。在这一模式下，卖方不能诉请买方强制履行（specific performance），也不能寻求任何其他损害赔偿，并将全部违约责任限制在反向分手费金额以内。本质上，买方以支付反向分手费为代价获得了收购目标公司的选择权（pure option）。值得注意的是，这种模式在 2008 年国际金融危机之前更为常见，因为买家认为私募基金买家会忌惮自己的声誉受损而不会轻易退出交易。但买方在金融危机发生后以重大不利影响为由退出了大量交易，这些违约使卖方重新审视此种模式，随后逐渐被弃用，在交易中变得少见。

（二）损害赔偿作为排他性救济措施

另外一种比较少见的救济措施是卖方只能起诉买方要求损害赔偿，收购协议没有规定（甚至禁止）强制履行，也没有规定反向分手费。

结　语

以上简要介绍了在控制权收购交易中常见的几种救济模式，以及在战略买家或财务买家等不同情形下更为普遍的救济措施组合。但如上文反复强调的，以上模式并非一成不变，实际上经常随着市场情况的发展和买卖双方谈判地位的变化而发生变化。最后，救济措施组合本质上是对交易风险的分配机制，采取何种救济措施组合也要与交易协议的其他风险分配条款综合来看，比如陈述与保证的范围、卖方交割前承诺、交割前提条件、买方融资承诺、重大不利影响的定义、购买价格调整机制以及赔偿条款，等等。

延伸阅读

案例摘要 10 - 1

Snow Phipps Group, LLC v. KCake Acquisition, Inc.

No. 2020 - 0282 - KSJM, 2021 WL 1714202 (Del. Ch. Apr. 30, 2021)

2017 年，Snow Phipps Group，LLC（以下简称 Snow Phipps）收购了烘焙产品供应商 DecoPac Holding Inc.（以下简称 DecoPac）。在 2020 年 3 月 6 日，经过多轮商议后，Snow Phipps 与私募股权公司 Kohlberg & Company，LLC（以下简称 Kohlberg）签订了一份股权转让协议，计划将 DecoPac 出售给 Kohlberg。该股权转让协议中包含了三项关键条款，分别涉及：

（1）在出现重大不利影响（Material Adverse Effect，以下简称重大不利影响或 MAE）或陈述与保证不实且可能导致重大不利影响的情形下解除股权转让协议；

（2）条款 6.15（a）和（b）明确规定买方 Kohlberg 必须竭尽合理最大努力就获取债务融资达成最终协议（definitive agreement），且在未经 Snow Phipps 明确书面同意的情况下，不得擅自修改原定的债务融资承诺函；以及

（3）在债务融资已全额到位（the full proceeds of the Debt Financing have been funded to Buyer）的前提下，一方发生违约情形时，

另一方得主张违约方强制履行，以继续完成交易的方式实现救济。

随着2020年全球新冠疫情的暴发及其所带来的严重冲击，DecoPac公司的业务深受影响，销售业绩大幅下滑，核心客户亦纷纷取消或削减订单。在此情况下，Kohlberg援引收购股权转让协议中的终止条款寻求解除协议。此外，基于其对交割后DecoPac的财务测算向事先出具债务融资承诺函的借款方主张了额外的融资条件，而由于贷款方拒绝接受额外条件，导致债务融资谈判陷入搁置，最终贷款方出具的债务融资承诺函到期，双方未就本交易下的债务融资达成最终贷款协议。

对此，卖方Snow Phipps于4月14日向特拉华州衡平法院提起诉讼，反驳Kohlberg解除股权转让协议的诉求，并诉称Kohlberg违反了股权转让协议项下尽合理最大努力获得债务融资的条款，主张Kohlberg依据强制履行条款完成交易。法院审理期间，针对此案焦点问题作出如下三点裁决：（1）DecoPac并未遭遇足以触发股权转让协议终止的重大不利影响，也不存在足以导致股权转让协议解除的陈述与保证违反，因此，交割条件事实上已经满足，Kohlberg无权主张终止收购股权转让协议；（2）Kohlberg在寻求债务融资的过程中，未充分尽合理最大努力；（3）基于“预防原则”，Snow Phipps有权要求Kohlberg强制履行股权转让协议，完成交割。

一、Kohlberg是否有权主张终止收购股权转让协议

（一）重大不利影响

法院在审理DecoPac是否出现MAE时，沿用了*In Re IBP*案和

Akorn 案确立的判断标准，即 DecoPac 是否经历了对其长期盈利能力造成重大负面影响的变化。法院审查证据后，发现 DecoPac 的业绩下滑并没有达到 *Akorn* 案（EBITDA 下降55%并持续一年未见好转）中足以对其长期盈利能力造成重大负面影响的程度。相反预测模型及后续财务数据显示，DecoPac 的后续业绩走势与法院拒绝认定出现 MAE 的 *In re IBP* 案类似（根据预测模型及后续财务数据，业绩在下滑后出现改善），能够实现反弹。因此法院基于先例观点，基于 DecoPac 的业绩波动未其长期盈利能力造成重大负面影响，而裁定其未发生重大不利影响。

（二）特定陈述与保证违反

首先，尽管证据显示 DecoPac 在 2020 年 4 月底经历了前十大客户销售额 8.1%~30.8%的不同程度下滑，但鉴于 2021 年年初大部分核心客户的销售业绩已呈现出明显的恢复迹象，因此法院认定 DecoPac 并未违反关于核心客户的陈述与保证。其次，就 DecoPac 针对新冠疫情提取循环信贷及执行非常规的成本削减策略的做法，法院结合 *AB Stable VIII LLC v. Maps Hotels &Resorts One LLC* 案的判例标准，认为本案中的相关做法未达到实质性改变其日常业务运营的程度，因此认定不构成对正常业务运营陈述与保证的违反。[①]

二、Kohlberg 是否未尽合理最大努力获得债务融资?

Snow Phipps 主张 Kohlberg 在贷款方愿意维持原有融资条件时，

---

① *AB Stable VIII LLC v. Maps Hotels &Resorts One LLC*，2020 WL 7024929，at ＊55－92（Del. Ch. Nov. 30，2020）.

Kohlberg 却基于对 DecoPac 未来财务预测的考量额外增加融资条件，包括 3500 万美元的加回（addback）请求（“加回请求”）及暂停执行财务承诺测试（a holiday from testing the Financial Covenant）请求（该等请求合成“额外融资条件”），导致 Kohlberg 及借款人未能就获取债务融资达成最终协议，进而违反了股权转让协议第 6.15 条所明文规定的“合理最大努力”义务。就此，尽管 Kohlberg 提出了数则反驳理由，以论证其提出额外融资条件的合理性，但法院在审查证据后逐一否认。

第一，Kohlberg 主张其根据债务融资承诺函中有关 EBITDA 加回的条款支持其主张 3500 万美元的“加回请求”。他们有权基于债务融资承诺函中的 EBITDA 调整条款，要求 3500 万美元的财务加回。然而，法院首先指出，Kohlberg 在诉讼前期并未明确提出此项主张，因此，根据弃权原则（waiver doctrine），法院认为 Kohlberg 已经放弃了这项主张。即使忽略弃权原则不谈，法院在对股权转让协议条款进行详细解读时发现，股权转让协议中规定的 EBITDA 调整主要是为了应对那些能够明确计算且为一次性发生的非常规事件，而不适用于 Kohlberg 所指的收入减少情况。另外，法院还强调，股权转让协议中设定的 EBITDA 加回上限也只有 1500 万美元，远低于 Kohlberg 所要求的 3500 万美元。因此，无论是从弃权原则的角度，还是从股权转让协议条款的字面解释和实际内涵来看，法院都无法支持 Kohlberg 提出的 3500 万美元加回请求。Kohlberg 所主张的第二则反驳，即债务融资承诺函签署时存在开放性条款（合理可接受），法院基于3500万美元的“加回请求”明显违反了债务融资承诺函上限，予以否认。

第二，Kohlberg依照股权转让协议第6.15（a）条中的约定——债务融资承诺函条款应为“对买家合理可接受”（reasonably acceptable to Buyer），主张在签署债务融资承诺函后仍有广泛的重新谈判权，并在“不可合理接受”时取消该承诺函。然而，原告对此持反对意见，认为买家在签署债务融资承诺函时即已“接受”了相关条款。法院在处理这一问题时，一方面承认“合理可接受”这一表述为签署后的重新谈判预留了一定空间，但另一方面更加强调这一重新谈判权利的行使必须受制于股权转让协议其他内容的约束，尤其是第6.15条规定的需以“合理最大努力”确保达成债务融资最终协议的义务。换言之，这一表述可以理解为授权对开放性条款进行补充完善，但绝不能解释为授权任意颠覆债务融资承诺函中双方已达成一致的条款。

第三，Kohlberg辩解其提出的额外融资需求是基于2020年3月26日创建的DecoPac财务预测模型（以下简称3.26模型），该模型预测DecoPac未来的财务表现将会恶化，可能触及贷款人设定的最大杠杆率（maximum leverage ratio），从而违反债务融资承诺函所设定的财务承诺。然而，法院深入调查后得出不同结论：法院注意到Kohlberg在与外部顾问短暂交流后迅速构建了该模型，并且模型中采用的财务假设和数据过于悲观。在这个过程中，尽管DecoPac提出了较为乐观的财务预测，Kohlberg却没有积极与Deco-

Pac 合作讨论或调整当前模型，也未曾将 DecoPac 所提供的更为积极的预测结果提交给贷款方作对比参考。综合以上种种因素，法院判断 Kohlberg 构建“3.26 模型”的主要动机并非为了精确预测 DecoPac 的财务稳健性，而是将其用作寻觅退出交易合理借口的一种工具。因此，法院驳回了 Kohlberg 基于“3.26 模型”提出的额外融资要求的合理性辩护。

综上，法院认定，Kohlberg 就债务融资所提出的额外融资条件导致 Kohlberg 及借款人未能就获取债务融资达成最终协议，进而违反了股权转让协议第 6.15 条所明文规定的“合理最大努力”义务。

三、Snow Phipps 能否使用“预防原则”避免 Kohlberg 逃避强制履行义务

法院在审视了前述事实判决后，开始判断适宜的法律救济路径，即 Snow Phipps 能否要求 Kohlberg 依据收购股权转让协议强制履行交易。依据股权转让协议的相关条款，Snow Phipps 唯有在满足“债务融资全额资金已按照债务融资承诺函设定的条件按时足额提供给买方，用以支付交割对价”这一前提下，方可主张强制履行。就此，Kohlberg 反驳称，鉴于“债务融资的全额资金并未如期到位”，Snow Phipps 无权主张强制履行。

法院援引“预防原则”否定了 Kohlberg 立场。预防原则在美国合同法中占据重要地位，根据美国合同法重述（第二版）第 245 条的规定，预防原则指如合同一方当事人的违约行为实质性地促进（contributes materially）了其合同下需履行义务前提条件的不成就的，则在判断相关义务是否触发时，该前提条件被豁免。

Kohlberg 坚持认为适用预防原则需证明买方具有不当行为（wrongful conduct），即 Snow Phipps 必须举证证明 Kohlberg 具有恶意阻碍债务融资的行为，否则 Snow Phipps 不得依据预防原则豁免债务融资到位这一条件。为此，Kohlberg 引述了 *Mobile Commc'ns Corp. of Am. v. Mci Commc'ns Corp.* 案的裁判观点，该案中，买卖双方通过签订股权转让协议出售资产，交割条件之一为取得卖方董事会的批准，而交割前卖方管理层基于对买方信誉之疑虑撤回对交易的推荐。买方据此提起诉讼，主张卖方管理层的撤回推荐属于违反善意和公平交易的默示契约（implied covenant of good faith and fair dealing）的不当行为，因此根据"预防原则"，应当豁免卖方董事会批准作为交易条件。②

值得注意的是，*Mobil*e 案的关键在于卖方的违约行为是否违反了默示契约中的善意和公平交易原则。而本案中"预防原则"分析所依赖的违约行为是股权转让协议第 6.15 条明确界定的"合理最大努力"义务。因此，在本案中运用"预防原则"时，无需关注善意，只需关注 Kohlberg 的违约行为是否实质性地降低了债务融资最终协议达成的可能性，而根据上述分析，Kohlberg 违反了"合理最大努力"，进而"实质性地促进了"债务融资的不到位。因此，法院基于"预防原则"，认定 Snow Phipps 可以向 Kohlberg 主张强制履行。

② *Mobile Commc'ns Corp. of Am. v. Mci Commc'ns Corp.*, 1985 WL 11574, at ∗3－4 (Del. Ch. Aug. 27, 1985).

第 11 回　交割先决条件与交割

如果一项跨境并购交易在签约后进展顺利，则将进入交割阶段。本文将简要介绍跨境并购交易的常见的交割先决条件和交割流程。常见的交割先决条件包括监管审批、陈述与保证的重述、承诺的履行、无重大不利变化、第三方的同意、股东大会的批准及其他一些惯常的交割条件；个别项目可能因自身情况存在一些特殊交割条件。在交割先决条件满足后，交易各方将进行交割，一般步骤包括准备并确认交割交付文件（如交割证明、资金流转备忘录等）、托管签字页、举行交割会议、释放签字页并交付无须签字的其他交付文件及进行打款（参照资金流转备忘录）。

一、交割先决条件

在股权转让协议的签署与交易交割不同时发生的情况下，股权转让协议需要约定交割先决条件。除非相关方进行了豁免，在交割条件未能全部达成的情况下，交割不能发生。对交易的任何一方而言，受制于其谈判地位，需要该方满足的先决条件应越少越好，以减少对手方退出交易的风险。值得说明的是，交割条件的未达成并不意味着未达成的一方便负有赔偿义务——需要赔偿的原因通常是该方违反了陈述与保证或承诺，而该等违反导致了交割条件的不满足；同样地，交割条件的达成也不意味着一方不负有赔偿义务，非重大的违约可能并不能给对方不交割的权利，但对方可能要求损害赔偿（这一情况并不常见）。

（一）监管审批

常见的先决条件包括基于反垄断申报获批或通过（如美国 HSR 申报的等待期已过）、不存在阻止交易或宣布交易非法的政府命令及已获得协议相关条款规定的所有政府机构同意或批准（如适用）。举例而言，特定目标公司在发生控制权变更之时可能需要获得特定政府机构的同意，如取得美国外国投资委员会（CFIUS）批准或者如目标公司为保险公司时取得相关州保险监管机构的批准等。例如，在第 7 回智路资本收购 Magnachip 的案例摘要中，美国财政部曾发出《临时缓解措施命令》，要求暂停交易直至 CFIUS 完成审查或美国总统批准交易。

（二）陈述与保证的重述

陈述与保证的重述（bring-down）是市场惯例，其要求陈述与保证在签约日和在交割日均为真实、准确的，或如存在重大性限制时，在交割日在重大方面均为真实、准确的。如果存在重大性限制，买方通常将特定陈述与保证定义为基础性（fundamental）陈述与保证，规定该等基础性陈述与保证不受重大性限制，如组织、授权、股本等。

通常来说，陈述与保证的重述会受到重大性的限制；此时交易的买方应当注意双重重大性的情形并予以避免。举例而言，卖方的陈述与保证之一是“公司不存在重大诉讼”。如果交割先决条件要求陈述与保证于交割时在所有重大方面为真实、准确的，而由于前述陈述与保证本身已经包含了重大性的限制，则可能出现“不存在重大诉讼的陈述与保证在重大方面为真实准确”，即存在双重的重大性限制。为避免以上双重的重大性限制，常见的处理方式是不考虑陈述与保证中的重大性限制，即所谓的重大性擦除（materiality scrape）。重大性擦除是一个偏向买方的条款，在近些年变得越来越普遍为市场所接受。除在交割条件中出现外，重大性擦除还经常在赔偿条款中出现，这时需要注意重大性擦除是仅针对是否违约，仅针对损失计算，还是针对两者均适用。

陈述与保证的重述使一方（买方通常为受益方）既有权因为陈述与保证在签署日的不准确而不进行交割（无论是否已被纠正），也可以因为签署日为真实的陈述与保证因随后的不利变化而不进行交割。在少数情况下，卖方可能要求陈述与保证仅在交割之时为真实、准确的，从而使其可以在交割之前纠正不实的陈述与保证而无须承受买方因此不交割的风险，但能否谈成这样的条款取决于双方的谈判地位。

（三）**承诺的履行**

承诺的履行亦为市场惯例，在一方未能履行或遵守协议中关于交割前义务的约定或承诺时，另一方有权进行豁免或拒绝交割。本条交割条件同样可能受到重大性的限制，如前所述，买方同样需要避免双重重大性适用的情形。

（四）无重大不利变化

无重大不利变化是否作为交割条件时常是买卖双方谈判的重点之一。值得注意的是，除作为一个单独的交割前提条件，其目的也可以通过陈述与保证的重述来实现——因为在发生了重大不利变化后陈述与保证中惯常的自资产负债表日起无重大不利变化的声明通常也无法为真实、准确的，即所谓的后门无重大不利变化（back-door Material Adverse Change）。

然而，以最常适用的特拉华州法律为例，可以从 *Hexion v. Huntsman* 等一系列与重大不利变化相关的判例中发现，默认由买方承担证明责任，并且其证明重大不利变化已经发生是非常困难的。[①]直到 *Akorn v. Fresenius* 案于 2018 年宣判之前（该判决后被特拉华州最高法院维持），特拉华州法院从未在案件中认定重大不利变化出现过；而 *Akorn* 亦没有改变认定重大不利变化的困难度。[②]在特拉华州，认定重大不利变化时首先应确定该等变化是否将导致目标公司业绩出现重大下滑，但收益的短期波动并不计算在内；[③]相反，该等下滑是否重大应从理性投资者的长期持有角度来判断，这意味着这种不利变化应当是对公司长期价值产生实质性负面影响。在认定发生了重大不利变化的 *Akorn* 案中，目标公司自签署合并协议以来年度财务业绩持续大幅下滑，且因违反适用监管规定和合规

---

① *Hexion Specialty Chems.*, *Inc. v. Huntsman Corp.*, 965 A. 2d 715（Del. Ch. 2008）.

② *Akorn*, *Inc. v. Fresenius Kabi AG*, No. 2018 – 0300 – JTL, 2018 Del. Ch. LEXIS 325（Del. Ch. Oct. 1, 2018）.

③ *In re IBP S'holders Litig. v. Tyson Foods*, 789 A. 2d 14（Del. Ch. 2001）.

的承诺导致目标公司价值下降超过了20%，该等因素与其他因素共同构成了重大不利变化；与此同时，法院也提醒是否发生重大不利变化并没有一条清晰的分界线。

（五）第三方的同意

获取第三方同意时常会成为交割先决条件之一。由于卖方通常需要陈述并保证交易的完成无须任何第三方同意，卖方因此将在披露函中列出例外的所有第三方同意以避免违反该陈述与保证。因此，在上述情形下，交割先决条件包含获取具有重要性第三方同意从而成为买方应当坚持的条件，比如取得目标公司实际经营场所房东的同意（如租赁协议如此约定）等。

（六）股东大会的批准和评估权

在目标公司是上市公司的情形下，取得目标公司股东大会的批准通常是交割的前提。另外，在有些上市公司的交易中会见到以特定比例的股东没有或者不行使评估权（appraisal right）作为交割条件，即行使异议权的股东不能超过一定的比例。

（七）其他条件

除去以上所述的常见的主要交割条件外，买方也会要求加入一些惯常的交割条件，比如特定董事和高管的辞职书、交割证书、目标公司信誉良好证书、及董事会或股东会决议的交付等。

（八）特殊的交割条件

在买方具有强势谈判地位的个别交易中，有时会遇到一些不常见的交割条件，比如令买方满意的尽调结果（due diligence out）、买方成功完成融资（financing out）、目标公司需达成特定财务指标、特定的高管或者一定比例的核心员工的留任等。

二、交割流程

在交割先决条件得到满足或者豁免之后，交易各方将按照股权转让协议的约定进行交割。在跨境并购交易中，交割一般通过网络远程完成交割，如下包含了项目交割的主要步骤。

（一）交割清单

在协议签署后，双方法律顾问通常将确认一份交割清单（closing checklist），列明各方根据交易协议需要在交割前和交割时完成的事项，如前所述的监管审批的获取及关联交易的终止等。

（二）交割事项的履行及文件定稿

各方依照交割清单履行各自的职责和义务，就需要对方确认或签署并在交割时生效的文件，协商并定稿该等文件，例如交割证明及董事辞职信/任免决议等。

（三）签字页托管

在交割之前，所有需要在交割时生效的文件的签字页都将被签署并被发送给交易对方，声明该等签字页由对方托管（held in escrow），且未经发送方确认释放不得生效。视具体文件的性质，特定一方律师将在交割完成后向其他方传送完整的生效协议以供各方备份。

（四）交割日

1. 资金流转备忘录

对于较为复杂的项目而言，各方在交割前将确认或在少数情况下签署资金流转备忘录（funds flow memorandum）。该备忘录详细列出了涉及打款的交易相关协议、交易各方的授权代表、交割时的打款步骤、收款账户及应付金额。在交割日，资金的流转将严格按照资金流转备忘录进行。

2. 交割会议

在交割日约定的时间，各方通常将通过网络参加交割会议。会议的主持人，通常为买方律师或卖方律师，将在会上重述会议的参与方与会议目的，要求：（1）股权转让协议中的相关方确认适用于其的交割条件得到满足或被豁免；（2）交割文件的签署方在所有其他方同时释放的条件下释放托管签字页。上述各方将随后各自确认交割条件的满足或豁免和/或释放其托管的签字页。主持人将在各方完成相关动作后宣布交割成功完成。

3. 资金流转

在交割会议成功进行后，各方将严格按照上述资金流转备忘录进行打款直至最后一步的完成。打款方将在打款后提供相应的联邦参考号码（federal reference number）方便收款方确认款项，收款方在收到款项后应尽快书面回复。交割完成的时点在不同交易中可能有所区别，有些交易会约定在打款后即视为交割完成，但有些交易必须以卖方收到款项才能视为交割完成，在跨境交易中因涉及资金跨境，两种做法可能存在数个小时甚至更长时间的差别。

结　语

交割先决条件是并购协议中最重要的条款之一，对于交易的确定性非常重要，无论是卖方还是买方，需要对每个交割条件带来的风险分配的变化做到精准把握，才能保证交易顺利和安全地进行和完成。另外，需要关注交割先决条件的设定在不同的市场间有所区别，比如没有重大不利变化和陈述与保证的重述作为交割条件在美国市场是市场惯例，但在欧洲市场则没有那么普遍。最后，作为交易顾问，要熟悉交割流程，把握好细节，帮助客户顺利完成项目的交割。

延伸阅读

案例摘要 11－1

In re IBP S'holders Litig. v. Tyson Foods

789 A. 2d 14（Del. Ch. 2001）

美国肉制品行业的双巨头 Tyson Foods，Inc. （以下简称 Tyson Foods）与 IBP，Inc. （以下简称 IBP）于 2000 年 12 月 31 日签订合并协议，Tyson Foods 拟以每股 30 美元，总价 33 亿美元收购 IBP。协议签署前，Tyson Foods 聘请专业团队对 IBP 进行了全面尽职调查，其间发现多个重要问题，包括：子公司 DFG Foods，Inc. （以下简称 DFG）的管理层涉嫌财务欺诈，可能导致 IBP 额外计提 3000 万至 7000 万美元的费用；DFG 的会计问题可能导致 SEC 要求 IBP 重新发布 1999 年至 2000 年多个季度的财务数据，从而减少这两年的收益；此外，2000 年第四季度，IBP 的实际业绩显著低于管理层设定的目标。尽管发现了诸多问题，Tyson Foods 仍决定推进并购，双方在合并协议中规定，IBP 需作出多项声明和保证，包括但不限于其财务数据真实性、无重大不利变化等。协议同时列明，交易完成须满足一系列前提条件，其中之一便是 IBP 在交易结束时所做的声明和保证始终保持有效。

然而，在协议签署后，IBP 的经营状况急转直下，2001 年第一季度净利润锐减64%，远低于预期，且DFG的会计问题进一步加剧，IBP不得不额外计提6000万美元的费用，并于2001年3月修订了1999年和2000年的财务报表，导致净利润减少5800万美元，随之而来的是股价大幅下跌。Tyson Foods于2001年3月29日致函IBP终止交易，并在同一天向阿肯色州法院提起诉讼，而IBP次日则向特拉华州衡平法院提起诉讼，要求Tyson Foods履行合并协议。

此案的核心争议点在于，目标公司IBP是否发生了重大不利影响（Material Adverse Effect，以下简称重大不利影响或MAE）。Tyson Foods作为被告主张，IBP在2000年第四季度和2001年第一季度业绩的急剧下滑以及因DFG财务问题导致的6000万美元资产减记构成了MAE。依据合并协议第5.10条，Tyson Foods认为IBP在交割日前发生的MAE使其无法满足交易前提条件，因此有权终止合并协议。

法院在审判中提出了判断MAE的具体标准。具体而言，在并购交易中，判断是否存在MAE时，对于旨在进行长期战略投资的收购方而言，短期的财务表现波动并不是决定性因素。重要的应该是目标公司在其业务运营或财务结果上，是否经历了对中长期（通常以年为衡量尺度而非月度波动）盈利能力产生实质性负面影响的变化（whether the company has suffered a MAE in its business or results of operations that is consequential to the company's earnings power over a commercially reasonable period, which one would think would be measured in years rather than months）。如果目标公司的短期盈利下滑并未从根本上削弱其长期盈利能力，或者导致下滑的原因并未对目标公司的持续盈利潜能造成重大损害（the target's earnings-generating potential is not materially affected by that blip or the blip's cause)，那么将此种短期的财务波动将不应被认定为重大不利影响。

法院在审查证据后指出，IBP 在 2000 年年底至 2001 年年初的业绩下滑，主要是由于受到牲畜供应链波动等短期市场因素和极端气候的影响，这类影响通常具有暂时性，随着时间的推移，负面影响会逐渐减弱。虽然 IBP 在 2001 年第一季度的业绩显著下滑，但其过往记录显示公司拥有持续的盈利能力，且业务波动在畜牧行业中相对普遍。同时，尽管 IBP 对 2001 年业绩预测有所下调，但分析师们预测 IBP 在 2001 年和 2002 年仍能实现相对稳健的盈利水平。此外，在 2001 年 5 月 15 日的前两周，IBP 业绩已经表现出好转迹象，进一步显示目标公司的业绩下滑是一个短期的波动，而非根本上对目标公司持续盈利潜能造成的重大损害。

此外，针对 DFG 会计问题导致的 6000 万美元资产减记问题，法院采纳 IBP 的观点，认为这是一项一次性、非现金性质的减记，并且 IBP 在过去也曾经有过类似规模的大额减记。此外，DFG 仅占 IBP 整体业务的一小部分，即使完全停止运营，对 Tyson Foods 与 IBP 合并后未来业绩的影响也将十分有限。

综上所述，法院最终裁决 Tyson Foods 提供的证据不足以证明 IBP 确实经历了符合协议中 MAE 定义的重大不利影响。法院遵循合并协议的商业逻辑本质，强调 MAE 条款的目的在于保护收购方不受目标公司长期盈利能力因未预见事件而遭受实质性损害的影响，而非针对短期业绩波动。因此，法院判定 IBP 的业绩波动及 DFG 的减值费用并未对 IBP 的长期盈利能力和发展前景造成重大和持久的负面影响，据此驳回了 Tyson Foods 依据 MAE 条款终止合并的请求。

案例摘要 11－2

Hexion Spec. Chems., *Inc. v. Huntsman Corp.*

965 A. 2d 715（Del. Ch. 2008）

2007 年 7 月，私募股权公司 Apollo Global Management 麾下的 Hexion Specialty Chemicals，Inc.（以下简称 Hexion）与 Huntsman Corp.（以下简称 Huntsman）签署了合并协议，拟议以 10.6 亿美元并购 Huntsman。在合并协议中，设定了一个严格的“重大不利影响”（Material Adverse Effect，以下简称重大不利影响或 MAE）条款，规定在没有出现可能导致 MAE 的任何事件、变化、效应或发展时，Hexion 才有义务履行交易交割。MAE 被定义为对 Huntsman 及其子公司的财务状况、业务运营或整体结果产生重大负面作用的事件。然而，协议内的 MAE 条款也明确了某些特定情况不在 MAE 范围内，比如宏观经济或金融市场状况的普遍变化，以及对化工行业整体（包括商品价格、市场价和监管政策变化等）造成的影响，除非这些情况对 Huntsman 的影响相较于同类化工企业达到了不成比例的程度。

2008 年第一季度财报发布后，基于 Hunstman 该季度业绩预测大幅低于预期，Hexion 开始主张发生了 MAE。结合到合并后主体的资不抵债将导致 Hexion 无法获得完成合并所需的债务融资，

Hexion 提起诉讼，要求法院宣告 Hexion 无须继续履行交割的义务。就此，Huntsman 反驳称其并未遭受 MAE，并反诉 Hexion 明知且故意违反了合并协议，并要求法院宣判 Hexion 有义务继续履行合并协议。

就 Huntsman 公司是否遭受重大不利影响的主张，买方 Hexion 公司提出了三项主要论据。第一项涉及 Huntsman 自 2007 年 7 月以来的业绩表现下滑；第二项关注 Huntsman 在签署合并协议后净负债的增长；第三项则是针对 Huntsman 两条业务线的“业绩不佳”。

在判断是否发生了重大不利影响时，法院认为应立足于交易双方当时的实际情况，深入考察目标公司的经营状况变化。如无反证，可推定收购方是在追求长期战略目标的基础上进行收购活动。此情景下，法院引述 *In re IBP S'holders Litig. v. Tyson Foods* 案的观点，认为核心评判标准在于，目标企业的业务是否经历了对其实现长期盈利能力具有实质性负面影响的变化，这一变化的评估期通常应以年为计量尺度，而非短期内的月度波动。短期内的盈利波动不足以构成 MAE，真正构成 MAE 的是能够对目标公司带来重大负面影响的变化。①

法院进一步指出，上述观点并非切断了签约后交割前目标公司出现的明显业绩下滑与 MAE 认定之间的关联。而是，若要将该等业绩下滑视作 MAE，必须证明其糟糕的财务表现不仅限于短期内，

① *In re IBP*, *Inc. S'holders Litig.*, 789 A. 2d 14, 67 (Del. Ch. 2001).

而是被预计在未来也持续存在并产生重大影响（poor earnings results must be expected to persist significantly into the future）。基于上述判断标准，法院逐一就原告 Hexion 所主张用以支持 MAE 的事实依据进行否认。

首先，针对盈利表现方面，Hexion 主张自 2007 年 7 月以来，Huntsman 的盈利情况令人失望，特别指出 2008 年上半年 EBITDA 与 2007 年同期相比减少了 19.9%，以此为据认为这构成了 MAE。然而，法院并未采纳这一论点。法院认为，Huntsman 未能达到预测目标本身并不足以作为 MAE 的充分证据，因为协议中已明确规定了 Huntsman 业绩未达管理层预期的风险由 Hexion 承担。在庭审过程中，Apollo 合伙人亦透露 Apollo 与 Hexion 并未完全信任 Huntsman 的预测数据。法院采用了 Huntsman 专家的分析方法，通过对 Huntsman 历年来的财务表现进行逐年、逐季对比，发现 2007 年 EBITDA 仅较 2006 年预测低 3%，2008 年 EBITDA 与 2007 年相比下降 7%~11%（根据不同估算），尽管 2007 年第四季度 EBITDA 环比下滑 19%，但法院考虑到季节性等因素，认为这些财务变动并不足以构成 MAE。

其次，在净负债增加的问题上，Hexion 认为 Huntsman 在签署合并协议后其净负债的上升构成了 MAE。然而，法院驳回了这一观点。法院注意到，Huntsman 的净负债仅上涨了约 5%。法院判定，即使结合盈利能力的下滑，这样的净负债轻微增加也不能成为解除 Hexion 履行合并协议义务的理由，因此，净负债的增长并不构成 MAE。

再次，在讨论 Huntsman 两条业务线的“业绩不佳”时，Hexion 主张这也是 MAE 的体现。法院对此作出了裁定，认为这两条业务线的问题并未触发 MAE 的发生。一方面，法院认为这些困难可能是暂时性的；另一方面，即使这两条业务线的业绩下滑对 Huntsman 2008 年调整后 EBITDA 的贡献度仅为 25%，但在整体考量 Huntsman 的业务运作时，这些下滑并未对其造成重大不利影响，因此法院判定这同样不属于 MAE 范畴。

最后，在处理合并协议第 6.2（e）条款所设定的 MAE 例外条件时，该条款规定，普遍的经济或金融市场条件变化带来的负面影响一般不被视为 MAE，除非此类变化对 Huntsman 及其子公司的冲击相对于化工行业的其他竞争对手而言存在明显的不成比例性。尽管 Hexion 尝试通过比较 Huntsman 与其他化工行业公司的业绩表现来论证 Huntsman 所经历的变故不应纳入 MAE 例外范围，但法院明确阐明，在探讨 MAE 例外是否适用之前，首要问题是确定 Huntsman 是否确实遇到了足以构成 MAE 的事件。鉴于 Hexion 所提供的证据不足以支撑 Huntsman 已经遭受 MAE 的结论，法院认为没有必要进一步进行行业内公司业绩的详细对比分析，以探究 MAE 例外情形是否成立。

综上所述，法院认为 Hexion 在本案下提供的事实主张不足以证明 Huntsman 出现 MAE，Hexion 不得基于 MAE 主张合并协议终止。

案例摘要 11－3

Akorn，*Inc. v. Fresenius Kabi AG*

2018 WL 4719347（Del. Ch. Oct. 1，2018）

请参见本书第 5 回对本案的介绍。在 *Akorn* 案中，特拉华州衡平法院首次认可了目标公司发生了“重大不利影响”。

第12回　终止条款

在上一回的文章中，我们对跨境并购交易中涉及的交割先决条件和交割流程进行了介绍，但在实践中并不是每个交易都能走到交割。如果一个交易在签约后发生了特别的状况，则交易双方或一方通常希望能够顺利地终止交易并对交割后的责任承担有明确的约定。在本回中，我们将讨论终止条款，包括交易最终截止日、终止机制的触发情形、协议终止的效果以及交易终止费等一系列相关话题。

并购交易的复杂性经常令交易双方担心交易的稳定性，并对交易的交割条件和交割流程进行细致的约定；与此同时交易双方也要预计到交易提前终止的可能性、各种触发的情形以及交易提前终止后各方需要承担什么样的责任，这就是并购协议中的终止条款（termination provisions）。通常来说，一方总是希望在出现于己不利的情况下能享有最大限度地单方终止协议的权利，同时也要限制对方在出现对于对方不利的情况下所享有的终止权利。交易双方在谈判协议时，一方面要最大限度地维持交易的稳定性，限缩交割条件以求交易顺利完成；另一方面也要争取单方的最大限度的灵活性，以便在不利情况出现时拥有退出交易的权利。

一、交易最终截止日

对交易的任何一方而言，都希望交易能够按照预期的时间表来进行。如果交易在签约后因为无法控制的原因迟迟不能交割，就意味着交割义务将被无限期地延续，一方面不能按期实现当初预期的交易结果，另一方面在徒然的等待中增加双方的机会成本和占用双方的交易资源。因此在大多数交易中，双方都会约定一个日期，要求交易需在这一日期之前完成，即如交易交割条件不能在此日期之前全部得到满足（或被豁免）则任何一方将有权终止协议。这一日期通常称为交易最终截止日，常见的英文叫法包括 outside date、long-stop date、sunset date 以及 drop dead date。当然，协议通常会约定如果其中一方的违约导致在最终截至日前交割条件无法得到满足，则该方不能根据最终截止日条款要求终止协议。

交易双方在约定交易最终截止日时通常会有以下的考量。首先，从签约到最终截止日之间需要预留足够长的时间，使各方有合理的时间满足交割前提条件；其次，这一期限也不能太久，从而给任何一方拖延履行各项义务进而导致交易久拖不决。在绝大多数情况下，尤其是在存在监管审批、未决诉讼等不可控风险的交易中，交易双方都不希望交易久拖不决，这一方面是出于控制交易成本需要，另一方面也是为了在进展不顺时保留寻找其他交易机会的权利。除此之外，双方也会考虑其他因素，比如希望交易能够在一个财务年度内结束以便交易在年度财报中得到反映，或者在法律发生变更时要求交易在指定日期前完成以回避风险。从卖方或者买方的角度，双方在期限的长短上并无固定的偏好。就卖方的角度而言，从签约到交割的过渡期越短则越可避免意外情况的出现，但同时也要考虑到如果到最终截止日交割条件无法满足，买方亦有权终止交易，则这种情况下对卖方造成的损害可能更大；从买方的角度而言，尽快完成交易可以避免搅局者，但由于买方一般承担主要的监管审批义务，如果缺乏足够的时间完成监管审批，则卖方可能终止交易并另寻其他买家，因此在期限的确定上要平衡各方利益确定一个合理的期间。

从签约到最终截止日之间的期限确定需要考虑到交易的具体情况，通常为三个月到一年，甚至更短或更长。近两三年来，受到疫情及各国监管政策调整等多方面现实因素的影响，跨境并购交易涉及的监管审批速度放缓，所需时间比往年有所延长。鉴于这一情况，交易中承担监管申报义务的一方（通常是买方）应当充分考虑并判断交易通过监管审批所需的必要时间。

另外，交易双方经常会为交易最终截止日留出一定的灵活性，约定交易最终截止日在满足一定条件时，可以自动地或以通知另一方的方式进行延长，以便在发生新情况时做出调整。例如在 LV 收购 Tiffany 的并购协议中便约定，若监管审批或重大法律变化是影响交割的唯一未决事项，协议任一方均可单方面延长交易最终截止日。[①]

① Tiffany & Co.，*Agreement and Plan of Merger by and among Tiffany & Co.，Lvmh Moët Hennessy-Louis Vuitton Se*，*Breakfast Holdings Acquisition Corp. and Breakfast Acquisition Corp.*，EDGAR（Nov. 24，2019），https：//www. sec. gov/Archives/edgar/data/98246/000119312519299997/d840067dex21. htm.

在该并购协议签署后，由于新冠疫情暴发以及美国和法国由于数码服务税引发的惩罚性关税之争，交易受到多方因素影响迟迟无法交割。这个过程中，交易双方利用了交易最终截止日延长机制，并于2021年1月7日完成了交割。

二、协议终止的其他触发情形

除了最终截止日的终止机制外，交易双方通常会对交割前触发协议终止的其他情形进行约定，最常见的情形包括交易双方经协商后同意终止协议，或在拟议的交易未能获得政府审批时及交易被相关政府部门或新的法律法规所禁止时，任何一方有权终止，以及在一方违约时，守约方的单方终止等。

（一）双方同意终止协议

经友好协商后，买卖双方可以一致同意终止协议。一般情况下，协议会约定必须经过双方的书面同意才可以终止，且协议终止时交易双方大多会再签署一份终止协议以确保终止效力和明确终止后各方的责任。

（二）交易非法或被禁止，任一方终止协议

协议也可能因发生预料之外的变化而被迫终止。此类极端情况包括新出台的法律法规禁止拟议交易的继续推进或视该交易的完成为非法交易，或者任何政府监管机构限制或禁止协议拟议的交易，在此种情形下，任何一方有权单方终止协议。

（三）一方发生违约情形，单方终止协议

在交易一方违反其在协议下的陈述与保证内容，或未能履行承

诺事项所约定的义务，另一方并没有严重违反协议约定的情况下，守约方可以向违约方发出书面通知，提出终止协议。但在这种情况下，违约方往往会提出限制条件。一是其违约行为或其未能履行义务的行为从根本上会导致守约方的交割条件无法得到满足；二是会争取一个纠正期限，通常约定收到守约方书面通知的 30 天内，违约方可以对违约行为进行纠正，若未在期限内及时纠正则协议可被终止。在这种情形下，买卖双方的终止权利大多是对等的，且对纠正期限也会约定一个双方均可接受的合理期限。

（四）交割条件满足但买方不交割，卖方单方终止协议

在买方是私募基金等财务投资者的交易中，我们会经常看到此条款。此条款的出现通常与反向分手费相关联。如在本书第 10 回所介绍，私募基金等财务投资者通常会要求反向分手费是卖方在买方拒绝交割时的唯一救济。换言之，即使所有交割条件满足，如果买方拒绝交割，卖方可终止协议，但此时卖方的唯一救济就是收取反向分手费。在买方是行业内买家或者战略买家时，此终止条款不是很常见。

（五）发生特定约定情形，任一方终止协议

在部分并购交易中，买卖双方会根据交易尽职调查中的发现在并购协议中约定如发生特定情形交易一方有权终止协议。比如在交易过程中，目标公司的某项业务正在被调查，协议可能约定如果该业务资质被吊销，则买方有权单方终止协议。

三、协议终止的效果

协议终止的效果条款约定了协议终止会对交易双方的权利义务

产生什么效果。原则上来说，如果协议被终止，交易的任何一方都不会对另一方承担继续履行协议的义务和责任，但有些义务和责任双方是希望保留到终止之后，因此需要对这些义务和责任作出明确的例外性规定。

（一）协议终止后仍有效的条款内容

该类条款常见的内容包括保密（confidentiality）、管辖法律（governing law）、某些范式条款（boilerplate provisions）、交易终止费和本协议终止效果条款等。这类条款一般是为了确保交易涉及的保密信息在协议终止后继续被保密，同时也是为了确保在协议终止后发生合同纠纷或有关终止行为本身有效性的纠纷时存在必要的争议解决条款。

（二）例外情形的约定

协议终止效果条款通常也会约定，如果在协议终止前任何一方存在欺诈或者违约的情形，其在协议终止前所产生的责任不随协议终止而被免除。在一些交易中，交易双方会对存在违约的交易终止情形进行限制，约定只有蓄意（willful or intentional）的违约行为所产生的责任在协议终止时才不被免除，其他的违约责任则在协议终止时被免除。对于何种情形构成并购协议下的“蓄意违约”行为，则需要根据案件的具体情况进行分析和判断。在 *Hexion Spec. Chems.*，*Inc. v. Huntsman Corp.* 案中，特拉华州衡平法院将“蓄意”解释为一种其本质上（in and of itself）即违反合并协议的有意行为（deliberate），而无论违约后果是否为实施该行为时的意图（conscious object）。[2]换言之，并购协议下的蓄意违约不要求行为人对行为是否构成违约有实际知晓（actual knowledge）。

四、交易终止费

交易终止费（termination fee），也称分手费（break-up fee）是指交易终止时，按照协议约定卖方应支付给买方的费用；反向分手费（reverse break-up fee）是指交易终止时，按照协议约定买方应支付给卖方的费用。

分手费一般在目标公司是上市公司的并购中常见，触发的情形请见本书第 22 回（交易保护条款），因为在非上市公司的并购交易中，买方通常更愿意诉请卖方实际履行（specific performance），即请求法院强制要求卖方完成交割，或者诉请损害赔偿，不会同意基于卖方支付分手费而退出交易。

反向分手费则在上市公司的交易和非上市公司的交易中都可能见到，但其产生的原因和作用与分手费有着很大区别，通常是为了增强卖方的信心，买方向卖方提供的一种类似增信的措施。通常而言，如果在因为买方违约或者拒绝交割，卖方单方终止协议的情形下，买方需要支付反向分手费。但在交易最终截止日到期时，如果交割条件未全部满足，尤其是所需监管审批未获得时，买方是否需要支付反向分手费则存在不同的做法。当东道国的监管审批未能获得时，卖方往往会主张这是由于买方的某些原因，例如买方来自东

---

② *Hexion Spec. Chems.*, *Inc. v. Huntsman Corp.*, 965 A. 2d 715（Del. Ch. 2008）.

道国特别关注的国家，导致交易无法通过东道国的外商投资审查或国家安全审查，进而要求买方支付反向分手费。在当今国际投资环境对中国的海外投资更加敏感的环境下，我们更可能会遇到此种情况，此时，需要中方投资者及其法律顾问运用智慧，在谈判中坚持立场，争取在东道国不批准的情况下不支付或者少支付反向分手费，最终达成双方均可接受的条款。

同时，是否需要支付反向分手费也会影响到最终截止日的期限确定；如果协议约定买方在最终截止日没有满足交割条件可以终止交易而无须支付反向分手费，则买方可能会倾向于约定较短期限的最终截止日，因为届时买方的谈判筹码可能会更强；反之，如果买方在此种情形下需要支付反向分手费，则买方可能会倾向于要求较长期限的最终截止日。

结　语

虽然终止条款通常不是交易双方在谈判并购协议中花费时间最多的条款，但该条款在交易进展不顺利的时候会显得异常重要。对于交易的双方而言，交易的稳定性（包括交割条件和交易保护机制等）固然重要，但在交易出现问题时，退出交易的权利也同样重要，任何一方都不愿陷入交易无法完成而又无法终止的泥淖中。

第13回 范式条款

交易文件的最后一个章节通常是范式条款（boilerplate provisions），其标题可能为其他规定（miscellaneous）、一般规定（general provisions）或类似名称。但是魔鬼通常隐藏在细节当中，范式条款有时并不“范式”，有时候交易方会故意将某些条款埋藏在“范式条款”当中。以下的介绍仅限于在范式条款章节中常见的条款，不能做到面面俱到，作为交易方或者顾问切记协议的每个条款每句话都需要认真地审阅，切不可盲目接受“范式条款”。

一、完整协议

完整协议（entire agreement）条款有时也称为 a merger clause or an integration clause，旨在确保并购协议和任何其他附属协议的签署取代各方先前达成的口头或书面沟通、谅解或协议，以成为唯一正式有效的协议。需要注意的是，如果交易前期接触时订立的保密协议在签署并购协议后仍需保持有效（并购协议中的保密条款旨在补充而非取代），则应在完整协议条款中加上保密协议，或者在取代先前达成的相关协议处明确排除保密协议。该条款的意义在于当因并购协议发生争议时，可以影响法官只在协议条款范围内去甄别交易方的意图和解释条款的含义，排除口头的或者外部的证据，避免更多关于交易文件解释的不确定性。

二、可分割性

在美国很多州的合同法下，一般规则是如果某合同条款被认定为无效、不合法或者不可执行，并且法院认为该条款属于协议的根本条款（如果没有该条款，当事方就不会达成协议，例如买卖协议中的价格条款），则法院可能将整个协议认定为无效。有时合同当事方无法准确把握某项条款的合法性及有效性，特别是某些涉及不竞争等类似的敏感条款时，为了防止特定关键条款因违法或者其他被认定为无效而导致整个协议无效，合同方约定个别条款无效不影响协议其他条款的有效性（severability）。有时交易各方会进一步约定，当某条款被法院认定为无效、不合法或者不可执行时，允许法院在法律允许的最大范围内修改条款的含义以使其有效，该条款通常称为蓝铅笔（blue pencil）条款，但并非每个州都认可这种条款，还需要按照适用的州法进行分析。

三、修订和弃权

一般而言，修订（amendment）需要协议各方以书面形式作出并签署。该条款的意义在于防止任一方主张交易方通过口头协议修改了协议内容，以维持合同的稳定性。

弃权（waiver）条款则界定了合同当事方在什么情况下的行为被视为弃权或者不能被视为弃权，该条款通常包含以下内容：

书面弃权，即任何弃权必须采用书面形式并经弃权方签署后才生效；无被动弃权，即未能或延迟行使权利不构成弃权；无交易习惯弃权，即单独或部分行使权利不影响进一步行使或者行使其他权利。

四、转让和继承

转让（assigns）条款（更准确的叫法可能是禁止转让条款）通常规定一方在未经其他方同意的情况下不得转让合同及其项下的权利义务，同时会明确规定除外情形，比如买方可转让权利义务给其关联方、卖方可将其收取价款的权利转让给关联方或指定收款账户等。转让条款属于范式条款章节中较不范式的条款，交易方在审阅该条款时需要特别留意转让或禁止转让的范围以及带来的影响。

比如，禁止转让条款可能会限制交易方的控制权变更，具体取决于该条款语言和宽严程度。在 *MTA Canada Royalty Corp. v. Compania Minera Pangea, S. A. de C. V.* 案中，原告是一家合并后的存续公司，其前身公司拥有矿业权，并与被告签署了矿业权买卖合同。原告依据该合同主张收取特定价款但遭到了被告的拒绝。买卖合同中规定了未经另一方同意，不得“通过法律的操作”（by operation of law）转让合同，特拉华州法院认为此处“通过法律的操作”包括公司合并，因此在没有征得被告同意的情况下，原告与其前身公司的合并不发生合同转让的效力。①

另外，转让/禁止转让条款与继承条款（successors and assigns）经常一同出现，但两者的意义是不同的。转让条款的意义在于禁止或者限制合同方转让合同项下的权利义务，继承条款通常指如果合同被依法或者依据合同条款转让或继承，该合同条款对受让者或者继承者有着同样的约束力。

五、无第三方受益人

合同的相对性（contract privity）是合同法的基本原则，其基本含义是指合同仅能改变当事方的权利义务，而不能改变第三方的权利义务。

无第三方受益人（no third-party beneficiaries）条款通常包含两个方面：

一是明确声明合同不规范第三方的权利义务，不赋予第三方任何权利。在并购协议中，我们经常会见到维持雇佣和员工福利条款，但无第三方受益人条款的存在使得员工作为第三方不能依据此条款向并购协议的当事方主张权利。

二是明确声明合同某些条款创设了第三方受益人权利，比如并购协议中经常见到的赔偿条款（indemnification provisions）和下文提到的无追索权条款（non-recourse provisions）通常赋予合同方的

---

① *MTA Canada Royalty Corp. v. Compania Minera Pangea*, *S. A. de C. V.* , 2020 WL 5554161 (Del. Super. 2020).

董事和高管第三方受益人权利，他们可以依据此条款主张法律权利。

在 *CHS/Community Health Systems, Inc. v. Steward Heath Care System LLC* 案中，并购协议的赔偿条款中买方 Steward 明确同意赔偿卖方 CHS 及其关联方特定合同责任，但无第三方受益人条款是这么写的。

“The terms and provisions of this Agreement are intended solely for the benefit of [CHS], [Steward], their Affiliates and their respective permitted successors or assigns, and it is not the intention of the parties to confer, and this Agreement shall not confer, third-party beneficiary rights upon any other person other than the Seller Entities and the Buyer Entities, which the parties agree are express third-party beneficiaries of the rights of Seller and Buyer, respectively.”

尽管前半句话与赔偿条款的约定是一致的，后半句话则将受益人限缩为 Seller Entities（并非所有关联方都包含在 Seller Entities 的定义中）。本案中，买方主张无第三方受益人条款中的 Seller Entities 的表述限缩了赔偿条款中关联方的范围。由于 CHSPSC, LLC（提起赔偿的主体）并非第三方受益人条款中的 Seller Entity，因此即使其为赔偿条款中的关联方，也由于第三方受益人条款的限缩，因而无权获得赔偿。特拉华州衡平法院认为无第三方受益人条款的措辞模棱两可，不能被解释为限缩了赔偿条款的主体范围，而需要根据合同之外的证据来确定双方的真实意图，故而否决了买方驳回诉讼的动议（motion to dismiss）。[②]

六、无追索权

无追索权（non-recourse）条款旨在明确任何与协议相关的权利主张或诉由仅可针对协议当事方提出，而不得向任何其他关联方提出，包括但不限于保证人、融资方、股东、董事、管理人员、雇员、代理人等。该条款的含义在于明确免除以上列举类别人士的可能责任，但有时合同会约定欺诈（fraud）除外。在杠杆收购协议中，提供杠杆的金融机构通常会要求买方在并购协议中写入对融资提供方的无追索权，而且通常范围会比一般的无追索权条款更加广泛。

七、公告

公告（public announcements）条款用于控制有关并购协议及其拟议交易的信息传播，防止一方未经他方同意而发布新闻稿、做出相关公告或与媒体沟通。即使取得了他方同意，也应就公告内容及发布时间进行协商并达成一致。另外，必要披露（包括一方为上市公司时，证券交易所规定要求的披露）一般不需要取得对方同意，

② *CHS/Community Health Systems, Inc. v. Steward Heath Care System LLC*, C. A. No. 2019－0165－JRS, 2020 WL 4917597（Del. Ch. Aug. 21, 2020）. 美国诉讼程序中，根据美国《联邦民事诉讼规则》第12（b）（6）条，被告得以“failure to state a claim”（未能提出可获救济的请求）为由，提出“motion to dismiss”。具体而言，如果原告的起诉书即便所有陈述属实，也无法构成法律上可获救济的请求，被告可以请求法院驳回案件。此处法院否决了motion to dismiss，并不意味着被告败诉，而是意味着进入下一个诉讼阶段。目前该案件未见宣判或是和解。

但披露方通常应当及时通知另一方该等必要披露，并提前就披露事项进行善意协商。

八、律师与客户间的特权

律师与客户间的特权（attorney-client privilege）是普通法系的基本原则，它可以防止律师与客户之间的通信在诉讼中被作为呈堂证据，以鼓励律师与客户之间的充分互信和沟通。在并购交易中，买方和卖方通常都会聘请各自的律师。卖方和目标公司在交易前的利益基本是一致的，通常共享同一家律师。但是，基于市场交易习惯、税务等各种原因，卖方律师经常是由目标公司而非由卖方聘请。在交易完成后，目标公司成了买方的子公司，如无相反约定，买方通过目标公司可以查阅在交易前目标公司与其律师的通信。如果在交易后买卖双方发生争议，则买方有可能在交易前目标公司与其律师的通信中发现对自己有利的证据。因此，在控制权变更的交易中，双方通常会约定交易前目标公司与其律师的通信特权属于卖方，买方不可以查看。在 *Great Hill Equity Partners IV*，*LP v. SIG Growth Equity Fund I*，*LLLP* 案中，特拉华州衡平法院确认虽然一般原则是买方承继目标公司与其律师的通信特权，但当事方可以在并购协议中明确约定该等特权属于卖方（而不是目标公司）。[3]

---

③ *Great Hill Equity Partners IV*，*LP v. SIG Growth Equity Fund I*，*LLLP*，80 A. 3d 155（Del. Ch. 2013）.

九、通知

通知（notices）条款列明了各方当事人及其代理人（通常为律师）的地址和联系方式，并规定了发出通知的方式，如电子邮件或传真、专人递送、邮寄，以及该等通知被视为送达的时间。该条款在双方发生争议时显得尤为重要，因为很多权利主张要依赖于通知的有效送达。

十、副本和签字

在今天的并购交易中，并购交易的各方很少会聚到一起签署同一份纸质协议。副本（counterpart）条款使每一方可以签署一份单独的副本，并且所有单独的签字页可附在一起形成一份协议。另外，许多协议约定各方可以使用传真（facsimile）或 PDF 格式签署文件。实践中，交易各方一般是交换手写签字（signature）的扫描件或者如 DocuSign（美国一家提供电子签名服务的公司）插件生成的电子签名。

十一、交易成本

交易成本（transaction costs）条款通常规定交易各方承担各自的成本，但有时交易方会达成不同的安排，在交易方之间分配交易成本，比如印花税应该由卖方或买方承担，还是各自承担一半等。另外，需要注意交易成本条款里是否会埋入律师费条款。在普通法下的一般规则是各方为合同（包括起诉违约方）而发生的成本由其自己承担，除非法律另有规定或者双方另有约定，法院通常不会支持胜诉方要求败诉方承担其律师费的请求。

结　语

除上述常见条款之外，范式条款章节还经常包括若干与争议解决相关的条款，如管辖法律、争议解决的方式（诉讼或仲裁或调解等）、争议解决的地点等，这一部分将在下一回中介绍。

范式条款不“范式”，协议的每个条款都需要细心审查。只有处理得当，范式条款才能准确地界定当事方的关系，并在发生争议时提供确定性。

延伸阅读

案例摘要 13 - 1

MTA Can. Royalty Corp. v. Compania Minera Pangea, *S. A.* De C. V. Del. Super. , C. A. No. N20C - 08 - 127 - MMJ - CCLD，2020 WL 5554161（Del. Super. 2020）

2016 年，墨西哥矿业公司 Compania Minera Pangea，S. A. de C. V.（以下简称 CMP）与一家加拿大公司 Alberta Ltd.（以下简称 Alberta）签订了一份转让及债务承担协议。协议规定，若截至 2018 年 6 月 30 日，El Gallo 矿区仍在运作，CMP 需向 Alberta 额外支付 100 万美元的附加款项。该协议第 6.12 条款设置了反转让条款，明确指出未经协议各方事前书面同意，任何一方均不得通过法律操作或其他方式（by operation of law or otherwise）转让或委托协议项下的全部或部分权利、权益或义务，否则转让无效。

2017 年 7 月，未经 CMP 书面同意，Alberta 与 Global Royalty Corp.（以下简称 Global）通过“正三角合并”（forward triangular merger）的方式进行了合并，Alberta 作为被合并方消失，Global 存续并改名为 MTA Canada Royalty Corp.（以下简称 MTA），并继承了 Alberta 在协议下的所有权利和义务。尽管这次合并遵照加拿大法律进行，但原始收购协议所涉反转让条款受特拉华州法律管辖。

合并后，鉴于El Gallo矿区截至2018年6月30日仍在运作，MTA要求CMP支付100万美元的附加款项，但遭到CMP拒绝。2019年，MTA提起诉讼，指控CMP违约，并请求其支付约定的附加款项，而CMP抗辩称，Alberta未经其同意与Global合并，违反了协议第6.12条的反转让条款，因此，作为合并后实体的MTA无权主张原Alberta在协议中的权益。

就反转让条款，被告CMP坚称，根据协议第6.12条的规定，无论Alberta采取何种方式，包括但不限于通过法律行为或其他任何形式转移或委托其在协议下的权利义务，都必须获得CMP的书面同意，这其中当然包括合并行为。而原告MTA则主张反转让条款旨在防止未经CMP同意向第三方转让权益，不适用于公司合并的情况。MTA引用了*Star Cellular Telephone Co. Inc. v. Baton Rouge CGSA Inc.*案中的观点，认为若反转让条款没有明确禁止（explicitly prohibit）通过合并将权益转让给新实体，由原签约方进行履行并非实质条件，且转让本身并未给对方带来不合理的履约风险，则法院不应默认该条款限制合并行为。①

然而，法院最终支持了CMP的立场。法院指出，正三角并购与逆三角并购有所不同，前者会导致原签约主体在协议下的权利转移至收购方现有子公司，而后者则使原目标公司作为子公司继续存在，不存在协议下权利转移的情况。在本案中，由于双方采取了

---

① *Star Cellular Telephone Co.*, *Inc. v. Baton Rouge CGSA*, *Inc.*, 1993 WL 294847, at ＊8（Del. Ch. Aug. 2, 1993）.

“正三角合并”的方式，原签约主体Alberta实际上已经消亡，其在协议下的权益转移构成了“因法律操作而产生的转让”，而这恰恰被协议中的反转让条款明确禁止。由于存在违反协议规定的转让行为，作为转让结果的MTA无权依据协议主张收取附加款项。

第 14 回　争议解决条款

争议解决条款是跨境并购交易协议中法律技术性最强的条款之一，客户往往依赖于律师的判断。跨境并购涉及多个法域的主体，涉及多国法律，如果交易协议中没有明确和适当的争议解决条款，则在发生争议时如何解决争议具有很大的不确定性，并将影响交易各方的实体权益。因此明确和适当的争议解决条款对于管理交易各方的预期，保护客户的利益至关重要。

一、管辖法律及管辖法院

争议解决条款的核心要素包括管辖法律（choice of governing law，另称准据法）、争议解决的方式（诉讼、仲裁或调解等）、争议解决的地点等。在各种争议解决条款中，如果当事人希望通过诉讼解决争议，以在美国诉讼为例，最常见的组合是选择某州法作为管辖法律和同一州的法院作为管辖法院（choice of forum），比如选择纽约州法律作为管辖法律，并选择纽约州法院作为管辖法院。在交易中，各方通常是如何选择管辖法律和管辖法院的呢?

首先，交易双方需要确定是否存在直接适用/强制适用的法律。法律的直接适用/强制适用指某国法律规定某性质的争议必须由该国法律管辖，并排除当事人通过协议违背该等强制性规定。比如某国认定公司的内部关系（比如股东与公司之间的关系、董事的责任和权利等）适用该国法律，那么协议涉及公司内部关系的部分则不能以约定改变适用法律；又如，抵押的完善（perfection）等事项一般需要根据抵押物所在地的法律进行等。交易律师在撰写合同时需要考虑交易中是否涉及直接适用/强制适用的法律。

其次，如果没有直接适用或强制适用的法律，那如何选择管辖法律呢？交易律师应该判断最有可能发生的争议类型，并优先选择本方最为熟悉、具有最强专业知识和技能的法律。在跨境并购交易中，卖方，尤其是欧美国家的卖方经常处于强势地位，交易的方式也经常是竞标销售（auction sale），卖方通常提供交易协议的初稿，并选择卖方所在地或者对其有利的管辖法律和争议解决方式。作为买方，可力争选择己方较为熟悉的或者对己方有利的管辖法律和争议解决方式，次之则可选择法制较为发达健全、公信力较高、法律从业者较为熟悉的法律。通常而言，选择适用的法律需要与交易方或交易存在合理的关联。但纽约州存在特别的规定，只要合同金额达到25万美元的门槛，即使存在争议的交易与纽约州没有关联，当事人仍然可以选择纽约州法作为其管辖法律；[①]基于纽约州法的发达规则和涵盖范围广泛的商业交易事宜的大量先例，纽约州法成为跨境交易中的“明星准据法”。

最后，需要注意的是，选择适用的管辖法律一般被认为是选择

---

① New York General Obligations Law 5 - 1401.

了该法域的实体法，不包括其程序法。

与选择管辖法律紧密相关，交易方通常会同时选择管辖法院。需要注意的是，选择管辖法律和选择管辖法院是两件并列的事情。如果只选择了管辖法律，而没有选择管辖法院，则由哪个国家的哪个法院管辖可能出现很大的不确定性，并导致诉讼的成本激增。管辖法律和管辖法院经常是一致的，比如选择纽约州法律作为管辖法律并选择纽约州法院作为管辖法院，但如果便利于交易，交易方可以选择管辖法律法域以外的法院作为管辖法院。值得留意的是，如所选择的管辖法院需适用不同于其法域的法律，当事人可能需要聘请法律专家来提供意见，外国法的解释可能需要作为事实问题进行辩论（pleaded as a fact）。

另外，所选择的管辖法院通常需要对当事方和/或争议事项有管辖权。通常而言，选择法院条款都会要求交易各方同意选择的管辖法院具有对当事人的属人管辖权（personal jurisdiction），按照协议约定发出的通知构成了有效通知（sufficient service of process）。关于争议事项的管辖权（subject matter jurisdiction），则需要依照当地法律的规定。在此方面，纽约州法也存在一个特别的规定，如果交易方选择了纽约州法作为管辖法律，并且合同金额达到了 100 万美元或以上，则无论该事项与纽约州有无关联，纽约州法院仍然享有管辖权。②选择了管辖法院通常意味着间接选择了该法院所在法域

② New York General Obligations Law 5 – 1402.

的程序法。

以上简单介绍了选择管辖法律和管辖法院的基本原则。如果希望选择在美国通过诉讼方式解决争议，在撰写管辖法律和管辖法院条款时，还需要注意以下几个事项。

（一）适用的范围

有些协议的管辖法律条款非常简单，比如“this Agreement shall be governed by, and construed in accordance with, the law of the State of [New York]”。这个准据法条款作为合同解释的管辖法律应没有问题，但是如果争议的事项超出了合同解释本身，比如一方声称另一方构成了侵权，则该条款是否足够涵盖侵权诉讼所适用的法律就存在疑问。因此，交易律师在撰写管辖法律和管辖法院条款时，要注意条款的语言是否足够宽泛并符合双方的商业意图，比如可参考如下语言“this Agreement, and all claims or causes of action (whether in contract, tort or statute) that may be based upon, arise out of or relate to this Agreement, or the negotiation, execution or performance of this Agreement (including any claim or cause of action based upon, arising out of or related to any representation or warranty made in or in connection with this Agreement or as an inducement to enter into this Agreement), shall be governed by, and enforced in accordance with, the laws of the State of [New York], including its statutes of limitations”。

（二）法律冲突规则的排除

在管辖法律条款中，我们经常见到“... without regard to the

laws of any other jurisdiction that might be applied because of the conflicts of laws principles of the State of [New York]”或类似的语言。该段语言的意义在于避免根据选择的管辖法律当中的法律冲突规则而导致适用其他法律。在跨境争议中，法律冲突规则可能导致国际私法上的转致（transmission）[③]或反致（remission）[④]等情形，违反当事人选定某国法律的初衷。在*IRB-Brasil Resseguros*，*S. A. v. Inepar Investments*[⑤]案中，纽约州上诉法院认为如果交易方选择了纽约州法律作为管辖法律，则以上排除法律冲突规则的语言没有必要，即无论有无以上排除法律冲突规则的语言，法院都会适用纽约州的实体法。当然，从交易律师的角度讲，相对安全的做法是包含以上排除法律冲突规则的语言，尤其是选择非纽约州法律作为管辖法律的交易。

（三）陪审团审判豁免

在跨境并购交易中，如果交易方选择了诉讼作为解决争议的方

---

③ 转致是指涉外民事案件中，管辖法院所在地的冲突规范规定案涉争议应适用他国法律，而该国的冲突规范则指定适用第三国的法律，使之管辖法院最终适用第三国法律进行审理。即A国法院按其冲突规范本应适用B国法，但B国的冲突规范则指定适用C国法，于是A国法院适用了C国实体法。

④ 反致有广义、狭义之分。广义的反致包括上述的转致以及间接反致。间接反致大致与转致相似，而第二国的冲突规范在这里却指向原管辖法院。也就是说，A国经过多个冲突规范的指向后，还是适用A国的实体法。狭义的反致则指法院按其冲突规范本应适用外国法，但该外国法中的冲突规范却指定适用法院地法，该法院结果适用了自己的实体法。

⑤ *IRB-Brasil Resseguros*，*S. A. v. Inepar Investments*，83 A. D. 3d 573（N. Y. App. Div. 1st Dep’t 2011）.

式，则经常见到陪审团审判豁免条款。主要原因在于，复杂的商事纠纷更依仗专业的法官，非专业人士组成的陪审团会增加审判的不确定性，并且其程序要求带来的成本也往往更高。作为中国交易方，限于语言和文化上的差异，往往很难获得陪审团的好感，因此建议中国的交易方坚持要求该陪审团审判豁免条款（通常不会是双方的争议条款）。

二、其他争议解决方式

法院诉讼是传统的争议解决方式，在跨境并购交易中，其他争议解决方式也较为常见，尤其是国际仲裁，并有越来越普遍的趋势。常见的其他争议解决方式包括协商、调解、仲裁、专家判定等。

（一）协商和调解

在跨境并购协议中，经常可以见到协议约定在发生争议时提交双方的高级管理层进行协商解决或者由第三方进行调解，但通常都会约定一个期限，比如 30 天，如果双方不能协商解决或者和解，则提交法院诉讼或者申请仲裁。协商和调解本质上是双方当事人的一种合意行为，通常不具有强制执行力，除非是《联合国关于调解所产生的国际和解协议公约》（United Nations Convention on International Settlement Agreements Resulting from Mediation，又称《新加坡调解公约》的缔约国当事人之间的交易）。

（二）仲裁

相较于法院诉讼，仲裁作为争议解决方式具有一些特别的优势，尤其是针对跨境交易，包括：

（1）灵活性：仲裁当事人可自行选择仲裁员，可自行约定仲裁的管辖法律、仲裁语言，可自行商议文件披露（document production）的范围和具体程序、仲裁的事项范围、庭审的程序和时间，还可选择适用快速或简易仲裁程序（fast-track or expedited procedure）以期快速解决交割前纠纷。

（2）保密：在交易方不想披露交易相关信息及争议细节时，仲裁的保密性显得非常重要。

（3）中立性：当事人可以选择一个符合双方商业利益、交易特点且支持仲裁的第三国作为仲裁地，从而避免一方当事人可能具有的“主场优势”。

（4）一裁终局：仲裁裁决具终局性，争议各方均受其约束。

（5）跨法域的执行性强：一国法院的判决要在另外一个国家得到执行通常需要遵循互惠（reciprocity）原则，除非判决法院所在国与执行法院所在国有缔结或共同参加的国际条约。而对于仲裁裁决，《联合国承认及执行外国仲裁裁决公约》（United Nations Convention on the Recognition and Enforcement of Foreign Arbitral Awards，以下简称《纽约公约》）已在170个国家和地区生效，中国和美国均是该公约缔约国，因此仲裁裁决具有极强的跨法域可执行性。

当然，仲裁一裁终局意味着无论裁决结果如何，各方都受到该裁决的约束。除非存在《纽约公约》和/或仲裁地法律规定的撤销或执行地不予执行裁决的情形（如严重的程序瑕疵），则当事人可以向相关法院申请撤销或不予执行仲裁裁决。另外，如果交易方选择仲裁作为争议解决方式，还需要注意临时救济措施的可获得性。在并购交易发生争议时，当事人往往需要通过快速的临时救济措施（interim measures）维护自己的权益，比如阻止卖方在交割阶段损害目标公司利益、阻止目标公司股东抛售股份等。目前，大部分主要仲裁机构均规定了紧急仲裁程序（emergency arbitration），当事人可以在仲裁庭组成前申请临时措施，仲裁机构会在极短时间内任命紧急仲裁员并尽快就当事人的请求做出决定。此外，考虑到部分法域下采取临时措施的权力专属于法院（如我国法律），当事人也可以在仲裁条款中约定允许当事人向法院寻求禁令救济（injunctive relief）。

（三）拟定仲裁条款需注意的主要事项

仲裁的管辖权及范围源于当事人的约定，超出该等范围的争议不能通过仲裁解决，⑥因此交易方需审慎考虑约定仲裁事项的范围，以准确反映交易方的商业意图。一般而言，拟定仲裁条款时需要考虑的核心要素包括：

1. 仲裁地

仲裁地（seat of arbitration）的选择在很大程度上决定了该由

---

⑥ 如果当事人希望与交易相关的争议均提交仲裁，建议应对提交仲裁的争议范围作宽泛约定。例如，国际律师协会（IBA）在其关于仲裁协议的起草指南中提供的示范条款："All disputes arising out of or in connection with this agreement, including any question regarding its existence, validity or termination, shall be finally resolved by arbitration under [selected arbitration rules]"。

哪个法域的法院对仲裁进行司法监督和审查，包括仲裁所适用的程序法、仲裁裁决的国籍、有权撤销仲裁裁决的法院，以及未来仲裁裁决的执行。⑦仲裁地对于交易方是否便利也是重要考量因素。

2. 仲裁机构

由于并购交易争议一般较复杂，相较于临时仲裁（ad hoc arbitration），专门的机构仲裁通常更有利于争议的快速解决。当仲裁地确定后，当事人需要约定一个仲裁机构（arbitration institution），并须核实仲裁机构的准确名称，以免因约定不明而引发程序争议。

3. 仲裁庭组成

当事人可自行决定仲裁员应符合的要求、仲裁庭的人数和组庭方式。比如就特定行业的并购交易，交易各方可考虑是否需要仲裁员具备特定的行业知识。

4. 仲裁语言

跨境并购交易各方来自不同国家和地区，约定英文为仲裁语言最为常见。如交易各方实际为中资背景，可以考虑约定中文为仲裁语言。

另外，由于仲裁和诉讼是两种不同的争议解决方式，约定“或裁或审”将引起一定的不确定性。美国法下，若合同中既有法院选择条款又有仲裁条款，美国法院一般认为不存在冲突，仲裁条款仍

---

⑦　主流国际仲裁机构的规则均规定了在当事人未明确约定仲裁地的情况下如何确定仲裁地，因此，当事人也可以通过约定适用某一仲裁规则的方式，减少仲裁地未明可能带来的隐患。

然有效，双方应当按照仲裁条款约定提交争议。此时，法院选择条款只对仲裁条款范围之外的争议适用，或者只在法院需要对仲裁事宜作出干预的时候适用。尽管如此，当争议发生时，双方仍可能会就何种争议落入仲裁范围产生争议，陷入不必要的管辖权之争。

（四）专家判定

如前所述，其他争议解决方式包括专家判定。在跨境并购交易协议中，双方经常约定将与价格调整有关的争议提交专业的会计师或者精算师解决，而且该专家的判定是终局的，对双方均有约束力，不可以上诉，即独立于以上所述的管辖法院或仲裁等约定，不受其影响。在 *LDC Parent*，*LLC v. Essential Utilities.*，*Inc.* 案中，双方即于并购协议约定购买价格调整的争议必须由会计师事务所而非法院解决，并得到了特拉华州法院的支持。[⑧]需要注意的是，双方需要对提交会计师解决的争议范围作出明确的限定，会计师是会计事项的专家，而非争议解决的专家。

三、其他与争议解决相关的条款

除以上介绍的条款外，在范式条款部分，我们还经常见到一些与争议解决相关的条款，比如衡平法救济（equitable remedies）/强制履行（specific performance）、累计救济（cumulative remedies）等。通常的法律原则是只有当法律救济（legal remedies）不足以补

⑧ *LDC Parent*，*LLC v. Essential Utilities.*，*Inc.*，Del. Super.，C. A. No. N20C－08－127－MMJ－CCLD，Johnston，J.（Apr. 28，2021）.

偿当事人所遭受的损害时，法院才会支持衡平法救济，包括强制履行，而且通常不会要求自然人强制履行合同。在衡平法救济/强制履行条款中，交易方通常都会声明并同意在一方未履行合同时，金钱补偿或者其他法律救济不构成足够的救济，因此守约方可以要求法院授予衡平法救济，包括强制履行，并且违约方不可以主张法律救济是足够的，或者要求对方提供担保等。

累计救济（cumulative remedies）条款的意思是合同约定的救济措施独立于法律或者衡平法下当事方可能获得的救济，即在合同约定的救济之外，当事方还可以请求其他救济。与之对应的概念是排他救济（exclusive remedies），即合同约定的救济是排他的唯一救济，当事方不可以主张更多救济。在中国买家支付反向分手费的交易中，中国交易方一定要注意是否存在累计救济条款，要明确反向分手费是卖方的排他救济，买方在支付了反向分手费后无须承担任何其他责任。

结　语

不是每个交易都能按照签约时的设想完成交割。在合同谈判中，约定明确和适当的争议解决条款就是做到未雨绸缪，保证交易要么按照设想完成交割，要么按照预期的方式解决可能出现的争议。设计合适的争议解决条款可以更好地管理当事方的预期，提高交易的稳定性。

延伸阅读

案例摘要 14 – 1

LDC Parent，*LLC v. Essential Utilities.* ，*Inc.*

No. N20C – 08 – 127 – MMJ – CCLD，2021 WL 1884847

（Del. Super. Apr. 28，2021）

2018 年 10 月 22 日，卖方 LDC Parent，LLC（以下简称 LDC）与买方 Essential Utilities，Inc.（以下简称 Essential）签订了一份股权购买协议，协议包含交割账目机制。Essential 以 42.75 亿美元为基础价收购目标公司 LDC Funding，LLC 的全部股权，最终交易价格受限于资本支出调整，即在 2018 年 11 月 1 日至交割日期间，目标公司若提出商业增长资本支出（Commercial Growth Capex）的实际总和资本支出（actual aggregate Capital Expenditures）超出预算资本支出（Budgeted Capital Expenditure Amount），交易价格将上调，反之则下调。合同此外还约定，交割后由买方准备初步交割调整附表（Preliminary Closing Adjustment Schedule），如卖方 LDC 对附表内容存在争议且争议无法解决时，双方应启动独立审计师程序解决相关争议，且在解决相关争议时，独立审计师的角色应当是专家而非裁决者（act as an expert，not an arbitrator）。

2020 年 4 月 29 日，Essential 提交的交割后调整附表中，争议焦点在于一笔1999.07万美元的款项是否应计入资本支出调整范围。由于双方未能就争议款项达成一致，Essential于2020年7月20日启动协议内约定的独立审计师程序，并提议聘请BDO USA，LLP（以下简称BDO）作为独立审计机构。然而，LDC反对该案适用独立审计师程序解决争议，遂将该案件诉至特拉华州高等法院（Superior Court），主张应将争议款项纳入协议下资本支出调整范畴，而Essential则提出反诉，认为本案应适用协议下约定的独立审计师程序解决争议。

原告LDC依据*Cypress Associates，LLC v. Sunnyside Cogeneration Associates Project*案中的观点，主张协议对"实际"（actual）这一非会计术语的使用表明双方当事人意图将"资本支出"建立在实际支付的基础上，因而鉴于该款项实际支付发生在11月1日后，应被纳入调整。①

而被告引述了协议第1.1条，即协议下"资本支出"被定义为"实际支付或应付（如为应付，则反映在营运资本中的当前负债）且根据美国公认会计准则（U.S/ Generally Accepted Accounting Principles）正确地资本化的实付现金支出"（out-of-pocket expenditures actually paid or payable（and，if payable，reflected as a current liability in Working Capital）by [...] that are properly capitalized in accordance with U.S. GAAP.）。被告主张协议下"资本支出"包含

① *Cypress Associates，LLC v. Sunnyside Cogeneration Associates Project*，2007 WL 148754，at ∗11（Del. Ch. March 8，2006）.

实际支付（actually paid）及应付且正确地资本化（payable and properly capitalized）的支出。鉴于争议款项已经在2018年10月31日前已完成资本化，因而构成2018年10月31日前的资本支出，而不纳入协议下资本支出的调整范畴。Essential强调，对争议款项资本化时点的准确判断，必须严格遵守美国公认会计准则，这是一个深度涉及会计专业知识的技术性判断问题，而非简单的合同文本解释，因而应当交由协议约定的独立审计师程序进行最终评判。

法院判决采纳了Essential的观点，并援引了*Stone v. Nationstar Mortgage*，*LLC*案的先例，明确指出LDC不能通过将可委派争议转化为法律问题（couching delegable disputes in questions of law）的方式来规避协议中特别设立的独立审计师程序。②根据协议第1.1条，关于资本化时间的确定问题，必须参照并按照美国公认会计准则来解决，这不是一个纯粹的法律问题，而是一个需要会计专业知识才能解决的问题。

此外，尽管协议要求独立审计师的角色应当是专家而非裁决者，鉴于当前争议焦点在于一个需要会计专业知识才能解决的问题而非纯粹的法律问题，由独立审计师进行评判不会与“专家而非裁决者”的约定相违背。此外，考虑到协议明确约定独立审计师作出的结论具有“最终和强制执行力”（final and binding），法院认定，

② *Stone v. Nationstar Mortg.*, *LLC*, 2020 WL 4037337, at ∗1 (Del. Ch. July 6, 2020).

争议款项是否应纳入资本支出这一争议符合协议中第2.1（c）（iv）条款所规定的独立审计师程序范畴，应当将其提交独立审计师进行评判和决定。

第二篇

跨境并购的分战场

——其他交易事项和附属交易文件

第15回　融资承诺函和融资相关条款

在跨境并购交易中，尤其是较大型的跨境并购交易，通常都存在融资安排。买方通过融资可以加大杠杆以期提高投资的回报。在买方拟融资并购的交易中，卖方通常要求买方提交债务融资承诺函（debt commitment letter），以证明买方已经得到融资方有法律约束力的承诺，可以为交易提供融资。同时，卖方还会在交易文件中要求买方就其融资作出必要的陈述与保证和承诺。这些条款将融资失败的风险在买卖双方之间予以分配，一定程度上降低交易的不确定性。本文从并购律师的视角对这些文件进行分析，无意深入探讨并购融资的融资协议文本及安排。

一、债务融资承诺函

债务融资承诺函是融资方承诺向并购交易买方提供贷款的有法律约束力的文件，通常是提供给为交易设立的特殊目的公司。债务融资承诺函通常是在并购协议签订的同时签署，并由买方提交给卖方以证明买方有足够的资金完成交易。

债务融资承诺函通常包括融资承诺、各融资方的角色、债务分销（loan syndication）、先决条件、费用承担、赔偿和保密等条款；债务融资承诺函通常还附有一份条款书，详细规定贷款条款和融资的先决条件。其中，最为重要的条款是先决条件，即买方在满足何种条件下可以提款。在2008年国际金融危机的时候，很多银行仔细审核债务融资承诺函的条件，寻找机会退出交易；因此在金融危机以后，对先决条件的审核愈加严格。尤其是在拍卖出售流程中，卖方和买方都会“逼迫”（push）融资银行接受尽量少的先决条件。实践中发展出了如“SunGard”条款，[①]也被称为融资确定性条款（certain funds provisions），包括陈述与保证在交割日的重述或准确仅限于特定的陈述与保证（specified representations）及正式的融资文件的先决条件与债务融资承诺函和条款书中的先决条件保持实质一致，不会影响交割日融资的可获得性，包括某些抵押的完善（perfection）可能需要在交割后一段时期内完成等。

二、融资条件和反向分手费

融资条件指买方以获得融资作为其履行交割义务的前提条件，即允许买方在融资失败的情况下无偿终止并购协议（financing out）。一旦发生这种情况，卖方通常将遭受重大经济损失，例如卖方可能已产生大量费用并且因出售的不确定性而损失客户或员工，导致不可能或只能以更低的价格与另一买方进行替代交易。2008年国际金融危机中，一些买方，甚至包括一些知名私募基金，因无法获得足够的融资而撤出交易；因此，在经济危机以后，卖方通常

---

① SunGard 条款以2005年私募财团收购 SunGard Data Systems 的交易命名，这是首个包含这种有限条件的公开交易。

不再接受将获得融资作为买方履行交割义务的前提条件。相反，更常见的条款是并购协议中明确约定不以获得融资作为买方履行交割义务的前提条件（no financing out）。

有的交易约定了与融资相关，但并不一定由融资条款决定的反向分手费（reverse break-up fee），即如果买方因并购协议中规定的条件（可能包括买方拟议融资的失败）而未能完成收购，须向卖方支付一定金额。反向分手费可能是买方违约的唯一救济，不管买方是否故意违约（willful breach）；也可能虽适用于买方因融资失败而违约，但对于买方故意违约的，卖方可寻求更多损害赔偿。有关反向分手费的更多介绍，可阅读本书第 10 回。

三、买方就融资作出的陈述

（一）有关融资承诺的陈述

如果买方已获得一份或多份债务融资承诺函，其通常须在并购协议中向卖方作出与融资承诺相关的详细陈述，包括：

（1）买方已向卖方提供了债务融资承诺函的真实完整副本，有时还包括经过脱敏的费用函（fee letter，详情见下文）；

（2）债务融资承诺函是可强制执行的，具有完全效力；

（3）不存在与债务融资相关的（未经披露的）附函或其他协议；

（4）未发生买方在债务融资承诺函项下违约的事件；

（5）买方不认为其将无法及时满足债务融资承诺函的条款或条件；

（6）除债务融资承诺函中明确规定的条件外，不存在与融资相关的其他条件；

（7）假设债务融资承诺函中约定的金额在交割时全部到位，买方将有充足的资金支付交易对价以及交割时应付的所有其他金额（如偿还未偿债务所需的金额）。

除债务融资承诺外，买方还可能被要求向卖方提供一份脱敏的费用函。费用函包含债务融资承诺的费用条款和市场弹性条款（market flex terms）。市场弹性条款允许融资方在必要的情况下有限度地修改定价条款，以实现贷款的分销。由于费用函受限于与融资方的保密约定，买方向卖方提供的费用函通常将删减一些敏感信息，包括费用数额、定价条款、定价上限和市场弹性条款等。但是，卖方可以要求买方声明，任何修改不会导致融资减少到不足以完成并购的金额，或者可能延迟或阻碍融资的实现。

（二）目标公司偿付能力的陈述

在目标公司是上市公司的杠杆收购中，买方通常还须就存续公司在完成并购交易（包括偿还目标公司或买方债务或进行再融资）后的偿付能力作出陈述，即目标公司是有偿付能力的（solvent）。偿付能力的标准一般与适用法律中对欺诈性转移（fraudulent transfer）对偿付能力的标准相一致，通常不仅包括资产负债表方面的测试，还包括目标公司可以偿付到期债务，不会出现不合理的资本不足。买方作出该等陈述通常假设多个限制条件，例如，卖方在并购协议中的陈述是准确的；卖方遵守其在并购协议中的承诺；并购协议约定的交割条件得到满足或豁免；目标公司及其子公司在交割前具有偿付能力等。

In re Nine West LBO Securities Litig. 案强调了目标公司董事会对并购后存续公司偿付能力总体考量的重要性。此案源于大型服装集团 Jones Group，Inc.（交易前为上市公司）与私募买方 Sycamore Partners Management，L. P. 的关联公司合并（存续公司更名为 Nine West Holdings，Inc.），交易包括合并、买方对存续公司注资 3.95 亿美元、存续公司提高债务从 10 亿美元到 12 亿美元以及存续公司将部分资产另行转让给买方的关联方等。在交易签约后交割前，双方变更了部分交易条件，包括买方注资从 3.95 亿美元减少到了 1.2 亿美元，但存续公司的债务从 12 亿美元提高到了 15.5 亿美元等。在交割时，存续公司的一些知名品牌也被低价分拆出售给买方的关联方。这一系列行为导致存续公司的剩余业务价值低于其债务总额，并于并购交易四年后申请破产。破产管理人随后代表无担保债权人对目标公司的前董事提起诉讼，声称他们违反了董事的信义义务（fiduciary duty）。对此，目标公司董事提起了驳回诉讼的动议。纽约州南区联邦地方法院拒绝了该等驳回动议，因为目标公司董事在明知危险信号的情况下（包括注资减少、债务增加、分拆优质业务并低价出售给买方关联方等），未对存续公司交割后的偿付能力进行合理调查，有可能构成信义义务的违反。[②]

② *In re Nine West LBO Securities Litig.*，505 F. Supp. 3d 292（S. D. N. Y. 2020）.

四、买方获得融资或替代融资的承诺

并购协议通常还详细规定买方为获得融资须采取的行动，包括：

（1）获得债务融资承诺函拟议的融资，包括维持融资承诺有效、协商最终文件以及促使融资的所有条件得到满足；

（2）如果债务融资承诺函中的融资条件得到满足，促使在债务融资承诺函项下融资到位；

（3）不得修订或终止债务融资承诺函使得融资金额减少，或者增加额外条件延迟或阻碍融资的实现；

（4）及时通知卖方与融资有关的重要事项，特别是债务融资承诺函或最终融资协议项下的任何违约；

（5）如果拟议融资不再可行，尽一定努力（如 reasonable best efforts 或其他标准）获得替代融资，且通常该等替代融资的条款不应对买方实质上更为不利等。

金融危机时，一些买方（在融资方的鼓励下）试图以无法获得融资或替代融资为由撤出受到危机不利影响的交易，导致卖方以融资方没有提供其承诺的融资为由起诉融资方。之后融资方（通常是大型银行）开始发展出一系列条款来保证融资方在并购交易中的安全和限制其责任，这些条款通常称为“Xerox”条款。[3] Xerox 条款

③ 之所以被称为“Xerox”条款，是因为该等条款在 Xerox Corporation，Boulder Acquisition Corp. 和 Affiliated Computer Services，Inc. 于 2009 年达成的并购协议中首次引起了市场的关注。

通常包括反向分手费是卖方在交易失败情形下针对买方及其关联方和融资方的唯一救济；如果并购交易未完成，卖方不得直接起诉融资方；任何与融资相关的争议将在纽约州法院根据纽约州法律审理并裁决（纽约州法律被认为对融资银行更为有利），且双方同意放弃陪审团审理；另外，融资方会要求明确禁止并购协议各方未经融资方事先书面同意以不利于融资方的方式修改上述条款，而且融资方是以上各种限制条款的第三方受益人等。

五、卖方配合融资的承诺

在杠杆并购交易中，融资方至少部分甚至可能全部依赖于被收购业务和资产提供未来还款的资金来源。因此，买方通常要求卖方在并购协议中对配合买方获得债务融资做出承诺。该等承诺需要双方的谈判，买方寻求确保其获得融资所需的所有信息，而卖方则寻求最少化其需做的工作，以控制其被买方指控违反配合融资承诺导致融资失败的风险。

具体而言，配合融资的承诺通常规定卖方有义务：

（1）提供历史财务报表和其他必要信息；

（2）协助准备融资相关的市场材料，包括银行信息备忘录、招股说明书或发行公告，以及路演、融资方或信用评级机构演示；

（3）促使目标公司的高级管理层参与融资方会议、尽职调查会议、路演以及评级机构会议；

（4）提供有助于抵押担保的信息；

（5）协助准备最终融资文件；

（6）为交割时将偿还的目标公司债务准备惯常的清偿函；

（7）同意买方在融资过程中使用目标公司的标识等。

在目标公司是上市公司并且融资方案涉及发行债券（公开发行或私募发行）的情况下，买方还会要求一个债务销售期间（marketing period）。通常这个期间是数个星期，比如20个日历日或工作日，但期间的起算与卖方和目标公司提供融资相关的必要信息（required information）相挂钩，只有卖方和目标公司提供了这些信息才能开始这个期间（通常还需要满足某些交割条件），并且期间的结束与交割相挂钩（只有期间结束后才能交割，以给予买方时间完成债务分销）。

除此之外，配合融资承诺通常还会限制卖方的配合义务，包括卖方没有义务配合如果该等行动将不合理地干扰公司运营、与公司组织文件或合同相冲突、产生买方无法偿付的费用，或可能导致其董事、高级管理人员或股东承担个人责任。同时，买方须偿付卖方履行该等义务发生的所有费用，并赔偿卖方及其关联方因相关配合行动而产生的任何责任。配合融资承诺一般还要求买方对向其提供的与融资相关的目标公司信息予以保密，或者在单独签署的保密协议中涵盖该等信息。

结　语

以上简要介绍了并购交易中的债务融资承诺函和并购协议中与债务融资相关的主要条款。这些条款经常随着融资市场的变化而产生变化，建议交易各方在设计交易结构，尤其在存在融资的交易中，与银行和融资的律师或专业人士保持充分沟通，及时了解市场的最新变化。

第 16 回　股权出资承诺函和有限保函

在上一回中，我们介绍了跨境并购中的债务融资，以及与之相关的债务融资承诺函和 SPA 中与融资相关的条款。在本回中我们将介绍跨境并购交易中的股权融资以及相关的法律文件：股权出资承诺函（equity commitment letter）和通常伴随出现的有限保函（limited guarantee）。

一、并购融资和收购主体

并购交易中，买方除使用自有资金外，通常还会向第三方进行融资。融资可分为债权融资和股权融资。债权融资的提供方通常是银行或其他金融机构，而股权融资的提供方通常是私募基金、风险投资基金和/或产业投资者等。

买方的融资安排是买卖双方都会非常关注的问题。对买方而言，融资的确定性和充足性关系着项目的成败，而融资的条款和条件又关系到收购完成后目标公司或资产的收益以及买方集团内部的权利义务分配等。在存在股权融资的交易中，除了主交易协议外，买方还要与股权融资提供方谈判股权融资文件，以保障其股权融资的确定性，这也是主交易协议之外的“分战场”。卖方也同样关心这个“分战场”。卖方关心买方是否有确定、充足的资金完成交易；

如果买方违约，是否具有支付反向分手费或承担赔偿责任的资金能力。并购交易中，买方经常会成立一家特殊目的公司（SPV）作为收购主体签署收购协议，履行收购协议项下的义务。这家特殊目的公司在买方注入资金、购得标的公司或资产之前，只是一个“壳公司”，只有法律上的公司形式，而无任何资产。“刺穿公司面纱”这样的法律工具，不能保证抓住收购主体背后真正的买方，仅与收购主体签约对于卖方来说缺乏确定性，风险较高。因此，卖方通常要求“壳公司”背后的买方（及其股权融资提供方）签署一份或多份严密的、有法律约束力的文件，承担对“壳公司”的资金支持义务。经过市场演化，逐渐形成了股权出资承诺函和有限保函两份惯常的文件。需要说明的是，在产业投资者作为买方的交易中，产业投资者有时使用具有资产和实质经营的主体签署并购协议，在此类交易中则无须股权出资承诺函、有限保函或类似文件。

二、股权出资承诺函

股权出资承诺函通常是由收购主体背后的真正买方（在私募基金作为买方的交易中，通常是 GP 或称为 Sponsor 的主体）或股权融资提供方出具给收购主体的信函，承诺在收购交割时，真正的买方或股权融资提供方将出资购买收购主体的股权，从而提供资金给收购主体用于完成收购。股权出资承诺函的核心条款包括以下内容。

（一）当事方

股权出资承诺函的出具方通常是收购主体背后的真正买方和/

或股权融资提供方，通常是收购主体的现有股东（或未来股东）。在存在多个股权融资方的交易中，各融资方通常会分别出具一份股权出资承诺函。当买方是一家资产管理公司但通过多个基金作为出资方的交易中，买方可能会出具一份股权出资承诺函，但列明各个基金作为承诺方，但多个承诺方之间不承担连带出资责任，只对自己负责的出资比例做出承诺，因为每个基金背后的 LP 可能是不同的。股权出资承诺函的接受方通常是收购主体，即“壳公司”，请注意卖方通常不是股权出资承诺函的接受方。在反向三角并购（reverse triangle merger）的交易结构中，股权出资承诺函的接受方通常是并购主体（merger sub）的母公司（通常称为 Parent Co.），因为并购主体将在并购交割时消失。

（二）出资承诺

承诺方向收购主体作出不可撤销的、有约束力的承诺，在先决条件满足时，将按照股权出资承诺函中承诺的金额向收购主体出资。通常而言，股权出资承诺函会约定，承诺方无义务为任何超出承诺金额的部分提供资金，并且其可在收购对价减少的情况下按比例减少承诺金额。作为卖方，审核股权出资承诺函时要确保各股权出资承诺函中的总计金额与其他形式的融资金额（如债权融资）之和足以支付收购对价以及相关的交易费用。

（三）先决条件

承诺方履行出资承诺的先决条件，通常包括交易文件的签署、交易文件中的交割先决条件已被满足或豁免、其他股权融资提供方同时履行出资承诺、债权融资同时到位和交易同时完成交割等。此处应特别关注与其他股权融资和债权融资的联动，作为卖方应寻求在其他融资方不履行出资义务的时候，只要卖方同时要求其他融资方履行出资承诺，则可要求该承诺方履行出资承诺。

（四）实际履行和第三方受益人

如前所述，股权出资承诺函的当事方不包括卖方，受限于合同的相对性，那么卖方该如何要求承诺方履行出资承诺呢？从买方角度，买方认为股权出资承诺函已经向卖方证明了真正买方的出资义务而拒绝给予卖方股权出资承诺函项下的执行权利。从卖方角度看，股权出资承诺函的作用不只是证明，而应该获得在必要情况下要求承诺方实际履行出资义务的权利，尤其是在主交易合同中，如果卖方争取到了实际履行（specific performance）的权利，则应确保该权利可以落到实处，即可以要求承诺方履行出资义务。该权利通常通过在股权出资承诺函中约定卖方是第三方受益人（third party beneficiary）来实现。这一条款是股权出资承诺函的核心条款，需要特别关注相关的条件和限制，并与主交易文件中的救济条款保持一致。

（五）终止条款

在股权出资承诺函中，我们经常见到如下条款，即股权出资承诺函将在以下事件孰早之时自动并立即终止：（1）主交易协议终止；（2）交割完成；（3）反向分手费的支付；（4）卖方、目标公司或其关联方直接或间接提起针对买方、承诺方或其关联方（通常是一长串的列举，包括之前、现在和未来的股东、实控人、董事、高管、员工、代理、管理人、GP 或 LP 或以上人士的关联方等）的法律程序（claim）等。作为卖方，需要特别关注以上条款，明确何时承诺方的出资义务将终止，尤其是在交易出现不利状况，卖方拟行使自己的救济权利时。卖方通常会谈判一个例外条款，称为保留诉求（Retained Claims），即卖方在提起保留诉求时，不会导致股权出资承诺函的自动终止。

在 *Realogy Holdings Corp. v. SIRVA Worldwide* 一案中，Realogy 将其某子公司的股权转让给 SIRVA，SIRVA 背后是私募基金 Madison Dearborn Partners（以下简称 MDP）。MDP 为本次项目出具了股权出资承诺函，同时还存在某银行出具的债权融资承诺函。在主交易协议中，Realogy 同意其仅可对 SIRVA 提出实际履行（specific performance）的诉讼请求。股权出资承诺函约定了在 Realogy 对 MDP 提出"非允许诉求"时自动终止。在项目临近交割时，SIRVA 主张目标公司的业务因为新冠肺炎疫情触发了重大不利影响（Material Adverse Effect，以下简称重大不利影响或 MAE）而不能满足交割条件。在接到 SIRVA 通知后，Realogy 提起了对 SIRVA 和 MDP 的诉讼，声称被告违反了交易协议项下的义务，要求实际履行。法院认定，按照股权出资承诺函的约定，股权出资承诺函将在卖方提起非允许诉求（Non – Retained Claims）时自动终止，针对 MDP 的违约诉求及要求 MDP 实际履行是非允许的诉求，所以股权出资承诺函自动终止；同时债权融资的交割条件是股权出资的同步落地，因为股权出资承诺函的自动终止，债权融资将无法到位。而在主协议项下卖方享有实际履行权利的条件之一是债权融资的同步到位，因为债权融资条件不满足，所以法院认定卖方不再享有要求买方实际履行的权利。[①]

（六）有限保函衔接条款

如果在交易中存在有限保函，股权出资承诺函通常包括一个关于该有限保函的条款，规定卖方在有限保函下的救济权利和卖方在股权出资承诺函下的救济权利是卖方针对承诺方的唯一救济。通常而言，本条款不是双方争议的条款，但卖方需确保其在有限保函下的救济权利是充分的和明确的。

三、有限保函

如前所述，有限保函通常与股权出资承诺函伴随出现，其核心逻辑是解决“壳公司”作为收购主体的履约能力问题。股权出资承诺函（与债权融资承诺函或其他资金来源一起）的功能是解决在交割发生时的资金来源，但是如果交易不能实现交割，那收购主体如何履行在交易协议项下的反向分手费和/或损害赔偿的支付义务呢？有限保函的功能就是解决在交易失败的情形下，买方如何承担违约责任的问题。

---

① *Realogy Holdings Corp. v. SIRVA Worldwide*, No. 2020 - 0311 - MTZ, 2020 WL 4559519 (Del. Ch. Aug. 7, 2020).

（一）当事方

与股权出资承诺函不同，有限保函通常是由收购主体背后的真正买方（在私募基金作为买方的交易中，通常是 GP 或被称为 sponsor 的主体）出具给卖方（或目标公司）的信函，卖方（或目标公司）是有限保函的当事方，可直接执行保函项下的权利义务。在存在多个买方的交易中，各买方通常会分别出具一份有限保函，每份有限保函约定保证方承担的保证数额或比例。当买方是一家资产管理公司但通过多个基金作为出资方的交易中，买方可能会出具一份有限保函，但通常列明各个基金作为保证方以及每个基金承担的保证数额或比例，基金之间不承担连带责任。在某些交易中，卖方可争取让同一 GP 管理的不同基金承担连带责任。

（二）保证责任

有限保函，顾名思义，保证人承担的保证责任是有限的，通常仅限于特别列明的金钱支付义务，而非保证收购主体在交易协议项下的所有义务。通常而言，保证的义务包括反向分手费、目标公司为配合买方融资而发生的费用和其他根据交易协议买方应承担的损害赔偿或金钱支付义务，而且有限保函通常会列明依据的具体协议条款而非仅列明承担保证责任的类别。另外，有限保函通常还会约定一个限额，限额的约定取决于交易协议项下卖方所能要求的救济措施（有关救济措施的更多介绍，可阅读本书第 10 回），在反向分手费作为排他性救济的交易中，保证责任的限额通常为反向分手费的数额。

（三）保证的性质

有限保函通常会约定保证人的保证责任是绝对的、不可撤销的、无条件的，而且卖方作为被保证人可以直接追究保证人的责任，而无须首先追究收购主体（SPV）的责任，英文的表述通常是 this Limited Guarantee is an unconditional guarantee of payment and not of collection。另外，有限保函通常还包括一些冗长的条款进一步约定保证责任不会因为被保证义务（guaranteed obligations）的变更、被保证人怠于行使权利、交易结构的变化、收购主体的破产或重组、针对收购主体或目标公司的抵销权或其他权利的存在或取得、目标公司有其他方式获得被保证义务的支付等发生减损，并且保证人在被保证义务被全部满足之前不能行使对收购主体或其他交易中利益相关方的代位求偿或者类似的权利。保证人通常也会争取对以上条款的例外，比如保证人可以对卖方主张收购主体在交易协议项下的抗辩事由，如果收购主体在交易协议项下的支付义务减少了，保证人的义务也相应减少等。

（四）无追索权

在有限保函中，保证人通常要求卖方承认收购主体的唯一资产为其在主交易协议项下的合同权利，并且其在拟议交易交割前其不会获得额外资金。有限保函通常会约定作为获得保证利益的对价，除保留诉求（retained claims）外，卖方、目标公司或其关联方不能直接或间接提起针对保证人或其关联方（通常是一长串的列举，包括之前、现在和未来的股东、实控人、董事、高管、员工、代理、管理人、GP 或 LP 或以上人士的关联方等）的法律程序（claim）。

基于以上限制，卖方应尽力争取尽可能广泛的保留诉求。保留诉求通常包括：（1）根据有限保函，要求保证人履行保证责任的诉求；（2）根据主交易协议，要求收购主体履行协议的诉求；（3）根据股权出资承诺函，要求承诺人履行出资义务的诉求；（4）根据保密协议，要求相关方履行保密协议义务的诉求等。如以上 *Realogy Holdings Corp. v. SIRVA Worldwide* 案例中所彰显的，保留诉求的定义非常关键，需要进行非常仔细、准确和详尽的约定，避免导致相关权利的丧失。

（五）终止条款

与股权出资承诺函类似，有限保函通常也包括终止条款。除惯常的终止事项外，卖方需特别关注与非保留诉求相关的终止条款。有限保函经常约定如果卖方、目标公司或其关联方提起了非保留诉求以外的任何诉求，保函将自始终止，视为从未发生效力，在有限保函下已经支付的款项应被退还。该条款与股权出资承诺函的终止条款的作用机制有所不同，而且市场中存在某些例外。例如，在 *Realogy Holdings Corp. v. SIRVA Worldwide* 案中，有限保函约定在 Realogy 提出“非允许诉求”时有限保函终止，但允许 Realogy 在收到 SIRVA 书面要求撤销案件的 10 个工作日内撤销案件予以补救。在该案中，因为 SIRVA 没有发出要求 Realogy 撤销案件的通知，Realogy 的补救权利（Cure Rights）没有被触发，后来双方达成了和解，MDP 向 Realogy 支付了反向分手费。假设在该案中不存在补救权利条款，则 Realogy 对反向分手费的权利也可能受到损害。

四、其他相关问题

（一）文件的形式

股权出资承诺函和有限保函采用的都是信函（letter）的形式，而不称为协议或合同，这是美国市场的惯例，但这并不影响其在法律上对出具方具有约束力和可执行的效力。但是，在不同的国家和地区，如果法律对于该等承诺有特殊的形式要求，比如必须明确为协议（如股份认购协议）或者契据（deed）格式的，则应该依照法律要求采取特定的形式。

（二）文件的修改

卖方应确保股权出资承诺函和有限保函不能未经其同意而被修改，尤其是股权出资承诺函，卖方通常不是当事方而只是第三方受益人。

结　语

股权出资承诺函和有限保函通常篇幅不长，看上去是相对简单的交易文件，但是它们有着非常重要和特别的作用。以上 *Realogy Holdings Corp. v. SIRVA Worldwide* 案例揭示了股权出资承诺函、有限保函与主交易协议之间的联动关系，以及相关条款对交易方权利的巨大影响。交易方应对每个交易文件都进行非常仔细和周密的思考和设计，并在依据这些交易文件行使权利或者采取特定行动时，仔细审阅相关交易文件的限制，以避免意料之外的后果和权利丧失。

延伸阅读

案例摘要 16 – 1

Realogy Holdings Corp. v. SIRVA Worldwide

No. 2020 – 0311 – MTZ，2020 WL 4559519（Del. Ch. Aug. 7，2020）

2019 年 11 月 6 日，Realogy Holdings Corp.（以下简称 Realogy）与 Madison Dearborn Partners（以下简称 MDP）旗下的 IRVA Worldwide，Inc（以下简称 SIRVA）签署了一项收购协议，SIRVA 同意以 4 亿美元的价格全资收购 Realogy 的旗下子公司 Cartus Corporation。MDP 作为 SIRVA 的股东，为此次交易提供了 1.25 亿美元的股权出资承诺函及有限保函。然而，在 2020 年 4 月，受全球新冠疫情的严重影响，SIRVA 声称疫情对目标公司 Cartus 的运营造成了严重打击，预测 Realogy 可能存在偿债困难，因而依据收购协议中的“重大不利影响”条款要求解除收购协议。

对此，Realogy 提起了诉讼，将 SIRVA 和 MDP 列为共同被告，要求法院确认 SIRVA 及 MDP 违约，并需继续强制履行完成交易或是赔偿反向分手费。然而，Realogy 直接起诉 MDP 并请求强制履行的诉求，导致了一连串连锁反应并阻碍了 Realogy 要求买方 SIRVA 继续履行收购协议并完成交易的可能性。

首先，根据 Realogy 与 MDP 签订的有限保函，Realogy 对 MDP

提起诉讼的权利受到了严格的限制，仅能针对“保留权利主张”（Retained Claim，即 MDP 对收购协议项下的 SIRVA 支付反向分手费的保证义务）主张有限保函下的权利。在本案中，Realogy 对 MDP 提起的确认违约及强制履行请求超出了“保留权利主张”的范围，因此构成了“非保留权利主张”（Non-Retained Claim）。按照协议条款，一旦发生这种情况，MDP 的股权出资承诺函将自动终止。根据有限保函约定，只有在 SIRVA 要求 Realogy 撤回非保留权利主张的起诉的前提下，Realogy 才能够补救因主张非保留权利主张而造成的股权出资承诺函终止的后果。然而本案中，由于 SIRVA 始终未向 Realogy 发出正式书面撤诉要求，因而即使 Realogy 后来尝试修订诉状，撤回针对 MDP 的非保留权利主张，MDP 的股权出资承诺函依然处于终止状态。

其次，Realogy 要求 SIRVA 履行收购协议并完成交易的权利，建立在债务融资到位的前提之上，而债务融资的发放又以 MDP 股权出资的成功实施为基础。由于 MDP 股权出资承诺函因 Realogy 对 MDP 提出非保留权利主张而自动终止，债务融资也因为股权出资承诺的失败无法按原计划到位，进而收购协议项下约定的交割条件将无法成就。

基于上述连锁反应，Realogy 便无法要求买方 SIRVA 继续完成交易，转而只能诉求终止交易并收取预先约定的反向分手费作为补偿。

第17回　托 管 协 议

一、托管概述

并购交易中的买方如果对卖方交割后义务（包括可能的价格调整和索赔）的履行能力存在顾虑、或者存在多个卖方如果逐一追索较为困难或烦琐，或是买方希望简化交割后获得相关款项的程序，那么买方通常会要求在交割时保留部分购买价格用于日后支付。同样，如果卖方对买方支付相关金额的能力存在顾虑［如盈利能力支付（earn-out）或延期支付购买价格等］，托管也可以用于保证买方义务的履行，不过用于保证卖方义务履行的托管更为常见。本文即以保证卖方义务履行的托管作为对象进行介绍。另外，在上市公司作为目标公司的交易中，因股东人数众多，通常不存在保证交割后卖方义务履行的托管安排（换言之，上市公司交易通常不存在价格调整或者交割后的赔偿安排）。

站在买方角度，买方更愿意自己预留款项（holdback）而非交由第三方保管，这样可以对资金有更大的控制权；但从卖方角度，卖方更倾向于由中立的第三方保管，以保障资金分配的公正性。实践中，跨境并购交易中的保留款项通常存放在商业银行或其他金融机构担任托管代理的专门托管账户中。[①]为设立该等托管，交易方需与托管代理签订托管协议，约定托管代理保管并分配托管资金所依据的条款和条件。

托管协议通常由买方的律师负责起草，但作为托管代理的商业银行或其他金融机构通常都有自己的模板，因此交易双方应尽早确定由谁担任托管代理，并要求其提供标准模板作为谈判和起草的基础。另外，托管协议通常在并购交割时才会签署，[②]但交易双方通常在签署并购协议时就谈好托管协议，并将定稿版作为附件附在并购协议之后。

二、买方和卖方的谈判要点

（一）托管账户的类别

是否存在托管、托管金额和托管账户涵盖的义务类型通常是托管相关的核心谈判点。这些关键点通常是商业谈判和主交易协议谈判的一部分，托管协议负责落实托管的运行机制。

就买方角度而言，买方希望设立一个托管账户，所有托管资金汇集到该账户，用于支付交易协议项下卖方的所有义务。从卖方角度，则希望对交易协议项下卖方的不同类型的义务设立不同的托管账户，每个账户对应不同的金额、存续期限和释放机制等，互相之

① 在少数交易中（通常托管的期限很短且/或金额有限），买方或卖方的律师也可能担任托管代理，以避免聘请托管代理需要花费的时间和金钱成本。

② 在签约时签署托管协议在部分交易中也会见到，但在签署托管协议后即会产生应付托管代理的费用，如果后续不能交割，这部分费用通常不能退还。

间独立，即某种类型的义务只能由对应的账户支付。取决于双方的谈判地位，市场中较为常见的是分类别的托管账户安排，通常分为价格调整托管、赔偿责任托管、税务责任托管等（依据交易情形，可进一步细分或集中）。在存在不同类型的托管账户的交易中，较为常见的是如果价格调整托管账户的资金不足以支付价格调整义务，允许从赔偿责任托管账户支取，但反之比较少见，可能的原因是价格调整托管存续的期间通常短于赔偿责任托管。

（二）托管金额

托管金额通常是交易价格的一定比例，买方希望尽可能高的托管金额，而卖方则希望越低越好。根据市场调研机构 SRS 的调研，2023 年在没有购买陈述与保证保险的交易中，市场的中位数比例是 12.5%（在不同年份，可能上下浮动）；在存在陈述与保证保险的交易中，中位数比例为 2.5%。[③]以上 12.5% 的托管比例指的是全部托管资金的规模占交易价格的比例，其中价格调整托管的比例可能在 0.5% 到 1% 左右，赔偿责任托管的中位数比例是 10%，其他还可能存在税务责任托管或其他特别事项的托管（视交易情况而有所不同）。在存在陈述与保证保险的交易中，赔偿责任托管的中位数比例是 0.5%。[④]

③　SRS Acquiom，*SRSA 2024 M&A Deal Terms Study*，https：//www. srsacquiom. com/our – insights/deal – terms/.

④　SRS Acquiom，*SRSA 2024 M&A Deal Terms Study*，https：//www. srsacquiom. com/our – insights/deal – terms/.

（三）托管期限

托管期限通常体现于托管释放日（escrow release date）的定义，即任何剩余的（不受限于诉求的）托管资金解付给卖方的日期。该日期通常与卖方陈述与保证的有效期限（survival period）保持一致，可能短至几个月，也可能长达数年。如果特定赔偿要求存在更长的有效期（如税务责任），买方通常要求在该等更长的期限内持有相关托管资金［关于陈述与保证的有效期限，可阅读本书第9回（赔偿条款）和本书第5回（陈述与保证条款与披露函）］。如前文所述，卖方通常希望针对不同类型的义务设置不同的托管释放日，对于存续时间较短的义务对应的金额可能得到更早的释放。另外，对于长达数年的义务对应的托管资金，卖方可以争取在此期间如果买方没有提出赔偿诉求，则可每隔一段时间释放一部分金额，而非将所有资金锁定到最后的释放日。当然，买方则希望尽可能留住更多资金至最后的释放日。

（四）托管资金的投资

如果托管的资金数额不高或者期限很短，双方通常约定托管资金可存入无息账户，以确保最大的安全性以及省却报税等烦琐事项。但如果托管的资金数额比较高或者存续的时间较长，则交易双方可能希望托管资金可用于投资并获得利息或其他收入。投资收入的归属是个商业谈判问题，但获得收入的一方通常需要承担税收申报的义务。从美国税收申报的角度讲，收入归买方是最简单的做法（也是交易中更常见的做法），但交易谈判可能会达成不同的结果，我们也见过投资收入归卖方或者双方分享投资收益的案例。另外，双方需考虑是否定期释放（自动释放或者按照双方的联合书面指示）一部分金额给承担纳税义务的一方用于纳税。另外，投资收入的归属也可能与托管费用的承担有所关联，比如可以约定投资收入归买方，买方承担所有的托管费用。

通常而言，托管资金的投资仅限于高流动性和低风险性的投资，比如由托管银行提供的货币市场或其他低风险投资。买卖双方一般共同向托管代理发出投资指示。在某些情况下，一方可能希望就投资能够单独向托管代理发出指示，那么另一方应确认托管协议中约定的投资产品或范围可以接受。

（五）托管资金的释放

托管资金的释放机制是托管协议的核心条款。通常而言，存在三种释放机制：一是买卖双方的联合书面指示（joint written instruction）；二是单方的释放指示（另一方无异议或者附有终局的法院判决或仲裁裁决的指示）；三是自动释放机制。交易律师需理清在其交易的托管协议中存在哪些释放机制，是否考虑到了所有资金释放的情形。通常而言，对于买方的诉求或者到期后的资金释放都需要买卖双方向托管代理发出联合书面指示。托管协议一般列明了应包含在联合书面指示中的相关信息，或者附上指示的模板，包括解付金额、解付对象、付款指示和税务信息等。

买方通常会争取在其发出书面索赔通知且卖方未在指定期限内就该通知提出异议后，特定托管资金即可按照其单方指示解付给买方；如果卖方就部分索赔主张发出异议通知，则托管代理应向买方分配无争议的部分资金，并继续保留有争议的款项，直至托管代理收到买方和卖方的联合书面指示或者按照终局的法院判决或仲裁裁决进行支付。

对于托管资金的最终释放，买方通常坚持按照双方的联合书面指示进行解付，而卖方则希望可以到期自动释放。对于存在自动释放机制的托管协议，作为买方需要予以特别注意，要确保对于存在争议的金额不能被自动释放，甚至可以考虑在双方存在争议的情形下，自动释放机制失效，所有解付都应按照双方的联合书面指示进行。对于卖方而言，要明确托管账户的剩余资金存在确定的释放日期或者释放机制，并确保协议的可执行性。在 *NIU Holdings LLC v. AT&T Mobility Holdings*, *B. V.*（*In re NIU Holdings LLC*）案中，法院认定买方在约定的税务审计事项解决后拒绝签署联合解付通知书的行为构成违约，并判定买方赔付卖方自其违约之日起的利息。⑤

另外，交易律师还需注意托管协议应该明确约定任何一方发给托管代理的通知都应该同时发送给交易的另外一方，以避免任何遗漏或被滥用。虽然这听上去理所当然，但我们在交易中见过缺失类似条款的先例。

（六）股份对价托管

大部分托管安排托管的都是现金，在以买方股票支付购买价款

---

⑤ *NIU Holdings LLC v. AT&T Mobility Holdings*, *B. V.*（*In re NIU Holdings LLC*），624 B. R. 22（Bankr. S. D. N. Y. 2020）.

的交易中，双方也可能托管部分股票对价。此时，需要注意协调托管代理与股份转让代理（transfer agent）之间的衔接。股份托管的关键是协商托管代理如何持有托管股份，主要有两种方式：一是以托管代理的名义持有一份股份证书；二是基于托管资金归属方的股东的所有权比例，以每位股东的名义持有股份证书。第一种方式更方便操作，现实中使用的也更多。

（七）托管费

托管费即托管代理收取的服务费，与托管资金的金额和期限有一定关系，但与交易价格相比通常不是一个很大的数字。如果交易方与作为托管代理的银行关系良好或有其他业务关系或者托管资金不计息或者不进行投资，可以争取免除托管费用。如果需要支付托管费用，卖方经常要求买方承担全部托管费用，因为是买方要求设立托管。视议价能力、托管费用的数额以及托管资金投资收入的归属分配，买方可能要求买卖双方分担托管费。

三、托管代理的权利和义务

托管协议是一个三方协议，除买卖双方外，托管代理也需要认可托管协议的内容。通常而言，买方和卖方先就基本的托管安排达成合意，然后发给托管代理审阅。托管代理审阅的重点是确保其所有职责和义务均在托管协议中予以明确规定且无须结合主交易协议另行确定；其不承担在履行职责过程中发生的任何责任，除非是其故意不当行为、欺诈或重大过失造成的直接损失；其运营要求和程序在托管协议中清晰明确，如指定授权代表的要求和资金支付程序等。

托管代理通常会坚持一些限制其责任的标准条款，常见的条款包括：

（1）免除任何信义义务（fiduciary duty）或其他隐含的责任或义务，并声明对交易双方之间的其他协议条款不知情；

（2）托管代理能够善意地依赖双方指定授权代表的书面指示行事；

（3）明确托管代理就托管协议条款或其职责咨询律师或其他专业人士的合同权利，且不对根据律师建议采取的任何行动承担责任；

（4）免除就投资决策建议或推荐的责任或义务，且不对各方因其投资决策而遭受的任何损失承担责任；

（5）要求对托管代理的所有指示采用书面形式，并由发出方的指定授权代表签字。对于法院判决或仲裁裁决，要求交付方证明其终局性和可靠性；

（6）规定托管代理不对任何间接、惩罚性或后果性损失或损害承担责任等。

当然，托管协议的某些涉及托管代理的条款是有谈判空间的，例如托管代理就其所受损失对托管账户是否有留置权和抵销权、买卖双方对托管代理的责任是否是连带责任、交易方能否转让其在托管协议项下的权利义务、托管代理如欲辞职需提前多长时间通知以及管辖法律是托管银行所在地法律还是与主交易协议的约定保持一致等。

结　语

在 SRS Acquiom 调研的 2023 年在以非上市公司作为目标公司的交易中，91.5% 的交易存在一种或以上的托管或预留（hold-back）安排，67% 的交易存在赔偿责任托管安排，60% 的交易存在价格调整托管安排。[6]

托管协议通常是交易当中的附属协议（ancillary agreement），篇幅通常不长，也不会很复杂，但交易律师应把握好以上提到的要点，尤其是托管资金释放机制，确保不存在遗漏情形或漏洞，并做好与其他交易文件的衔接。

---

⑥ SRS Acquiom, *SRSA 2024 M&A Deal Terms Study*, https://www.srsacquiom.com/our-insights/deal-terms/.

第 18 回　财团联合体协议

大型并购交易通常所需资金量大，单一买家有时难以完成，此时可能引入更多买家，组成财团联合体（consortium，以下简称财团）以完成交易。有时交易所需资金量并不大，但交易结构复杂，需要投入多种不同资源或者技能，或者需要在交易完成后对目标公司的业务或资产进行拆分，此时也可能形成财团参与交易。为约束财团成员之间的关系，财团成立时通常签署财团联合体协议（consortium agreement，以下简称财团协议），有时也称为临时财团联合体协议（interim consortium agreement）。财团协议通常在财团成立时签订（可能在交易发起时，也可能与正式交易协议同时签署），仅在交易过程中存续，在交易交割时，通常被正式的股东协议或者投资者协议取代。

一、财团交易概述

财团联合体交易（consortium deal，以下简称财团交易），又称俱乐部交易（club deal），是一种多家 PE 或战略买家共同收购目标公司控股权的交易。财团交易通常会涉及比较复杂的法律、财务和战略问题，参与者需要谨慎和仔细筹划。

对于卖方而言，需要考虑允许买方形成财团是否有助于推高交易价格，或者有助于交易的成功。允许买方联合投标，可能吸引本来无力独自投标的人加入交易，推高价格；但是，从另一个角度讲，允许买家联合投标，则会降低潜在买家的数量，使得竞标流程的竞争性降低，关于竞标流程的具体介绍，请参见本书第 2 回。通常而言，买方的标准保密协议会禁止买方“串通”，关于保密协议的具体介绍，请参见本书第 1 回。卖方需要评估交易的竞争性和融资的可获得性，综合判断是否允许买家联合投标；在某些情形下，卖方可能会主动组织买方联合投标，比如不同买家可能对目标公司不同的业务板块感兴趣，缺少可以提供整体方案的单一买家，联合投标可能会为卖家提供“一揽子”的解决方案。

对于买方而言，组成财团可以降低独自收购的资金支出，但也会相应降低回报；同时买方还需要考虑财团对获取并购融资的影响，以及组成财团是否可以带来更多资源或者技能，使未来目标业务的运营更有可能成功。另外，买方还需要考虑财团对获得监管审批的影响，是更容易获得监管审批还是会增加获得监管审批的难度。

财团交易曾经在大型交易中较为常见，但近年来有所减少，这与市场的周期变化相关，如并购融资市场的起伏，但同时财团交易在近些年也受到了政府调查或者司法挑战，质疑参与者合谋压低交易价格，涉嫌违法。[①]但有市场研究机构的调研结果显示，财团交易

① *Dahl v. Bain Capital Partners*，*LLC*，937 F. Supp. 2d 119（D. Mass. 2013）.

能够在一定程度上提高目标公司在收购后的运营表现以及退出价值，[②]因此财团交易仍然是市场中常见的交易结构。在涉及中概股私有化的交易中，我们经常会遇到财团协议，通常是目标公司的创始人与某些 PE 基金形成财团，对目标公司发起私有化交易。

二、财团协议的主要条款

财团协议通常在财团成立时签订，用于规范财团成员之间的关系，通常财团协议会涵盖各成员的出资比例、决策机制、保密和信息共享、排他安排、监管审批和努力标准、交易费用分担、补偿、财团的加入和退出以及违约责任等方面。

（一）决策机制

财团成立后，需要对交易流程中的一系列事项做出决定，通常包括交易价格、交易条件、交割条件是否成就、股权出资的执行、融资价格和条件、交易顾问的聘请以及是否对卖方提起诉讼以保障财团在交易协议项下的权利等，以及交易后的重要安排，如管理层激励以及未来的董事会和表决权安排等。虽然财团协议仅在交易当中存续，在交割时将被股东协议替代，但是交易后的决策机制通常会沿用财团协议的约定，因此一个兼顾各方利益但又高效的决策机制是非常必要的。

---

② Wylie Fernyhough & Darren Klees, *Taking a Fresh Look at Club Deals an Analysis of the Evolution of Multi-sponsored Buyouts*, PitchBook（Sept. 25，2018），https：//www.theleadleft.com/wp-content/uploads/2018/09/PitchBook_3Q_2018_Analyst_Note_Taking_a_Fresh_Look_at_Club_Deals.pdf.

财团协议的表决权安排取决于财团成员的结构。比如财团成员数量仅有两位或三位且出资比例接近时，通常每位投资者都有表决权，表决事项需要获得投资者的一致同意。但如果财团成员有多位时，则一致同意将会给每位成员否决权，很可能带来财团决策效率的降低和出现僵局，此时通常会要求财团决策实行多数决或者大多数决，具体比例由成员商讨决定，但应避免给予个别成员否决交易的权利。如果在财团中存在一个主导成员，其出资份额显著高于其他成员，则可能由该牵头成员进行单独决策，但同时给其他成员一定的保护，比如对某些重大事项的否决权。这些否决权通常涵盖交易价格的更改，特定交割条件的豁免或者交易条件的变化对某财团成员有特别的影响等。

决策机制的设定还要考虑可能的利益冲突情形，尤其是在财团成员包括战略投资者的情形下。比如财团中包括一名同行业的战略投资者，在并购交易完成后，该投资者计划购买目标公司的某块业务，则需要设计好决策机制，包括该战略投资者在相关财团决策时是否需要回避等。

另外，财团还需要考虑可能出现的僵局以及如何解决僵局。如个别成员行使否决权导致财团决策无法做出时，其他成员可有权终止该异议成员的继续参与，同时财团需要考虑因该成员被终止而出现的资金缺口如何弥补等问题。僵局解决机制的设计可以有效降低僵局发生的可能性。

（二）保密和信息共享

财团协议通常包含保密条款，要求对交易中接收到的和产生的信息保密。另外，卖方通常会跟每个财团成员签订一份保密协议，以使得卖方可直接针对每位财团成员行使保密协议的权利。

财团协议通常包含合作及信息共享的条款。在财团交易中，财团成员通常需要确定如何对目标公司进行尽调，即由哪一方牵头进行尽调，并且通常会统一出口，即仅由牵头方跟目标公司进行联系。牵头方将在收到目标公司的信息后及时在财团内部进行共享，财团成员的跟进问题由牵头方统一与卖方或目标公司进行沟通。另外，如果交易涉及证券法下的公开披露，还需特别的条款要求各财团成员提供必要的披露信息以及确保信息的准确。财团协议通常还会规定发布新闻稿或者类似通讯时的协调机制，以确保信息的一致性。

（三）排他安排

为了保证财团的稳定和鼓励财团内部的信息共享，财团协议通常会包含排他性条款。该条款通常会约定，在财团协议存续期间以及个别成员离开财团后的一段时间内（如6~12个月），财团投资者：（1）不得提起对本次收购的竞争性提案；（2）不得参与或制定其他财团对本次收购的竞争性提案；（3）不得为竞争性提案提供信息；（4）不得为竞争性提案提供融资支持；（5）不得收购或处置目标公司的股份；（6）不得采取其他任何可能影响财团协议或者本次收购的行动，或诱使其他人从事上述活动；（7）立即停止所有可能构成竞争性提案或者与竞争性提案相关的活动、讨论或接触等；（8）如果财团成员收到了任何竞争性提案的信息或问询，应及时通知财团其他成员等。

如果财团成员中包含了目标公司的现有股东，则现有股东还需要承诺将在目标公司的决策程序中投票支持本次交易，这在中概股私有化交易中是普遍存在的。但是，这时应注意美国证券法下的披露义务，是否触发 13D 表格（Schedule 13D）③ 及其相关规则下的披露，以及是否构成了一个团体（group）。在私有化交易中，还需要注意美国 1934 年《证券交易法》规则 13e-3 的披露要求。

（四）监管审批和努力标准

并购协议通常会包含监管审批条款，要求交易方尽到一定标准的努力以取得监管审批，关于监管审批的更多介绍可参见本书第 7 回。财团协议中通常会对财团成员作出同样或者更高的要求，最低的努力程度标准不能低于并购协议的努力标准。

财团交易可能给监管审批带来复杂的影响，尤其是存在与目标公司同行业的战略投资者参与的情形下。一方面，同行业的战略投资者参与财团可能会给交易的反垄断分析带来实质性影响，同时尽调过程中也要符合反垄断法的要求；另一方面，如果交易方预见到交易可能存在的监管审批问题，财团成员的某一方可以作为接收

③ Schedule 13D 是美国证券交易委员会规定的一种报告文件，要求投资者在持有某个上市公司超过 5% 的股份时提交。该文件要求投资者详细披露其持股信息、持股目的以及对公司治理可能的计划或提议，从而增加交易的透明度并保护小股东的利益。关于 Schedule 13D 的详细讨论，请见本书第 24 回。

方，接收目标公司拟剥离出来的资产，则可以为监管审批提供预制的方案（fix-it-first），可能促进监管审批。当然，监管审批不限于反垄断审批，还可能涉及外商投资审批和特别的行业监管审批，需要仔细分析财团成员的构成对每项所需监管审批的影响。

财团协议还需要规定，如果为获得监管审批之需要，财团成员应同意对其权利所做的调整，通常会修改或者移除某成员的投票权、董事会席位或者参与公司治理的其他权利，如对特定信息的知情权等；在某些情形下还可以降低某成员在财团中的股份比例甚至终止该成员继续参与财团，以获得必要的监管审批。

（五）交易费用分担和补偿

财团交易通常都是较为复杂的交易，通常需要聘请多名顾问，包括财务顾问、律师和会计师等。通常而言，财团成员大多有自己的律师，以谈判和签署财团协议，这些费用经常是由各财团成员自己承担。对于财团成立后聘请的财团的顾问费用，则财团协议通常约定，如果交易成功，则由目标公司承担；如果交易不成功，则按照财团成员的拟出资比例进行分担；如果卖方支付了分手费，则交易费用应优先从分手费中抵扣，若不足，则由各成员按比例支付，如有剩余，则按比例进行分配。对于提前退出的财团成员，他们通常需要按比例承担退出前已经发生的费用。

在财团成员包含多家私募基金时，他们通常需要各自出具有限保函，以担保在交易失败的情形下，反向分手费的支付，关于有限保函的更多介绍可参见本书第 16 回。取决于有限保函的具体规定，如果卖方或者目标公司仅向部分财团成员追索反向分手费，则财团协议可约定其他财团成员应按比例承担反向分手费，给被追索的财团成员补偿（contribution）。

（六）加入和退出财团

在财团仅有少数成员（如两到三名）的情形下，财团协议可能约定任何一方不得退出，也不能转让其份额。但在大型交易中，所需资金量很大，尤其是财团成员数量较多的情形下，财团协议经常约定财团成员可以转让他们在财团中的份额，但是有些财团协议可能附加一些条件，比如允许转让的最大金额或比例，其他成员的优先购买权、拖售权或随售权，允许转让的期间、对受让方的限制等。

在并购协议签订后，通常而言财团成员将不能转让份额，除非获得其他财团成员的一致同意，因为其他成员要承担该成员退出导致的收购资金的缺口。另外，在并购协议签订后，财团份额的转让还可能需要获得目标公司的同意，因为卖方要确保交割的确定性和及时性，以及交割后价格调整款项的支付。如果存在并购融资，财团份额的转让还可能需要获得融资方的同意。

（七）违约责任

当某财团成员发生违约时，其他成员通常有权利要求其实际履行（specific performance），包括取决于股权出资承诺函的具体条款，其他成员有权提起诉讼，要求违约成员履行其出资承诺，或者终止该成员继续参与财团。但是，违约可能耽搁并购交易的进程，如果财团不能及时找到替代资金完成交易，则可能构成违约并需要支付反向分手费。在此种情形下，财团协议通常约定违约成员承担全部的反向分手费，并可能承担财团发生的费用和给其他成员造成的损失等。

（八）其他特别事项

当财团的成立有些特别的事由，比如对并购完成后目标公司的业务或者资产（如知识产权）进行拆分，则需要在财团协议中进行约定，如何拆分这些业务或资产，并处理由于拆分而引起的其他问题，包括税负分担、融资安排、人员分流、不竞争的承诺等。很多情况下，财团协议对这些拆分事项的约定是原则性的，在后期的交易协议中会进行进一步的细化或者补充约定。

结　语

财团交易通常都是大型的复杂交易，交易体量大，交易结构相对复杂，通常需要很多专业顾问的参与，交易成本较高。但是，有效设计的财团结构和财团协议可以降低参与者的风险，实现单个成员独自无法完成的交易，并结合各财团成员带来的资源和技能，使得目标公司实现更好的成长，以及实现更高回报的退出。

延伸阅读

案例摘要 18－1

Dahl v. Bain Capital Partners，*LLC*

937 F. Supp. 2d 119（D. Mass. 2013）

本案系围绕2003年至2007年一系列上市公司杠杆收购交易（leveraged buyout，以下简称LBO）引发的法律争端，原告为被收购目标公司的原股东群体，而被告则是包括Apollo Global Management LLC（阿波罗）、Bain Capital Partners，LLC（贝恩）、The Blackstone Group L. P.（黑石）、The Carlyle Group，LLC（凯雷）、Goldman Sachs Group，Inc.（高盛）、Kohlberg Kravis Roberts & Company，L. P.（KKR）在内的十家知名大型私募股权投资公司，这些公司在不同的争议交易中有选择性地参与其中。

原告指控，被告们在该系列交易中展现出了一种系统性和连贯性的默契与共谋行为，旨在分割并购市场、操纵LBO交易中的证券定价，由此损害了目标公司原股东的利益，并扰乱了正常的交易秩序，涉嫌违反了美国《谢尔曼法》（Sherman Antitrust Act of 1890）第1节有关禁止垄断和不公平竞争的规定。

此案不仅是对个案中私募基金交易行为的挑战，更是对大型私募基金（mega-fund）行业的交易规则的整体性司法挑战。在LBO

交易中，目标公司通常采用公开竞标或独家谈判后再行市场询价的方式，以期通过引入竞争提高对股东的出价。然而，在涉及巨额交易的大型上市公司收购案中，潜在的主要市场竞争者往往局限于包括被告在内的少数几家大型私募基金之间。这些基金在交易中既有竞争也有合作（尤其是通过组成财团联合体进行财团交易的形式）。

尽管法律上认可私募基金组成联合体进行财团交易的行为，但在2003年至2007年的多起争议交易中，原告指出，被告私募基金之间频繁表现出来的对彼此投资项目的回避行为引发了对其是否违反《谢尔曼法》第1节关于禁止垄断和不正当竞争规定的疑虑。具体表现为以下几个关键事实：

（1）某被告内部高管在某项争议交易中透露，一方被告获得了另一方的默认不介入承诺，这揭示了行业内类似行为可能相当普遍；

（2）在独家交易（proprietary deals）的询价阶段，罕见有第三方私募基金涉足已被披露交易的竞争报价过程，这一现象很可能已固化成为行业内部的一种习惯做法；

（3）高盛集团的高级管理人员在一次特定交易中证实，行业内所谓的“俱乐部礼俗”实质上束缚了各私募基金的竞价行为，即行业内默认不互相争夺投资项目以避免抬升交易成本。

基于上述证据，法院认为，在这一系列交易中，各被告之间可能形成了一种隐性的“不竞争协议”，他们默契地避免对彼此拟投资的目标公司进行竞争性投标，这种行为旨在压低交易价格，超出了正常市场竞争的边界，可能构成行业内部的垄断行为。在法院驳回了被告的简易判决（summary judgment）动议后，各被告最终选择了与原告达成和解协议。

第 19 回　股 东 协 议

在前一回中，我们介绍了财团联合体协议。如前回中提到，财团联合体协议仅在交易过程中存续，在交易交割时，通常被正式的股东协议或者投资者协议取代。本期我们将聚焦于股东协议，有时也称为投资者协议。在本书涵盖的交易文件中，股东协议可能是变化最多的一类交易文件。交易情况不同，股东类型不同，股东持股比例不同，战略目的和退出策略不同等诸多因素造成了股东协议千差万别，主要条款的差异也很大。本书介绍的股东协议类型偏向于控股型收购，并且收购方由两家或者多家组成，其中一方是主导方，其他方（可能是小股东、管理层股东或者有 equity kicker 的融资方等）的股权比例相对较低。请注意本书讨论的股东协议与少数股权融资交易中的股东协议和双方持股相当的合资企业的股东协议（或称为合资协议）存在较大的区别，请谨慎参考。

一、股东协议简介

在形式上，股东协议既可以是一份综合性的长式协议，又可以是股东之间达成的一系列单独协议的统称。取决于交易方的需求以及交易习惯，股东之间可能达成的单独协议主要包括投资者权利协议、投票协议、股权转让协议、注册权协议及保密协议等。无论是分散在各个单独协议还是整合在一份完整的协议中，股东之间的约定条款主要围绕股东的各项权利义务展开，大致上可以分为以下几个大类：（1）公司治理；（2）保持股东结构稳定的条款；（3）退出机制；（4）其他约定（公司僵局、商业机会豁免等）。

需要特别注意的是，与其他交易文件相对自洽不同，股东协议的起草和谈判需要关注其与公司注册地的法律（statutes）、公司章程（特拉华州称为 certificate of incorporation，有些州称为 articles of incorporation 或者 articles of association）、章程细则（bylaws）等公司组织文件的协调关系。公司章程类似于公司的宪法，对公司、股东和经营管理人员都有约束力，通常需要在公司注册处进行备案，并可为公众查询。对于非上市的美国公司而言，以特拉华州为例，公司章程需要在州务卿处备案，[①]但章程细则无须备案。[②]出于保密的需要，非上市公司更倾向于采用短式的（short-form）公司章程，仅包含公司名称、注册地址、已授权发行的股数等涉及公司根本性事项的信息，并将具体的关于利益分配或退出的约定放入章程细则或股东协议中。在某些交易中，股东方可能会采用长式（long-form）的公司章程，将涉及股份类别、不同类别股份所享有的不同权利、优先认购权等都写入公司章程；写入公司章程，可能有更强的保护力，并起到公示的效果。除了涉及公司根本性事项的信息以外，其他内容是写入公司章程，还是写入章程细则或股东协议，则

---

① 美国《特拉华州普通公司法》第 101 条、第 103 条和第 105 条。

② 美国《特拉华州普通公司法》第 109 条。

没有法定标准，视交易情形和市场惯例而定。

与公司章程和章程细则不同，股东协议通常是各股东之间签署，仅对签署的股东具有约束力；但有时股东协议也涉及公司的权利和义务，公司也是签署方，此时股东协议对公司和签署的股东都具有约束力。一般而言，如果存在强制性的法律规定，则以该法律规定为准；另外，如果公司章程或者章程细则存在规定，股东协议则不得与该等组织性文件相冲突，股东协议是对强制性法律规定、公司章程和章程细则等组织性文件的补充。③

二、股东协议的主要条款

（一）公司治理

公司治理条款反映了股东间就公司运营和管理相关事项的权利分配。该等权利分配会受到许多因素的影响，其中最直接的是股东之间持股比例的差距。如果一家公司几乎所有的股权都被大股东控制，那么大股东会倾向于不与其他股东签署股东协议，而是直接依据公司法或者公司组织文件对公司进行治理。但具有一定话语权的小股东通常会要求与大股东谈判和签署股东协议，股东协议的大部分内容是对大股东权利的限制，以防止大股东滥用对公司的控制权而损害小股东的权益（部分条款可能对大股东更为有利，比如拖售

③ 参见 *Schroeder v. Buhannic*，No. 2017 – 0746 – JTL（Del. Ch. Jan. 10，2018）。该案中原告股东主张依据股东协议中的约定，公司的 CEO 应由股东任免。特拉华州衡平法院拒绝支持股东的诉求，理由是公司章程细则中规定公司的管理层由董事会任免［与美国《特拉华州普通公司法》第 142（b）条的规定一致］，股东协议的效力不能逾越公司章程和公司法的规定。

权和公司/大股东享有的优先购买权等）。

常见的公司治理条款主要包括董事会组成及管理层任免、股东或董事同意事项、信息权和检查权等。

1. 董事会组成及管理层任免

董事会是负责公司日常经营管理的机构，其人员组成是公司治理的核心条款之一。董事会的其他事项通常会在公司章程或者章程细则中进行规定，例如董事会议召开的法定人数和间隔期限、董事的权力、董事会表决的程序等。根据美国大多数州的公司法，除非公司章程中另有规定，股东无权指定某个人进入公司的董事会，每一位董事都应通过多数股东投票产生。为了保证董事会的组成能够符合股东之间达成的安排，股东协议会要求所有签署股东以其持有的全部股份投票选举股东协议中约定的由特定股东提名的董事，这种安排被称为投票协议（voting agreement）。[④]与投票协议配套，股东协议中通常还会约定被特定股东提名选举的董事只能由该等特定股东免职（无论是否因故），且空缺的董事席位仅能由该等特定股东重新提名人选填补。另外，为了控制董事会的规模，避免大股东单方面扩大董事会架空少数股东任命的董事（行业内称为 board

---

④　在一些特殊情况下，即使存在关于选举某一特定董事的协议，法院会支持公司施加股东协议中没有约定的“合理条件”。参见 *Partners Healthcare Sols. Holdings, L. P. v. Universal Am. Corp.*，No. 9593 – VCG（Del. Ch. June 17，2015）。在该案中，由于股东指定的董事同时是另一起针对公司的欺诈诉讼中代表该股东的法律顾问，与公司构成了利益冲突。特拉华州衡平法院允许该公司董事会基于信义义务对该董事的委任施加额外的利益冲突和保密条件。

packing)，股东协议还可以对董事会的组成人数进行约定。

在持股比例较低，无法取得委派董事权利的情况下，小股东可以争取提名一位不具有投票权的观察员（observer），观察员可以参与董事会议，并获得董事会资料。另外，尽管大部分公司的章程都会按照公司法的要求规定公司管理层由董事会任免，但不排除有些股东协议中会针对公司管理层中重要的职位（如CEO、CFO、CTO等）的任免权进行特别约定，此时尤其需要注意避免该等约定与公司章程的冲突。⑤

2. 股东或董事同意事项（保护条款）

美国大多数州的公司法都规定了对小股东最低限度的保护。以美国《特拉华州普通公司法》为例，第216条规定除了董事选举需要获得相对多数（plurality）股东投票支持以外（获得最多票数的人当选），其他提交给股东会表决的事项（如公司合并、解散、将董事解职等）需要经过半数以上有表决权股东投票通过；第203（a）条规定，如果公司与利害关系股东进行合并则需要达到更高的标准，此条款是为了防止公司被敌意收购，但公司可在公司章程中选择不适用此条款（opt-out）。除依赖强制性法律的保护外，在交易中部分小股东可能会要求在股东协议中就某些重大事项增加额外的保护。常见的条款包括要求特定重大事项需要经过全部股东或是

---

⑤ 根据美国《特拉华州普通公司法》第142（b）条，高管的选定方式和任期应当由公司章程规定或由董事会决定。所以除非对公司章程作出同步修改，否则股东协议中关于管理层任免方式的约定可能是无效的。

超级多数（supermajority，例如 2/3 以上或使小股东获得否决权的一个比例）股东表决同意，或是要求在股东协议中列举一份详尽的重大事项清单，凡是公司或董事会拟采取清单中列举的任何行动，必须事先获得特定股东、特定股东委派的董事或者特定多数董事或股东的同意。这样的条款也通常被称为保护条款（protective provisions or reserved matters）。在实践中，保护条款的具体事项及投票标准的谈判往往是拉锯战，并与公司的业务运营紧密相关。尽管保护条款的内容有市场中的惯常做法（不存在法定标准），但不同交易中仍然存在巨大差别，有的只有修改公司章程、公司合并、破产等根本性的数项内容，有的则多达几十或上百项，涉及公司运营的方方面面。

3. 信息权和检查权

尽管美国大多数州的公司法都规定了股东享有检查公司账簿和记录的权利，⑥但小股东可能希望进一步要求公司向其提供更多的信息和文件。信息权项下涵盖的材料通常包括公司的年度财报、季度和/或月度财报、年度预算、业务计划等。股东协议还可能授予股东额外的实地考察公司经营场所、账簿和记录以及与公司管理层访谈的权利。作为限制，大股东会希望设置一定的持股比例门槛，当小股东的持股比例低于该门槛时其享有的权利将丧失。

---

⑥ 美国《特拉华州普通公司法》第 220 条。

（二）保持股东结构稳定的条款

股东协议通常存在于非上市公司。非上市公司通常具有一定的人合性，出于维系股东之间合作关系及公司控制权稳定的需要，大多数的股东协议中都会用较大篇幅约定与保持股东结构稳定相关的条款，包括股权转让同意权、优先购买/要约权、优先认购权等。对于并购完成后取得了公司控制权的大股东而言，通过这些条款一方面可以防止少数股权的集中，确保大股东对公司的控制权；另一方面，如果管理层是小股东，则还可以维持和激励管理层持续为公司做出贡献。小股东也可以通过这些条款防止自己被动接受大股东的更换或者自己的持股比例被任意稀释。

1. 股权转让同意权

股权转让同意权，指特定股东转让其股权必须事先取得其他股东或公司的同意，是较为严格和直接的一种股权转让限制。取决于交易的具体情况，大股东和小股东都有可能受制于其他股东或公司的同意权；但通常而言，大股东不会接受其股权转让需要小股东的同意，这种严格的股权转让限制对于管理层股东更为常见。对于非管理层的小股东，股东协议中通常并不会对其股权转让施加直接的同意权限制，但可能会限制他们向公司的竞争对手进行转让，并受制于其他限制，如优先购买权或优先要约权。

2. 优先购买权和优先要约权

优先购买权（right of first refusal，ROFR）和优先要约权（right of first offer，ROFO）是一对十分相近但又常被混淆的股权

转让限制条款，它们都赋予了拥有该等权利的股东（也可能是公司本身）在其他股东完成股权出售交易前优先购买拟出售股权的权利。二者的主要区别在于通知和行权的时间点：优先购买权要求拟出售股东在收到第三方购买要约后通知各个优先购买权人行权；而优先要约权要求拟出售股东在开始出售流程前应先通知各优先要约权人，在没有第三方要约的情况下向各优先要约权人发出出售要约或招揽购买要约。

对于优先购买权而言，拟出售股东在向优先购买权人发出要约之前需要首先与第三方进行谈判，但只要优先购买权人在收到优先购买权通知后，发出条件相同或更好的要约（如同等条件下只高一美元的要约），则优先购买权人即可获得交易。因此，第三方在知道存在优先购买权人的情形下与拟出售股东进行谈判的意愿将会大大降低，因为其辛苦谈判达成的交易可能被优先购买权人拿走。

反观优先要约权，拟出售股东有意出售股份时可向优先要约权人发出要约，优先要约权人需要在没有第三方要约对标的前提下，做出是否接受要约的决定。如果优先要约权人拒绝接受出售要约，则出售方需要在一定时间内以不优于该等出售要约的条件向第三方出售。在优先要约权人拒绝接受出售要约的情形下，第三方不会担心自己辛苦谈判达成的交易会被拿走，因此第三方更有动力与拟出售股东进行谈判。对比优先购买权和优先要约权，尽管两者功能相近，但受限于优先购买权的股份所受到的流动性限制更大，在实践中往往对出售流程产生重大影响。

在公司和股东都享有优先购买/要约权时，股东协议需要明确公司和股东行使的先后顺序。对于控制权收购交易而言，因为公司处于大股东的控制之下，公司在先的顺位会对大股东更为有利，反之则有利于小股东。享有优先购买/要约权的股东通常可以根据他们之间的相对持股比例（pro rata）购买拟出售股权的额度。为了保证优先购买/要约权可以得到充分行使，股东可能会约定超额购买权（over allotment），即由已完全行权的股东/公司进一步购买在第一轮权利行使中剩余未被购买的拟出售股权，但应注意超额购买权通常会延长交易流程，给出售股东带来较大的不确定性和时间压力。

3. 优先认购权

优先认购权（preemptive right）是一项反稀释机制，赋予股东在公司未来股份发行中按比例认购一定份额股份的权利，以维持现有股东的持股比例。优先认购权可以防止大股东通过控制公司增发股份稀释其他股东。需注意，在美国大部分州优先认购权并非一项法定的权利（不同于中国公司法下的有限责任公司），但可以在公司章程或者股东协议中予以约定。

优先认购权授予的对象比较广泛，通常既包括公司的控股股东，也包括其他的小股东（包括管理层以及其他投资者）。但在公司小股东人数众多的情况下，实施优先认购权程序可能会造成过重负担，在股东协议中可以约定只有持股超过一定比例的股东才能享有优先认购权。在程序上，类似于上文介绍的超额购买权，股东协议中可以允许股东二次认购在第一轮认购中未被其他优先认购权人全额认购的拟发行股份。这种超额认购权一方面可以使享有优先认购权的股东能够最大限度地认购公司新发行的股份，提高在公司的股权比例；在存在持股比例相对较高的小股东的收购中，大股东可能会倾向于纳入超额认购权以提高其股权比例。另一方面，大股东可能倾向于尽快完成增发，以筹得公司需要的资金，避免超额认购权带来的时间和程序成本。因此，是否在股东协议中纳入超额认购权是一个需要权衡利弊的问题。

（三）**退出机制**

并购交易中各参与方，尤其是财务类投资者，通常都有明确的退出目标。退出的方式有许多种，包括公开发行、股权转让、公司回购等，而股东协议中通常会围绕这些退出情形进行约定。

1. 公开发行及注册权

公司在证券交易所进行首次公开发行（initial public offering，IPO），公司股东在 IPO 时以及上市后在二级市场出售股份是一项重要的退出方式。股东协议中通常会对 IPO 的时间期限、融资金额、每股价格、公司估值、上市地点等进行约定，只有在满足相应门槛后公司才被允许进行 IPO，称为合格首次公开发行（qualified IPO，QIPO）。

注册权（registration rights）是公司授予特定股东的一种权利，在满足一定的条件下，股东可要求公司向美国证券交易委员会（SEC）注册其股份，以便可以在公开市场予以出售。注册权是一个非常技术性的话题，我们将另文进行介绍。

2. 拖售权和随售权

拖售权（drag-along right）和随售权（tag-along right）是一对高度关联的权利，常见于大股东出售公司的情形中，前者给予特定股东强迫其他股东一并出售其股权的权利，而后者允许权利人参与其他股东发起的股权出售交易。

享有拖售权的股东通常是大股东（或是股东联合体），拖售权保证了他们能够顺畅地通过股权转让实现投资退出。因为潜在受让方往往更倾向于购买带有公司控制权的股份或者获得全部股份，并为此支付“控制权溢价”，所以大股东希望通过拖售权迫使其他小股东向潜在受让方出售股权，以取得更高的价格。另外，拖售权还可以避免某些法定程序，加快销售流程，如可以避免在公司合并（merger）过程中异议股东的评估权（appraisal rights）；拖售权还可以消除大股东委派的董事在董事会通过出售公司的决议时违反对公司或其他股东信义义务（fiduciary duty）的嫌疑。对于小股东而言，尽管是被迫出售，但他们也能在同等条件下实现退出，同样可以享有控制权溢价。但为了防止大股东为了满足自身需要低价抛售公司，小股东可以争取设定公司出售的估值门槛，约定只有在每股对价或者公司整体估值高于特定金额时大股东才可以行使拖售权。

随售权则主要是一种保护公司小股东的机制。通过行使随售权，小股东可以选择与大股东同时出售股权实现全部或部分退出。需要注意的是，随售权和前文介绍的优先购买权是两种互斥的权利，随售权的行使往往需要以放弃优先购买权为前提。另外，股东协议经常约定在拖售权被行使时，其他股东不能行使优先购买权，因为优先购买权会影响行使拖售权的股东（通常是大股东）找到合适的买家。

3. 买入/卖出期权

买入/卖出期权（call/put option）是为了某些特定情况而设计的退出机制。买入期权授予公司（或股东）在约定的触发情形下可以按照特定价格买入特定股东所持股份的权利。与之相对，卖出期权允许特定股东在约定的触发情形下可以按照特定价格将其股份卖给公司（或其他股东）。

4. 回购权

回购权（redemption）条款是指在约定的触发情形下，股东可以要求公司（或其他股东，通常是大股东）立即以现金回购其持有的全部或部分股权。触发的情形通常与公司的负面事件相关，例如经营业绩未达到预期、未能在一定期限内完成合格上市、公司发生控制权变更、核心管理团队的离任、创始人的特定不良行为等。

（四）其他约定（公司僵局、商业机会豁免等）

除了以上介绍的几类主要条款，股东协议还可能会纳入一些其他的条款，例如陈述与保证条款、承诺事项、与业务相关的商业安排等。另外，股东协议中还可能包含公司僵局（deadlock）解决条款。当发生公司僵局（常见的情形包括股东会或者董事会连续多次无法通过决议，导致公司无法正常运营等）时，该争议事项应交由股东的母公司等更高层级的领导决定，或者交由第三方调解或仲裁，或者由一方以特定的价格购买其他股东所持有的股份等。公司僵局条款既是一个公司治理条款，也是一个退出安排。公司僵局条款的存在可有效降低公司僵局出现的可能性。

另外一个比较特别的条款是商业机会豁免条款。商业机会原则指的是，公司的股东和高管不得将任何属于公司的商业机会据为己有，否则可能会违反对公司的信义义务。[7]对于以投资为主业并且可能在相同或相近赛道有着多项投资的私募基金而言，他们通常要求在股东协议以及公司章程中豁免商业机会原则的适用，[8]要求公司明确放弃其在任何公司机会中的利益和期待，豁免股东或董事在取得商业机会前通知公司的义务，并豁免股东或董事未履行该等义务而可能导致的违反信义义务的责任。

结　语

股东协议是一份存在众多变化的法律文件，内容多少及繁杂程度相差甚远，需要根据每个交易的情况进行拟定。以上介绍的条款是股东协议中的常见内容，限于篇幅，我们没有对这些条款进行深入分析。股东协议存在于从交易完成到交易退出的全周期，通常存

⑦ *Guth v. Loft, Inc.*, 5 A. 2d 503 (Del. 1939).

⑧ 这种豁免在特拉华州是被法律明确允许的，参见美国《特拉华州普通公司法》第122（17）条。

续数年甚至更长时间，因此各方股东和其顾问需要仔细审核股东协议的每个条款，合理分配各方的权利义务，并预见到在公司运营中各个条款是如何发挥作用的，以实现各股东之间的友好合作，促进公司的健康发展，并最终实现成功退出。

延伸阅读

案例摘要 19 - 1

Schroeder v. Buhannic

No. 2017 - 0746 - JTL (Del. Ch. Jan. 10，2018)

TradingScreen Inc. 是一家为风险投资提供支持服务的金融科技公司（以下简称公司）。2017 年 10 月 9 日，被告 Philippe Buhannic 作为公司的创始人，连同一位家族成员股东试图通过公司普通股多数持有人的书面同意（以下简称同意书），拟对公司董事会及管理层成员进行一系列变更，包括决定撤销原告 Pierre Schroeder（以下简称 Schroeder）作为公司首席执行官（CEO）以及董事会成员的职务。在同意书签署后不久，以 Schroeder 为首的原告向法院提起了诉讼，要求法院认定该同意书作出的决议违反了公司章程、章程细则、股东协议等公司治理文件，并作出同意书无效的确认判决。本案中，法院支持原告请求，确认了同意书的无效性，具体依据如下。

一、罢免公司高管的行为无效

法院认定，同意书罢免 Schroeder 先生的公司 CEO 职务的行为无效，因为按照美国《特拉华州普通公司法》第 142 条的规定，公司高管的选任与罢免权专属于公司董事会，且需依据公司章程细则规定或由董事会或其他管理机构决定。本案中，公司章程细则规定公司高管需由董事会无因或有因罢免。鉴于被告之间的同意书仅是公司普通股股东多数的决议，故法院认为其因违反章程细则而无效。

二、罢免 Schroeder 董事职务的行为无效

法院认定，根据股东协议，罢免 Schroeder 董事职务选举 Luc Buhannic 接替其位置的行为同样无效。根据股东协议第 7.2（b）条，普通股股东的多数决可以选举三名公司董事，其中一名需由 CEO 担任。原被告双方对本条的解释产生分歧。被告主张，本条构成 CEO 身份任命的前置条件，即 CEO 必须产生于股东提名的三位董事之内。原告主张该条构成董事身份的前置条件，即三名董事席位中的其中一席必须是董事会选任的 CEO。法院在综合考虑以下因素后支持了原告的观点：

首先，该协议第 7.2（b）条所在的股东协议第 7 条是规定不同层级股东的董事提名权，而第 7.2（a）及第 7.2（c）条都是先明确某层级股东可提名董事人数，而后对被提名董事的任职资格进行限制的构造。因而，如果将该协议第 7.2（b）条解释为对 CEO 任职资格而非董事任职资格的限制，则将与同一股东协议中的平行条款直接发生冲突。

其次，公司章程中明确董事会具有选择 CEO 的权力，且 CEO 不强制成为董事的规定，被告的解释直接与公司章程中的明确规定相冲突。

最后，法院援引多宗先例，认定根据特拉华州法律原则，除非公司章程或章程细则另有规定，否则任命和解雇 CEO 的权力原则上归于董事会。由于被告主张用以限制董事会 CEO 选聘权的条款位于股东协议，即使将股东协议第 7.2（b）条解释为对董事会任命 CEO 权力的限制，该规定也会因为违反特拉华州法律原则而无效。

综上所述，鉴于 Schroeder 是公司董事会选举的 CEO，被告通过同意书试图撤销 Schroeder 的董事职位并由 Luc Buhannic 接任的决议无效。

第 20 回　跨境并购保险

在本书第 5 回和第 9 回中，我们介绍了作为并购交易中重要谈判点的陈述与保证和赔偿条款。这些条款的核心功能在于分配风险，即哪些风险由卖方或者买方来承担。并购交易中风险分配的谈判是个零和游戏，如何弥补双方的风险承担差距对于能否达成交易至关重要。陈述与保证保险引入了第三方保险公司作为风险的承担方，可以有效地缩小和弥补双方对于风险的接受程度的差异，提高了交易的成功概率。我们将聚焦于陈述与保证保险的主要内容，以及保险的引入如何影响交易流程和并购交易文件的谈判。

一、陈述与保证保险概述

并购交易中的风险分配是个零和游戏，各方都希望最大限度地降低自己承担的交易风险，这可能使谈判困难重重。买方希望卖方作出全面的陈述与保证并约定广泛的赔偿责任，最好还有预留款项或托管等保护机制；而卖方则希望仅针对所售业务作出有限的陈述与保证并设置较多的限定或更加广泛的披露函，以及最小化自己交割后需要承担的责任。陈述与保证保险的出现可以帮助买卖双方在一定程度上弥合风险分配的分歧，推动谈判和交易进行。根据市场调研公司 SRS Acquiom 的调研，2023 年在涉及美国非上市公司的并购交易中约有 38% 的交易使用了陈述与保证保险。①

陈述与保证保险承保因卖方或其他陈述与保证的提供方（如目标公司、管理层等）违反交易协议项下向买方作出的陈述与保证而导致的损失。保险的实质是通过支付保费，将并购交易中陈述与保证的提供方可能违反陈述与保证的未知风险转移给保险公司。

对于买方而言，使用陈述与保证保险可能有若干好处，主要包括：在竞标交易流程中提高投标的竞争力；补充或替代卖方提供的赔偿，尤其在可能不易向卖方追偿的情况下，比如卖方财务状况不佳、身处他国或数量较多时；延长特定陈述与保证的存续期，给买方更多时间发现问题和挽回损失；还可以保持与卖方在交易后的良好关系。对于卖方而言，陈述与保证保险可以帮助其更快、更干净地退出目标公司，降低或取消赔偿责任，减少甚至取消预留款项或托管，交割时获得的出售款项可更快用于再投资或者分配，这对于基金期限快要届满的财务投资者而言尤为重要。

---

① 请注意买方并不一定会披露买方保单的存在，所以可能存在部分使用陈述与保证保险的交易未被包括在内。参见 SRS Acquiom，*SRSA 2024 M&A Deal Terms Study*，https：//www. srsacquiom. com/our－insights/deal－terms/。另外，Practical Law 显示其数据库中 2022 年 50% 的非上市公司并购交易提及了陈述与保证保险。参见 Practical Law Corporate & Securities，*What's Market*：*Representation and Warranty Insurance in Private M&A Agreements*，Thomson Reuters Practical Law （Dec. 31，2023），https：//uk. practicallaw. thomsonreuters. com/w－034－7507。陈述与保证保险也可用于目标公司是上市公司的并购交易中，但这并不常见，原因是大多数保险公司只愿意为卖方身份确定且数量有限的交易承保。

二、保单种类

根据被保险人是买方还是卖方，陈述与保证保险可以分为买方保单（buy-side policy）和卖方保单（sell-side policy），二者的主要区别在于：

（1）索赔流程：在买方保单下，买方直接向保险公司索赔。如果卖方存在欺诈，保险公司可在向买方赔付后对卖方代位求偿。在卖方保单下，买方仍然基于并购协议的赔偿机制向卖方索赔，卖方再向保险公司理赔。

（2）承保范围：买方保单的承保范围相对更广，可以承保卖方欺诈，而卖方保单不能承保卖方欺诈的情形。

（3）责任限额和保险期间：买方保单的责任限额和保险期间可能会超过并购协议中约定的赔偿上限和存续期，但卖方保单通常会受到并购协议条款的同样约束。

因此，买方保单是并购交易中更为常见的形式，通常而言可以为买方提供更多保护，相对卖方保单而言，买卖双方同时受益。买方保单还可以降低道德风险，因为保险公司核保的依据是被保险人开展的尽职调查，而买方相比卖方更有可能开展客观、全面、详尽的尽职调查。

三、保单的核心内容

（一）承保范围与除外责任

陈述与保证保险通常承保并购协议中卖方作出的大部分陈述与保证，前提是尽职调查相对全面，陈述与保证条款相对公允，不存在恶意通过保险转嫁风险的情形。保险的本质是由保险公司承担未知的风险，因此被保险人已知的事项（包括买方在尽职调查过程中发现的问题、卖方在披露函中披露的信息）不在承保范围内，即使并购协议约定了沙袋条款（pro-sandbagging clause，指买方在交割前知晓卖方违反陈述与保证仍然选择交割，交割后买方仍然有权向卖方索赔）。

除已知事项外，其他常见的除外责任包括：

（1）违反承诺事项；

（2）交易后的价格调整；

（3）未能达到财务预测及其他前瞻性保证（比如业绩对赌）；

（4）基于未来事件的或有权利主张（比如就特定潜在诉讼赔偿买方）；

（5）卖方保单下，卖方的欺诈行为；

（6）刑事责任、惩罚性罚款；

（7）惩罚性赔偿和衡平法及其他非金钱救济；

（8）环境污染、养老金、反腐败、产品责任、转让定价和二次纳税责任等特定领域的风险（存在其他保险产品针对这些特定风险）。

（二）免赔额

免赔额，或称自留额，通常为企业价值（enterprise value）的1%左右，即当损失累计达到免赔额之后，保险公司开始赔偿超过免赔额的部分，类似于并购协议赔偿条款中的限制索赔额（deductible basket)。免赔额的设定可根据交易的情形进行协商和谈判，可更高或更低，还可以设定为随着时间的推移而降低。

（三）责任限额

在卖方保单下，责任限额通常等于并购协议中的赔偿上限（大多为交易价格的特定比例，通常10%左右，根据市场、行业、交易规模和结构等不同可能更高或更低）。在买方保单下，责任限额可能高于协议赔偿的上限，责任限额可能为交易价格的10%~30%，甚至更高，取决于市场、行业、交易规模和结构等，由买方根据自己的风险敞口进行厘定。

（四）保险期间

保险期间，即保单生效的期间，通常始于交易签约或交割，但从签约生效的保单更为常见，因为可以涵盖过渡期期间的陈述与保证风险。陈述与保证保险的保险期间可等于（在卖方保单下）或超过（在买方保单下）并购协议中卖方陈述与保证的存续期（survival period)，对于基本性及税务事项的陈述与保证可达6~7年，对于其他一般性事项的陈述与保证可达2~3年。

（五）保费与保费支付方

保险公司收取的保费经常为责任限额的1%~4%，具体取决于保险公司对该笔保单的风险评估，其考虑因素包括目标公司的规模（交易越小，费率越高）、行业和标的所在地区（宏观环境的风险水平越高，费率越高）、交易文件的适用法律、免赔额要求（免赔额越高，费率越低）、责任限额、尽职调查的质量和提供服务的机构的声誉和水平等。通常而言，欧洲市场的保费相对较低，美国市场要高一些，因为诉讼风险更高以及交易条件对于买方更有利（如陈述与保证的披露限于披露函而非整个数据库）等；亚太市场的保费也要高一些，因为市场发展的阶段与欧美市场还有差距等。

至于保费支付方，并不一定是被保险人，买卖双方可以协商由其中一方全额承担保费，也可由双方共同分担保费，具体如何分配取决于双方谈判的情况。

四、对尽职调查的影响

全面广泛的尽职调查是保险公司核保的基础（尤其是买方保单），任何可能导致重大责任的领域或问题都应得到充分调查。在承保前，保险公司通常通过审阅被保险人的尽职调查报告和交易文件，访问卖方的资料库，向买方及其法律顾问、财务顾问、税务顾问等提出核保问题，以及召开核保会议等方式对赔付风险予以核实评估。对于未涵盖在尽职调查范围内的陈述与保证事项，保险公司可能会要求买方进行补充尽职调查，或者要求将该等保证赔偿责任排除在承保范围外。由于补充尽调可能会影响交易协议的签约进程，或者产生额外的尽职调查成本，买方可能被迫接受该等除外责任。因此，买方在进行尽职调查过程中要做到全面性，同时建议尽早请保险公司入场并与之进行及时有效的沟通，这样既可以获得充分的保险保障，也有助于降低保险成本。

五、对交易结构和交易文件的影响

如前文所述，保险公司承保的是未知的陈述与保证风险，因此陈述与保证保险并不能完全取代卖方的赔偿保障。如果我们代表买方，应该建议买方争取让卖方继续承担赔偿责任，如通过特殊赔偿条款解决已知风险事项和承诺事项等不能获得保险赔付的缺口。但随着市场的发展，在交易实践中我们已经见到一些陈述与保证保险完全取代卖方的赔偿保障，成为买方对于卖方违反陈述与保证的唯一救济的案例,[②]尤其是在拍卖出售的流程中，卖方可能根据交易的竞争情况迫使投标方接受类似的安排。

另外，需要注意交易文件和保单对卖方赔偿责任约定的衔接，以及交易文件中相关的重要定义和描述。包括对损失的定义是否包含公司价值的降低（diminution of value），例如关于某些财务报表陈述与保证的不准确导致的损失可能不是简单的直接损失（dollar-for-dollar），而是影响公司的股权价值，损失可能是基于交易的倍数（a multiplied damages basis relating to valuation mechanism）。保险公司通常会在保单中沿用交易文件中的限制条件（除定义外，还

---

② 参见 HEICO Corporation, *Agreement and Plan of Merger by and Among Heico Corporation, Magnolia Mergeco Inc., Jazz Parent, Inc. And Jazz Topco Gp LLC*, EDGAR (Aug. 4, 2023), https://www.sec.gov/Archives/edgar/data/46619/000095014223001471/eh230360120_ex0201.htm。该协议第 7.15 条约定："Parent acknowledges and agrees that, from and after the Closing, the RWI Policy obtained by Parent (whether or not such RWI Policy is sufficient to cover the applicable losses) shall, other than in the case of Fraud, be the sole and exclusive remedy of Parent and its Affiliates (including, from and after the Closing, the Surviving Corporation) and the Parent Related Parties, in Law, equity or otherwise, arising out of, or related to any inaccuracy or breach of any representation or warranty regarding the Corporation contained in this Agreement or in any certificates delivered with respect thereto..."。

包括买方是否知情、重大性标准等），而不会给出更优的条件，所以买方应确保起草交易文件时相关限制条件不会不适当地影响到承保的范围。

关于免赔额以内的责任承担，通常有两种模式，一种是由卖方和买方分担（limited seller indemnity，LSI），另一种是无追索权（no seller indemnity，NSI）。[③]在陈述与保证保险的初期，保险公司倾向于 LSI 模式，因为卖方仍然对一部分的自留金额负责，从而降低了卖方的道德风险。但随着市场的发展，目前市场中主流的模式是 NSI 模式，即买方承担全部的免赔额。

最后，尽管不是所有使用了陈述与保证保险的并购交易都会在协议中提及陈述与保证保险，但多数情况下，交易方还是会在并购协议中加入有关陈述与保证保险的条款，约定内容通常包括：

（1）获得与维持陈述与保证保险的承诺。如保单于交割时才生效，还经常约定获得保险为交割前提条件以及相对方配合获得保险的承诺；

（2）相关费用承担方，包括保费、经纪人佣金、相关税费等；

（3）保单中保险公司须放弃针对卖方的代位求偿权（卖方欺诈的情况除外）的承诺；

---

③ Aon Transaction Solutions Global Claims Team，2023 *Transaction Solutions Global Claims Study*，Aon（2023），https：//dkf1ato8y5dsg. cloudfront. net/uploads/79/598/2023 – transaction – solutions – global – claims – study. pdf.

（4）投保人未经同意不得修改或终止保险的承诺。

六、投保流程

实践中，潜在投保人通常会委托保险经纪公司帮助其为具体交易选择最佳的保险公司，投保流程通常分为意向性报价阶段（non-binding indication）和核保/最终报价阶段（underwriting process）。

在第一阶段，被保险人需要与保险经纪公司签署保密协议，然后进一步披露并购协议草稿、目标公司审计财报及信息备忘录等，保险经纪公司会据此开始向潜在合适的保险公司询价，并根据保险公司的回复为被保险人准备一份报告，详细阐述所收到的承保范围和报价以及保险公司的承保偏好、偿付能力等级和承保能力，并就保险公司选择和保险计划架构提出意见和建议。被保险人将在保险经纪公司的帮助下选择一家或多家承包的保险公司，并与保险公司签订一份费用协议作为开启核保流程的前提。这一阶段需要1～2周。如果责任限额较大，通常需要多家保险公司联合承保（syndication），多层保单的提供流程更为复杂，耗时更长。

在竞标出售交易中，卖方为控制竞标流程可能会在确定买方之前提前联系保险经纪公司，获取保险公司的意向性报价，并在基本确定买方或约束性交易报价后将核保流程翻转给买方（sell-buy flip）。这时保险经纪公司与卖方之间的委托关系终止，与买方之间的委托关系开始，买方最终投保的还是买方保单。

在第二阶段，保险公司会展开核保工作，通常保险公司会收取一定的不可退还的核保费用（依案件复杂程度，通常为数万美元）以涵盖其聘请第三方顾问的成本支出。被保险人需要提供完整的并购协议及披露函、尽职调查报告、目标公司财务报表以及资料库文件等。保险公司会出具书面问卷、召开电话会议，并在审阅前述文件和获得相关信息的基础上出具承保范围及除外责任。保险公司会排除尽调中发现的已知风险。这个过程需要2~3周。保单的条款与条件谈妥后，即可按照交易双方选定的时间签署保单。被保险人需签署无索赔声明（no claims declaration，声明不知晓任何索赔）并加注日期，从而使保单在该日期起保。从引入保险的时点看，理想的情况是在尽调和谈判开始时即引入保险公司，并在并购协议签署时让保单生效。

结　语

陈述与保证保险是并购交易市场的发明，可提高交易的成功概率。有效地利用好陈述与保证保险可提高中国企业海外并购的竞争力，并更好地管控风险。但应看到，陈述与保证保险不是万能的，存在风险覆盖的缺口，需要统筹协调交易结构的设计和其他交易条款，才能为交易方提供整体的解决方案。

另外，交易保险仍然是在发展中的交易工具，由于该领域的保险经营者有限，目前的承保金额等仍有一定限制，规模巨大的交易需要包括保险在内的综合解决方案；同时，我们欣喜地看到除了陈述与保证保险，市场中又有了其他交易保险产品，如反向分手费保险、诉讼保险、特别税务责任保险、或有责任保险（在买卖双方无法通过调价或特别赔偿来解决已知的或有风险时转移给保险公司）等。利用好这些保险产品工具将有效提高中国企业跨境并购交易的成功概率并管控好风险。

第三篇

上市公司并购的特别问题

第 21 回　董事信义义务

所有权和经营权的分离是现代公司结构的典型特征，如何降低代理人成本是现代公司治理的核心问题。公司治理追求的核心目标之一即是让董事会作为公司股东的代理人，保持公司的高效运营但又同时对股东负责。以美国《特拉华州普通公司法》为代表的美国公司法通常将管理公司的广泛权力赋予公司董事会，即所谓的董事会中心主义，但同时也设定了董事的“信义义务”（fiduciary duty），要求其在履行管理职责时，谨慎勤勉并以公司及股东的利益为先。①

本回将从并购交易的视角切入，探讨在美国公司法下，信义义务如何厘定董事自由裁量的范围、构建公司治理中的权责一致体系，进而探讨信义义务如何在宏观上规制公司并购交易的市场规则、提高市场的运行效率。

一、信义义务的缘起和内涵

信义义务起源于英美法系中的衡平法一支，指的是在信托

① 在美国，公司法属于州层面的法律。有关信义义务的法律规则由公司注册地的公司法决定。特拉华州是很多美国大公司的注册地。特拉华州公司法（包括成文法和判例法）在美国的司法实践中扮演着举足轻重的角色，其奠定的法律规则对其他许多州都起着引领作用。本文所指的“美国公司法”主要以特拉华州公司法为依据。

（trust）关系中，受托人在行使对他人财产的控制权时，当以受益人而非自己的利益为先。现代公司法引入了这一概念，并在此基础上，发展出了一套成熟的公司治理权利义务分配体系。早在1919年，美国联邦最高法院在 *Southern Pacific Co. v. Bogert* 案中即明确了控股股东由于拥有公司——一种共同财产——的控制权，因而对少数股东负有信义义务。[②]此案被视为将信义义务引入公司法领域的先驱案例。随着市场经济与公司制度的发展，公司股权变得越来越分散，公司的所有权与控制权逐渐分离，董事会作为公司经营的决策者，替代了公司的所有者（股东）而稳居于公司权力舞台的中央。

在现行美国公司法下，董事会拥有公司经营管理的决策权，对公司及股东负有信义义务；股东对董事会进行有限的监督，包括选举董事、提起股东诉讼及对少数重大事项进行投票；法院基于信义义务对董事会的决策进行司法审查，以防止或遏制董事滥用权力。其中，董事的经营自主权与基于信义义务的司法审查之间的对抗为平衡公司治理权力的关键所在。[③]美国《特拉华州普通公司法》并未对信义义务作出定义，根据司法实践，信义义务的内容可大致分

---

② *Southern Pacific Co. v. Bogert*, 250 U. S. 483 (1919).

③ *Omnicare, Inc. v. NCS Healthcare, Inc.*, 818 A. 2d 914, 927 (Del. 2003) (The "defining tension" in corporate governance today has been characterized as "the tension between deference to directors' decisions and the scope of judicial review").

为两类：审慎义务（duty of care）和忠实义务（duty of loyalty）。[④]

审慎义务，类似于中国公司法中的勤勉义务，要求董事基于充分的信息审慎地代表公司作出决策。通常来讲，美国法院对于董事的经营自由较为尊重，董事通常受到商业判断规则（Business Judgment Rule）的保护（详见下文），极少被判定为违反审慎义务。但特拉华州最高法院在 1985 年 *Smith v. Van Gorkom* 案中，认为董事未经科学精确地计算公司股票价值即决定出售公司的行为不能构成审慎知情，即使公司的售价高于公司的当前股价，董事仍未尽到其相应的审慎义务，应对公司以及股东进行赔偿。[⑤]该判决引发了一系列争议，商界普遍担忧这将导致董事在经营中的自由裁量空间被压缩，该案间接促使特拉华州修改立法，允许公司在其章程中豁免董事因违反审慎义务而面临的金钱赔偿责任，[⑥]美国各州也随之出台了类似的立法。在今天的市场中，绝大多数的美国公司章程中都会规定该项豁免，已成为公司治理中的标准配置，董事被发现违反审慎义务的案例变得罕见。

在司法实践中，指控董事违反了其负有的忠实义务的案件更为

---

④　一般来说，诚信义务（duty of good faith）也被归纳在忠实义务的范围内。在 *In re Walt Disney Co. Deriv. Litig.*，906 A. 2d 27（Del. 2006）案中，法院讨论了可能被定性为恶意的或非诚信的（bad faith）董事行为范围，框定受托人（fiduciary，即董事）的恶意行为包括故意出于促进公司最佳利益之外的目的行事，受托人的行为意图违反法律，或受托人有意识地无视其职责行事；*Stone v. Ritter*，911 A. 2d 362（Del. 2006）案认为，"诚信义务的违反需要证明董事明确意识到他们没有履行其信义义务"。

⑤　*Smith v. Van Gorkom*，488 A. 2d 858（Del. 1985）.

⑥　美国《特拉华州普通公司法》第 102 条（b）（7）。

常见。忠实义务要求董事将公司和股东的利益置于个人利益之前，常见于公司与董事存在利益冲突的场景，包括关联交易、攫取公司商业机会、故意损害公司利益等。公司并购交易常常引发股东对董事的诉讼，尤其是在董事会采取对敌意收购的防御措施或者董事本身是收购公司交易中的一方或者有利益牵连的时候。

二、信义义务的司法审查标准

根据 Cornerstone Research 的调研，绝大多数以美国上市公司为目标公司的并购交易都会引发基于信义义务的股东诉讼。⑦尽管此类诉讼大多以和解或被法院驳回收场，但如何确保交易过程满足信义义务的要求，降低诉讼风险是交易中必须考虑的重要问题。同时，对司法机关来说，把握董事信义义务与董事经营自由权之间的微妙平衡也并非易事。特拉华州法院在长期的司法实践中形成了一套动态的审查标准，不同标准的适用会对案件的结果产生决定性的影响，它决定了何种情形下法院会对董事提出更加严格的行为要求以满足其信义义务。

（一）商业判断规则

通常而言，法官不愿对公司的商业决策指手画脚。根据商业判断规则（Business Judgment Rule），法院会假定董事会决策是审慎

⑦ Cornerstone Research，*Shareholder Litigation Involving Acquisitions of Public Companies*，Cornerstone Research（2018），https：//www. cornerstone. com/wp – content/uploads/2021/12/Shareholder – Litigation – Involving – Acquisitions – of – Public – Companies – 2018. pdf.

的、知情的，并且符合公司的最佳利益，无论事后看来是否明智。除非股东提出特定事实驳倒假设，法院通常会在庭审前即驳回股东的索赔（motion to dismiss）。商业判断规则给予董事极大的保护，一旦法院采用这一标准来审查案件，意味着股东几乎无可能赢得诉讼，因而董事将在诉讼和解谈判中拥有主动权。这一标准是法院对董事信义义务审查的默认标准，通常应用在法院对公司日常经营活动中董事信义义务的审查，但是在有下述特殊情况时，法院将会采用更高的审查标准。

（二）**强化的审查**（Enhanced Scrutiny）

在特定情况下，法院会采用“强化的审查”标准，对董事会进行更加严格的审查。与商业判断规则不同，“强化的审查”标准在不同的交易场景下会有不同的要求。根据过往判例，以下是经常引发“强化的审查”的几种场景：

1. 目标公司采取防御手段

董事会享有的经营管理权力包括对恶意或不充分的要约收购采取防御行动的权力。然而，由于董事会在抵抗要约收购中存在明显的利益冲突，如果应用商业判断规则，可能会放任董事出于保住自己饭碗的目的抵制了能够为股东带来丰厚回报的收购要约。特拉华州最高法院针对此场景提出了 Unocal 规则，以审查董事采用的防御性手段是否符合其信义义务。

（1）审查标准

Unocal 规则起源于 1985 年的 *Unocal Corp. v. Mesa Petroleum*

Co. 案，这一标准要求董事承担责任证明：①其有充分理由相信要约构成了对公司长期利益的威胁，比如：要约价格低于公司价值、会诱导股东做出不理智决定、主要目的为恶意阻挠公司其他交易等；②采取的防御措施相对于威胁是合理的（proportionate），不能具有强迫性或排他性。[⑧]

（2）适用情形

即目标公司董事会面对要约收购时采取了防御措施，比如毒丸计划、寻求白衣骑士等；但是需要注意的是，即使在善意的收购交易中，目标公司董事会同意过于强势的交易保护条款，如设定特别高昂的分手费等，也可能被认为是防御措施而引发 Unocal 规则的适用。

---

⑧ *Unocal Corp. v. Mesa Petroleum Co.*，493 A. 2d 946（Del. 1985）. 特拉华州最高法院随后在 *Unitrin*，*Inc. v. American General Corp.*，651 A. 2d 1361（Del. 1995）案中对 Unocal 规则作了进一步解释。在判断是否存在威胁时，法院认为重点是判断敌意收购要约对股东是否有实质性胁迫（substantive coercion）。一般来说，董事合理、善意地认为要约价格低于公司估值，该报价就可被认定为一种实质性胁迫。此外，常见的威胁还包括结构性胁迫（structural coercion）和机会损失（opportunity loss）。结构性胁迫是指收购方的要约使后接受的股东受到不公平的待遇，例如美国 20 世纪 80 年代流行的前重后轻的双层要约（two – tiered，front – loaded tender offer）。该类要约规定一开始不接受要约，而后被公司合并挤出的股东只能以极低的价格被收购，或只能收到垃圾债券作为对价，其产生的囚徒困境可能会使股东争先恐后地低价抛售股份。机会损失则是指公司股东因为接受了该敌意收购要约，丧失了接受另一个更高报价要约的机会，法院会综合董事会寻找更优要约花费的时间、是否存在潜在更优要约等客观情况进行考量。对于判断防御措施是否合理，法院主要审查其是否具有强迫性（coercive）或排他性（preclusive）。强迫性是指公司强迫股东接受董事会提出的替代方案，而限制股东接受收购方的方案；排他性是指董事会防御措施使得敌意买方不具备完成收购的可行性，例如公司全面限制股东向买方出售股份、买方无法通过代理权争夺实现收购等。如果反收购措施被认定具有强迫性或排他性，则不符合比例原则的要求。

2. 出售公司的交易

当公司已经明确处在待售状态，董事会的身份会从公司守护者转变为拍卖者，其信义义务要求董事会为股东获得合理可得的最高价格，称为 Revlon 责任。

（1）审查标准

Revlon 责任起源于 1986 年的 *Revlon*，*Inc. v. MacAndrews & Forbes Holdings*，*Inc.* 案，法院认为，当公司董事会已经决定出售公司，守护公司和股东的长期利益已无意义，董事为满足信义义务，须通过知情的、合理的决策过程为股东挑选出最佳出价买家。当然，最佳出价不是单纯的价格数字比较，董事出于诸如反垄断风险、外商投资审查风险、融资能力存疑等原因，也就是考虑交易的确定性、可行性后，有权排除掉可能会导致交易失败的买家，即使其给出了更高的价格。⑨

（2）适用情形

Revlon 责任意味着董事义务的重大变化，董事应当关注 Revlon 责任的触发条件，即何为“出售公司交易”。其一，董事会应当已经决议进行一项导致控制权变更的交易，而非仅仅在犹豫是否出售；其二，在实务中，法院倾向根据公司出售前后是否存在控股股东及交易对价两个维度，将一些特定类别的交易划分为“出售公司交易”。例如，一般来说，不存在控股股东的上市公司之间的换股

⑨ *Revlon*，*Inc. v. MacAndrews &Forbes Holdings*，*Inc.*，506 A. 2d 173（Del. 1986）.

并购（stock-for-stock merger）不会构成 Revlon 责任下的“出售公司交易”,[10]理由是此类交易中，目标公司的股权在交易前后皆为大量分散的股东所持有，并不能构成控制权的实质出现或转移。然而，即使是换股并购，如果该交易导致目标公司开始存在控股股东，那么也应被认定为适用 Revlon 责任。[11]另外，当交易对价为现金（all-cash deal）时，由于老股东的悉数退出，该类交易常被认定为构成“出售公司交易”而引发 Revlon 责任的适用。

3. 控股股东利用控制权改变公司现状

除上述经典情形外，特拉华州衡平法院在一个最近的案件中认定当控股股东利用其控制权改变公司现状（changing the “status quo”）的时候也将受到强化的审查。在 *In re Sears Hometown and Outlet Stores*，*Inc. Stockholder Litigation* 案中，法院认定，当控股股东出售股票或者行使投票权改变公司现状时，控股股东对公司和小股东负有信义义务，不能有意地或者通过有重大过失的行为损害公司和小股东；在分析控股股东是否符合以上行为标准时，法院认定将适用强化的审查标准，控股股东需要证明其合理认为此类行动是必要的，属于为实现正当合理目标而善意行事，并且确实使用了合理手段实现该目标。[12]该判决留下了较多疑问，比如“改变现状”的范围到底有多宽。在 *In re Sears* 案中，该公司存在一个赚钱的业

---

[10] *Paramount Communications*，*Inc. v. Time Inc.*，571 A. 2d 1140（Del. 1990）.

[11] *Paramount Communications*，*Inc.* v. *QVC Network Inc.*，637 A. 2d 34.（Del. 1994）.

[12] *In re Sears Hometown and Outlet Stores*，C. A. No. 2019 – 0798 – JTL，2024 WL 262322，at 25（Del. Ch. Jan. 24，2024）.

务单元和一个亏钱的业务单元，公司成立了由独立董事组成的特别委员会以谈判公司与控股股东之间的交易。特别委员会与控股股东之间的交易谈判失败后，特别委员会决定清算亏钱的业务单元，但控股股东不同意。控股股东通过书面决议修改了公司章程，使得清算在短期内无法实现，同时控股股东移除了特别委员会的两名成员。除以上情形外，如果控股股东行使其投票权改变其他公司日常事项，比如选举新董事、任命新的审计师、批准新的股权激励计划等是否属于“改变现状”？该判决后续可能存在上诉，可能会被推翻或者修改，我们拭目以待。

（三）完全公平标准

商业判断规则是法院审查董事是否尽到了信义义务的通常标准，但在特定情形下，法院将采用“强化的审查”标准，而在董事与公司存在直接利益冲突的情形下，法院将采取完全公平标准（Entire Fairness）。

1. 审查标准

在完全公平标准下，董事会需要承担举证责任，证明交易在程序方面（“公平交易”）和价格方面（“公平价格”）都是完全公平的。公平交易涉及交易何时确定、如何发起、构建、谈判、披露以及董事会和股东的批准流程等问题。公平价格则从经济和财务角度出发，综合考虑资产、市场价值、收益、未来前景等因素，审查交易价格是否处在公允价值范围内。

2. 适用情形

法院在选择审查标准时会判断董事在决策中是否存在相悖于公司及股东的利益冲突，以及冲突的程度。越为直接的利益冲突越可能触发完全公平标准的适用。直接的利益冲突可体现为董事在交易中收取私人好处、与交易对方有家庭关系或某些重大业务关系、本身即是交易对方或者交易对方的成员等。

“完全公平标准”适用的一类典型交易为控股股东参与的上市公司私有化交易。如果控股股东同时处在交易的两方，且交易没有采用特殊的程序保护（见下文讨论），被告就必须证明交易在价格和程序上对股东都是完全公平的。[13]这是由于，控股股东对公司和小股东负有信义义务，在此类私有化交易中，控股股东同公司及其他股东存在直接利益冲突；并且控股股东控制下的公司董事会也会倾向迫于其压力作出偏向控股股东而不符合公司及其他股东利益的交易决策，因此此时默认适用完全公平标准。

在近几年颇为流行的 De-SPAC 交易（SPAC 通过并购一家未上市企业，使后者间接获得上市地位的交易）中，由于 SPAC（Special Purpose Acquisition Company）发起人及董事与公众股东之间存在固有的利益冲突，特拉华州法院倾向适用完全公平标准审查此类交易。2022 年，特拉华州衡平法院首次在 *In re MultiPlan* 一案中判定由于 SPAC 的大部分董事同时为发起人或其关联方，他们在决策是

---

⑬ *Kahn v. Tremont Corp.*, 694 A. 2d 422, 428 (Del. 1997); *See also Weinberger v. UOP, Inc.*, 457 A. 2d 701, 710 (Del. 1983).

否收购非上市公司时存在与公众股东利益相悖的利益驱动，因而适用完全公平标准。[14]

三、信义义务对并购交易实践的规制

如前所述，美国上市公司的并购交易引发股东诉讼是大概率事件，因此在做交易的筹划时需要特别关注信义义务带来的诉讼风险、后续和解谈判的难度以及法院司法审查时可能适用的审查标准。因此，信义义务的要求塑造了并购交易的实践。

当交易的情形可能触发"强化的审查"标准时，精心筹划和认真实施的交易流程可以更好地控制风险。比如当目标公司决定出售控制权时，为了满足 Revlon 责任，通常做法是进行市场询价（market check），以挑选出最佳出价买家。询价可以以各种形式进行，较为常见的是将交易组织为竞拍（auction）。竞拍是一个相对正式的流程，在竞拍中，所有的潜在买家会被要求在统一的截至日前提交各自的报价，竞拍一般有两轮或多轮。除了竞拍，董事会也可通过其他方式在市场上询价，询价既可以在签约前，也可以在签约后；既可以是主动的（go-shop），也可以是被动的。但是，签约后的主动询价行为可能会受到交易保护条款的限制（详见本书第22回）。

当交易中存在明显的利益冲突而可能触发完全公平标准时，董事会可以引入一些特殊的决策机制来净化冲突，这些净化机制都是

---

⑭ *In re MultiPlan Corp. S'holders Litig.*, 268 A. 3d 784 (Del. Ch. 2022).

通过长期的司法实践发展而来。其中，最常见的手段是设立特别委员会。特拉华州法院一直鼓励董事会在存在利益冲突的交易中组建特别委员会对交易进行决策，其目的是重造正常商业交易（arm's length transactions）中的公平公正。为了此方案切实有效，特别委员会应：（1）由独立且与交易无私人利害的董事组成；（2）在交易谈判和决策中替代董事会，全面行使董事会对于交易的广泛权力；（3）聘请其独立的法律和财务顾问（独立于公司现有的法律和财务顾问）。[15]在此过程中，特别委员会需要取得这些专业顾问的专业意见作为其决策基础，比如财务顾问出具"公平意见"，证明交易价格是公平的或者在公平价格的范围内。[16]除特别委员会之外，另外一种常见的净化机制即获得在交易中无利害冲突的其他股东的批准，而且这种批准是在知情的情形下，通常称为"少数股东的多数批准"（majority of minority，也就是无利益冲突的股东中的多数票）。无论是引入切实有效的特别委员会还是获得少数股东的多数批准，任意一种决策机制的使用即可帮助董事会在后续争议中将完全公平标准施加给被告的举证责任转移到原告，[17]这将极大提高原告的诉讼难度。特拉华州最高法院进一步在 *Kahn v. M&F Worldwide*

---

⑮ *Kahn v. Tremont Corp.*，694 A. 2d 422（Del. 1997）；*Kahn v. Lynch Commc'n Sys.*，Inc.，638 A. 2d 1110（Del. 1994）；*Rosenblatt v. Getty Oil Co.*，493 A. 2d 929（Del. 1985）.

⑯ 在 *Gesoff v. IIC Indus. Inc.*，902 A. 2d 1130（Del. Ch. 2006）案中，法院认为特别委员会没有进行有效的讨价还价，决策权力有限，并由控股股东选定的法律和财务顾问提供建议，该案中的特别委员会并不能有效消除或减弱交易中的利益冲突。

⑰ *Kahn v. Lynch Commc'n Sys.*，*Inc.*，638 A. 2d 1110（Del. 1994）.

Corp. 案中提出，如果（1）控股股东同意以通过特别委员会决议和获得少数股东的多数批准作为交易进行的条件；（2）特别委员会是独立的；（3）特别委员会有权自由选择自己的顾问和专家并拥有对交易的否决权；（4）特别委员会对于交易价格的制定进行了充分的谈判，履行了其审慎责任；（5）少数股东的投票是基于知情作出的；（6）特别委员会和少数股东的多数批准决议未受胁迫，则法院将适用商业判断规则而非完全公平标准审查交易。[18]

以上净化机制在中概股私有化交易中经常见到。通常而言，目标公司的董事会在收到私有化提案后通常会成立特别委员会，该特别委员会通常聘请自己独立的财务顾问和法律顾问，并与私有化提案的发起方即买方进行谈判。大部分中概股公司成立在开曼群岛等离岸法域，而这些离岸法域的公司法律实践并不丰富，没有发展出以上特拉华州的多层级的司法审查标准和体系，因此在很多中概股私有化交易中并没有同时采用特别委员会和少数股东的多数批准这两种机制，但特别委员会机制是被普遍采用的，有效地降低了诉讼风险。

结　语

信义义务是美国公司法的核心话题，贯穿于并购交易的全过程。作为交易的实践者，在筹划交易的时候，尤其是涉及上市公司

⑱ *Kahn v. M&F Worldwide Corp.*，88 A. 3d 635（Del. 2014）.

的交易的时候，一定要从信义义务的角度进行考虑，平衡交易中的各种风险才能顺利完成交易。市场永远在向前发展，信义义务的内涵也随着商业和法律的实践在发展、丰富和完善。

延伸阅读

案例摘要 21 – 1

Smith v. Van Gorkom

488 A. 2d 858（Del. 1985）

本案中被出售的公司，Trans Union Corporation（以下简称 Trans Union），是一家经营火车车厢租赁业务的上市公司。Jerome W. Van Gorkom（以下简称 Van Gorkom）是 Trans Union 的董事会成员及首席执行官（CEO），也是公司的元老级人物，截至争议之时，他已在 Trans Union 任职 24 年，其中担任 CEO 超过 17 年，并担任董事会主席两年，即将退休；Jay A. Pritzker（以下简称 Pritzker）为本案的另一关键人物，著名的企业收购专家，同时也是 Van Gorkom 的熟人；Trans Union 董事会由 5 名内部董事和 5 名外部独立董事组成。

1980 年 8 月 27 日及 9 月 5 日，Van Gorkom 两次召集公司高管会议，会上他向公司首席财务官（CFO）询问公司当前通过杠杆收购的方式出售可能达成的价格，彼时 Trans Union 的股价约为每股 38 美元，CFO 反馈，如果把公司的出售价格框定在每股 50 美元至 60 美元之间，应该可以寻得有意愿的买家。9 月 13 日，Van Gorkom 单方面秘密会见了 Pritzker，提出以每股 55 美元的价格出售 Trans Union，并提议了相应的融资安排。在与 Pritzker 会面之前，Van Gorkom 既没有同 Trans Union 的其他董事会成员讨论过，也没有咨询过公司高级管理层或是专业评估机构，没有证据表明这一价格有任何的评估支持。Pritzker 当即同意向 Trans Union 发出以每股 55 美元现金收购公司的要约，将其并入由 Pritzker 集团控制的一家公司。但是，Pritzker 报价的有效时间很短——公司须在 9 月 21 日前作出回应。

或许是出于在退休前将自己手中的公司股票变现的考虑，Van Gorkom 谋求促成这一交易。随后，董事会收到了针对这一紧急事项召开董事会特别会议的通知。除两名成员外，其余董事会成员直到开会时才被告知会议的目的。尽管董事会中有成员疑虑该交易价格可能过低，但出于对 Van Gorkom 的充分信任，董事会仅仅经过两个小时的会议即批准了 Van Gorkom 的提案。然而，无论在会议之前还是会议期间，董事会均未审阅过完整的书面的并购协议，董事会作出批准该并购协议的唯一依据即是 Van Gorkom 对于并购协议内容的 20 分钟的口头陈述。Van Gorkom 既没有向董事会解释过他是如何算得每股 55 美元的出售价格，董事会亦未追问价格是如何得出的，也就是说，在决议中，董事会并没有使用任何类型的估值分析，例如投资银行的公允价值意见或公司内部生成的估值研究，来评估 55 美元对于公司及股东是否是公平合理的价格。

该交易的批准引发了几位股东的强烈不满，包括名为 Alden B. Smith 的原告，因为该现金收购将导致他们产生大额的应税收入，他们对 Trans Union 的董事们提起了诉讼，认为公司董事会出售公司给 Pritzker 的决议过程存在重大失误，违反了其对股东负有的信义义务（fiduciary duty）。被告董事主张，董事会成员皆为经验丰富、专业知识过硬的企业经营管理人员，其专业判断应当受到商业判断规则（Business Judgment Rule）的保护。

特拉华州最高法院并未采纳被告主张，并且裁定，Trans Union 董事会在批准出售公司决议时明显存在重大过失，董事们在出售公司的决议中（1）没有充分了解 Van Gorkom 在出售公司和确定每股收购价格方面所扮演的角色；（2）未评估公司的价值；（3）综合以上情况，董事会仅用两小时就批准出售公司的决议，至少构成了严重疏忽（grossly negligent）。在决策中，他们过度依赖 Van Gorkom 的个人判断，仅凭 Van Gorkom 的口头陈述便在未知并购协议全貌的情况下做出了如此重大的决定。Trans Union 董事的行为不能满足信义义务中的谨慎义务（duty of care）——董事应当基于审慎、知情的判断对于公司事务作出决策的要求。因而法院判定，本案中公司董事的决策不应当受到商业判断规则的保护，案件被发回重审，并且董事应当根据最终法院得出的公司公允价值高于 55 美元交易价格的部分向股东进行金钱赔偿。根据最终达成的和解协议，被起诉的董事们同意向股东总共支付 2350 万美元的损害赔偿。

案例摘要 21 - 2

Unocal Corp. v. Mesa Petroleum Co.

493 A. 2d 946 (Del. 1985)

Unocal Corporation（以下简称 Unocal）是美国一家拥有百余年历史的老牌石油企业。1985 年 4 月 8 日，持有 Unocal 约 13% 股票的 Mesa Petroleum Co.（以下简称 Mesa）向 Unocal 的股东们发出了一项前重后轻的双层收购要约，其内容为：Mesa 将在首轮收购中以每股 54 美元的价格现金收购 Unocal 公司 37% 的股票，从而其持有的股票高于 50%，以取得公司控制权；对于余下的 Unocal 股票，Mesa 则将以票面价值为 54 美元的高风险、低顺位的债券作为对价进行收购。要约发出时，Unocal 的市值将近 70 亿美元，每股价格在 35 ~ 40 美元。

Unocal 董事会由 8 名外部独立董事和 6 名内部董事构成。董事会于 4 月 13 日召开会议，审议 Mesa 的收购要约。会议持续了九个半小时。会上，Unocal 的法律顾问介绍了美国《特拉华州普通公司法》和联邦证券法规定的董事会义务。随后，财务顾问投资银行高盛公司（Goldman Sachs）和狄龙瑞德公司（Dillon, Read & Co.）向董事会提交了估值报告，其认为 Mesa 的要约大幅低于 Unocal 股票的价值，如果完全清算的话，Unocal 每股的现金价值至少应当在

60 美元以上。此外，值得一提的是，与一般的战略收购者不同，Mesa 在一系列针对石油公司的收购活动中获取了高额利润，但在这些交易中，Mesa 最终并没有真的完成对目标公司的收购。Mesa 的系列行动在公司并购领域被称为“绿邮讹诈”（greenmail），它专指不以收购目标公司为目的的一种要约收购，要约收购人往往以胁迫性的收购相威胁，迫使目标公司董事会以溢价回购要约收购人手中的股票。综合考虑下，财务顾问向 Unocal 董事会提出了几种反击策略。其中之一是由 Unocal 自己向股东发出要约，收购自己的股票，要约价格在每股 70～75 美元。在随后的董事会会议上，董事会一致通过决议，认为 Mesa 的投标报价严重不足，予以拒绝，并批准了该自我收购方案，即 Unocal 将以每股 72 美元的价格，向除 Mesa 以外的股东收购 Unocal 股票，对价的支付形式是 Unocal 公司的债券。不过，此项收购的前提条件是，只有当 Mesa 取得已发行股票的约 51% 之后，Unocal 才会对余下的 49% 的股票进行自我收购。该自我收购方案有效地将 Mesa 原本的前重后轻收购要约转化为前轻后重，进而遏制股东回应 Mesa 的首轮收购要约。

在 Unocal 的自我收购方案通过董事会决议后，4 月 17 日，Mesa 即提起诉讼，要求禁止 Unocal 实施该方案。5 月 13 日，特拉华州衡平法院对这一方案颁发了临时性禁止令，Unocal 随即向特拉华州最高法院提起上诉。

特拉华州最高法院认为：特拉华州公司法赋予了董事会管理公司的广泛权力，其中包括对胁迫性或者不充分的要约收购采取防御行动的权力。然而，针对以什么样的标准来对这些防御措施进行司法审查这一问题，法院创造了具有历史性意义的新标准，即 Unocal 测试（Unocal test）。该标准包括两个步骤：第一步，对要约收购采取防御措施的董事会必须证明其合理认为收购对公司的经营方针及有效的经营活动构成威胁（have reasonable grounds for believing that a danger to corporate policy and effectiveness existed）；第二步，董事会还需证明根据威胁程度，其采取的抵御措施具有合理性（reasonable in relation to the threat posed）。假如董事会能够满足以上两项证明要求，其采取的防御收购的措施就将受到商业判断规则的保护。

根据以上标准，特拉华州最高法院认定：Unocal 董事会有理由认为 Mesa 发出的收购要约价格严重不足，而且，鉴于 Mesa 的过往行动，董事会也有理由相信 Mesa 的收购可能包藏“绿邮讹诈”的企图。此外，考虑到 Unocal 的自我收购方案是经过由独立董事占多数的董事会批准的，并且进行了充分的调查和商讨，法院倾向于认同董事会采取的抵御措施的合理性。综上，特拉华州最高法院驳回了初审法院的裁决，并撤销了对 Unocal 自我收购方案的临时性禁止令。

案例摘要 21 - 3

Revlon, Inc. v. MacAndrews & Forbes Holdings, Inc.

506 A. 2d 173 (Del. 1986)

Revlon, Inc.（以下简称 Revlon）是美国一家知名的化妆品公司。1985 年 6 月，Pantry Pride, Inc.（以下简称 Pantry Pride）的董事长兼首席执行官（CEO）Ronald O. Perelman（以下简称 Perelman）向 Revlon 的董事长兼 CEO，Michel C. Bergerac（以下简称 Bergerac），提出了以每股 40 ~ 50 美元的价格收购 Revlon 的计划。该计划被 Bergerac 一口回绝，理由是 Bergerac 认为该报价远远低于 Revlon 的自身价值（intrinsic value）。Pantry Pride 并未因此放弃，1985 年 8 月 14 日，Pantry Pride 董事会正式通过了收购 Revlon 计划，即以每股 42 ~ 43 美元的价格收购，或者以每股 45 美元的价格进行敌意收购。该计划仍被 Bergerac 果断拒绝。随后的 8 月 19 日，Revlon 针对 Pantry Pride 的敌意收购召开董事会。会上，Revlon 的投资银行顾问表示 Pantry Pride 当前出价远远不足，且 Pantry Pride 很有可能通过垃圾债券的方式为并购融资。对此，Revlon 的特别顾问提议了两项抵御措施：一是公司回购已发行 3000 万股中的 500 万股；二是向股东推出公司债券购买权利计划（Note Purchase Rights Plan），该计划下每个 Revlon 股东都将获得按普通股份额认购可转换债券的权利，每股债券价值65美元，一年期满，债券持有者将获得12%年利息，该计划将在有人以每股65美元以下的价格收购了20%以上的Revlon股份时生效且将收购者排除在计划之外。这两项抵御措施都得到了董事会的决议通过。

8月23日，Pantry Pride开启了敌意收购计划进程，提出以每股47.5美元的价格收购Revlon所有股票；8月26日，在原抵御措施的基础上，Revlon董事会决议通过了进一步的防御敌意收购措施，提出以高顺位的公司债券（Senior Subordinated Note）和可转换优先股（Cumulative Convertible Exchangeable Preferred Stock）交换相应份额的普通股。多重防御措施下，Pantry Pride的收购进程面临极大阻碍。尽管后续Pantry Pride多次提高其报价，但仍遭到Revlon的回绝。与此同时，9月24日，Revlon董事们授权管理层与其他潜在收购方进行接洽。其中，与Forstmann Little Co.（Forstmann）的收购谈判进展顺利，Revlon同意以每股56美元的价格向Forstmann出售其股票，并放弃防御措施下公司债券的各项约定。

Pantry Pride持续发力，10月7日，Pantry Pride提高报价至每股56.25美元，2天之后，Pantry Pride宣布将匹配任何竞争报价。Forstmann随后将报价提高至每股57.25美元，并附加了交易保护条款的限制条件以防止Revlon终止交易，包括Forstmann对Revlon核心业务的购买权锁定（lock-up），Revlon的不招揽承诺（no-shop），以及2500万美元的交易终止费（cancellation fee）。

10月15日，Pantry Pride向特拉华州衡平法院提起诉讼，寻求针对 Revlon 一系列防御措施及 Forstmann 交易保护条款的临时性禁止令救济，并得到了该法院支持。10 月 22 日，Pantry Pride 进一步提高报价达到每股 58 美元。10 月 31 日，Revlon 向特拉华州最高法院提起上诉。

特拉华州最高法院指出，尽管董事会有权平衡公司的长远利益和短期利益，并无义务为了股东短期利益的最大化而同意收购，但如果董事会已经决定将公司出售或重组，或者在面临敌意收购时寻求将公司出售给第三人，使公司的解散或分拆不可避免（make dissolution or break-up inevitable）时，董事会的角色就从公司的守卫者转变为为了股东争取最优价格的拍卖者，其义务也从维护公司的存续转变为将公司以可能得到的最高价格出售。在本案中，Revlon 董事会的行为违反了其信义义务，因为其实质上中断了公司在出售过程中一场活跃的拍卖。当 Revlon 董事会认定每股 47.5 美元的报价过低时，董事会有权基于合理理由的善意（good faith）对敌意收购进行防御。但当 Pantry Pride 将价格提升至每股 50 美元以上时，公司的出售看上去已经势在必行，并且，Revlon 董事会积极与第三方协商收购计划的行为也印证了这点。此时，Revlon 董事会的行为是在无谓地抵制恶意收购人，而非为公司积极争取最优价格，其行为背离了信义义务在此种情形下的要求。因而，特拉华州最高法院维持了初审法院的裁定。

案例摘要 21 – 4

Kahn v. Lynch Commc'n Sys., *Inc.*

638 A. 2d 1110（Del. 1994）

Lynch Communications System，Inc.（以下简称 Lynch）是一家特拉华州公司，主营业务为设计和制造电子电信设备。Alcatel USA，Inc.（以下简称 Alcatel）是一家控股公司（holding company），拥有 Lynch 43. 3% 的股份，并委派了 Lynch 董事会 11 名董事中的 5 名，是其控股股东。1986 年春，Lynch 的管理层基于业务拓展的战略需要，有意购买 Telco Systems，Inc.，但该项收购遭到了 Alcatel 的反对并建议购买另一家类似公司。双方争执无果，Alcatel 公司决定以每股 14 美元的价格现金收购 Lynch 的剩余股票，将 Lynch 作为一家全资子公司。然而，Lynch 董事会为此设立独立的特别委员会，经过评估，委员会认为 14 美元的价格过低，并提出了每股 17 美元的还价。双方进行了大约两周的谈判，在此期间，特别委员会多次以出价过低为由否决了 Alcatel 的要约，最后，Alcatel 的最高报价达到每股 15. 5 美元。在特别委员会会议上，一名委员会成员透露，如果 15. 5 美元的报价未被接受，Alcatel 将准备以更低的价格进行敌意收购。至此，在咨询其财务和法律顾问后，独立委员会一致投票建议 Lynch 董事会批准阿尔卡特公司每股

15.5 美元的现金并购要约。董事会当天召开会议，在 Alcatel 的提名董事弃权的情况下，批准了该项合并。

Lynch 股东随即向特拉华州衡平法院提起集体诉讼，主张 Alcatel 的收购是不公平的，Alcatel 作为公司控股股东，违反了对 Lynch 其他股东负有的信义义务（fiduciary duty）。具体而言，原告指控 Alcatel 强行规定了合并条款并设定了不公平的收购价格。初审法院认为，Alcatel 确为公司控股股东，如果公司控股股东处于交易的双方，例如本案中，交易在子公司和母公司间进行，该控股股东应当承担"完全公平标准"（Entire Fairness）下的举证责任。但考虑到交易经过了特别委员会的审议，该举证责任应从原本的被告转移到原告身上，据此作出被告胜诉的判决后，原告提起上诉。

在上诉中，特拉华州最高法院首先肯定了特定情况下，完全公平标准下举证责任的转移，即如果被告能够证明：(1) 交易获得了由独立董事组成的运作良好的特别委员会的批准；或 (2) 交易获得了知情的多数小股东投票通过时，则被告可以将举证责任转移至原告。但是，应当注意的是，这并非形式上的要求，在举证责任的认定方面，法院需认真审查，特别委员会或其他机制是否在交易谈判中拥有真正的还价能力以保障少数股东的权益（careful judicial scrutiny of a special committee's real bargaining power before shifting the burden of proof on the issue of entire fairness）。本案中，由于 Alcatel 威胁特别委员会如不接受报价，将诉诸恶意收购，这损害了委员会进行公平谈判的能力。作为 Lynch 控股股东的 Alcatel 公司实质上对并购交易的谈判进行了控制，因而在本案中，特别委员会的存在并不足以将举证责任从被告转移到原告。因此法院将此案发回衡平法院重审，规定由被告承担举证责任，以确定交易是否完全公平。

在本案的后续，案件发回重审后，衡平法院根据举证责任重新评估，得出结论认为被告 Lynch 及 Alcatel 满足了其在完全公平标准下，对交易的程序公平和价格公平（fair dealing and fair price）的双重举证责任，判定交易对 Lynch 的少数股东完全公平（entirely fair）。该判决得到了最高法院的维持。①

---

① *Kahn v. Lynch Commc'n Sys.*, *Inc.*, 669 A. 2d 79 (Del. 1995).

案例摘要 21 – 5

Kahn v. M&F Worldwide Corp.

88 A. 3d 635（Del. 2014）

MacAndrews & Forbes Holdings, Inc.（以下简称 M&F）持有 M&F Worldwide Corp.（以下简称 MFW）43.4% 股份，为 MFW 的控股股东。2011 年 5 月，M&F 开始计划收购 MFW 的剩余股份。M&F 聘请的投资银行对 MFW 的估值为每股 10 ~ 32 美元。6 月 10 日，MFW 在纽约证券交易所的当日收盘股价为每股 16.96 美元。6 月 13 日，M&F 向 MFW 的董事会提出以每股 24 美元的价格收购 MFW 的剩余股份，同时要求该交易的推进必须以下述两项为前提：（1）MFW 指定的一个由独立董事组成的特别委员会的批准；及（2）与 M&F 无关联的 MFW 股东（小股东）的过半数批准。

随后，MFW 的独立董事们决定成立一个特别委员会且赋予其审查和评估 M&F 的报价、与 M&F 就报价进行谈判等职权，特别地，特别委员会需向 MFW 董事会汇报其关于报价价格是否公允及是否符合公司股东的最佳利益的意见［recommendation as to whether the Proposal is fair and in the best interests of the stockholders of the Company other than（M&F）］，除非得到特别委员会的倾向性意见，董事会无权同意报价。特别委员会聘请了自己的法律顾问和财务顾问，基于谈判策略，拒绝了 M&F 提出的每股 24 美元的报价并向 M&F 提出了每股 30 美元的还价。经过几轮反复还价，M&F 给出了每股 25 美元的最佳且最终报价（best and final offer）。特别委员会的财务顾问经过评估，认为 25 美元的报价处于公允范围内，经过讨论，特别委员会一致同意向 MFW 董事会作出推荐 M&F 的报价的结论。11 月，MFW 的股东收到了关于 M&F 报价的委托投票说明书，说明书中详细披露了特别委员会的审查、评估和谈判过程及推荐意见，在股东投票中，超过 65% 的小股东同意了 M&F 的报价。经过上述两项及 MFW 董事会的批准，M&F 于 2011 年 12 月完成了私有化 MFW 的交易。

未投票批准交易的部分 MFW 小股东随后向特拉华州衡平法院提起诉讼，以 MFW 的董事会及 M&F 作为控股股东在私有化交易中违反了信义义务为由要求其赔偿损失。衡平法院认为，在控股股东发起的私有化并购中，如果同时获得一个经适当授权且独立的委员会和知情且未被强迫的多数小股东批准，对相关方是否违反信义义务的司法审查标准应适用“商业判断规则”（Business Judgment Rule）而非“完全公平标准”（Entire Fairness），法院以原告未能证明被告违反信义义务为由作出了支持被告的简易判决并驳回该案件。原告随后向特拉华州最高法院提起上诉。

美国特拉华州最高法院肯定了衡平法院的观点，即当控股股东对其控制的公司进行私有化交易时，如果该交易获得了独立的特别委员会的同意，同时又获得了未受强迫且知情的多数小股东投票通过，则将适用商业判断规则作为司法审查标准。美国特拉华州最高法院解释道，在涉及控股股东的并购交易中适用完全公平标准进行审查的本质是作为特别委员会和少数股东的多数批准的双重程序保护的替代。如果采用了双重程序，经过特别委员会和小股东两次审查，则足以抵销控股股东的潜在不当影响，使控股股东私有化交易与其他同第三方的交易没有区别，能够达到对小股东提供保护的目的。

基于上述说明，美国特拉华州最高法院概括了在涉及控股股东收购时采用“商业判断规则”作为司法审查标准的前提条件，当且仅当：（1）控股股东同意以通过特别委员会决议和获得少数股东的多数批准作为交易进行的条件；（2）特别委员会是独立的；（3）特别委员会有权自主选择其顾问并拥有对交易的否决权；（4）特别委员会对于交易价格的制定进行了充分的谈判，履行了其谨慎责任；（5）特别委员会和少数股东基于知情投票；（6）少数股东的决议未受胁迫。如果原告能够证明上述任一情形不成立，则法院将适用“完全公平标准”进行审查。

最后，特拉华州最高法院认为本案中的特别委员会是独立的且被充分授权，并已履行了其谨慎责任。小股东收到的委托投票说明书中也进行了充分的披露。所以，本案应当适用商业判断规则，本案的举证责任由原告承担，故最终判决维持衡平法院的判决。

第 22 回　交易保护条款

一、交易保护条款的缘起

并购交易已经签约，协议是有法律约束力的，退出交易要承担不利的法律后果，那为什么还特别需要交易保护条款呢？

这首先要讨论一个在美国公司并购交易中的根本问题：目标公司董事的信义义务（fiduciary duties）。信义义务的本质是董事作为公司的经营管理人，即公司所有权人（股东）的代理人、受托人，对公司股东承担的忠诚、审慎地履行其职责的义务。美国各州公司法中，在司法理论及业务实践中最具影响的是特拉华州公司法，根据该州制定法和判例法形成的一套交易惯例（包括常见合同条款）常被作为一种最佳实践（best practice）而受到执业者的普遍尊重与参照。在特拉华州公司法中，信义义务要求董事在出售公司控制权时，为公司的股东争取合理情况下所可能获得的最高交易价格，这就是所谓的“Revlon Duties”。[①]这样的义务贯穿交易过程的始终。

为履行 Revlon Duties，目标公司的董事会在考虑出售公司的控制权时，通常做法之一是在市场上进行询价（market check），以寻

---

① *Revlon, Inc. v. MacAndrews & Forbes Holdings, Inc.*, 506 A. 2d 173 (Del. 1986).

求最优的报价。但是，Revlon Duties 并没有强制性地要求董事会必须在签约前进行询价，现实中因交易的情形各异，公司董事会很多时候可能无法进行或者无法有效地进行市场询价。如果在协议签署后，出现了更高的报价，或者虽不是明确的报价，但出现了可能给出更高价格的买家，这时董事又应当如何行事呢？如果放任这样的机会溜走，董事就有违反信义义务的风险，可能面临股东诉讼；而如果和新出现的第三方买家谈判，甚至终止现有的合同去追寻第三方的更高价格，就会导致自己的公司承担违约责任。如何解决这样的两难处境呢？实践中发展出了一套最佳实践的交易惯例，那就是在收购协议中增加一系列条款，允许签约后，目标公司可以为了满足履行董事信义义务的目的，与可能提出更高价格的买家接触、联系、谈判，在一定条件下，甚至可以终止现有协议而去和新买家达成协议，把目标公司出售给别人。这就是所谓的“信义退出”(fiduciary-out)条款，也就是允许目标公司因履行董事信义义务而终止协议的条款。

信义退出条款为交易带来了很大的不确定性，在买方与目标公司的交易过程中，买方已经付出了很高的成本，包括时间、金钱和机会成本。尽管签署了有法律约束力的协议，但“煮熟的鸭子”还可能合法地“飞了”。但是，囿于法律的强制性规定，若不接受信义退出条款，不消除目标公司董事有关信义义务的顾虑，尤其是在目标公司董事会没有进行或没有有效进行签约前的市场询价的情形下，显然难以与目标公司达成并购协议。为平衡以上矛盾，实践中发展出的最佳实践是在原则性同意信义退出条款的前提下，买方会增加一系列对应条款，给信义退出条款的内容增加各种条件和限制，提高目标公司董事启用信义退出条款的成本和难度，以降低信义退出条款为已签约的交易带来的不确定性。这一系列的条款就是所谓的“交易保护”条款。在合同条款上，它和信义退出条款经常混在一起，交叉援引，关联性极强。

二、谈判攻防的关键

在上市公司并购中，双方通常都会围绕信义退出和交易保护这一对共生而矛盾的条款展开激烈的谈判。既然两套条款彼此是对立制约的，谈判的核心就是找到双方都能接受的平衡点。

特拉华州的最佳实践为这个平衡点的位置提供了一定的指引，通过众多的判例演化而发展出的核心原则是：目标公司董事会不能同意负担过重或过于严苛的交易保护条款，以至于不适当地阻止了其他竞标者就交易投标，从而对目标公司股东的利益造成损害。[②]换句话说：特拉华州法律不允许交易保护条款过分严苛，从而阻却其他潜在买方，让更高买价的出现成为不可能，让信义退出条款名存实亡。

但这样的指引仍然是很宽泛的，具体交易中的平衡点需要买卖双方在交易谈判的过程中去共同发现和确定。每个交易中的交易结构、适用法律、交易双方的谈判能力、经验和技巧、双方各自的风

② *In re Toys "R" Us, Inc., S'holder Litig.*, 877 A. 2d 975 (Del. Ch. 2005).

险承担意愿与能力、其他商业及法律要点上的博弈等都不尽相同，对于平衡点的确定都具有重要的影响，但最有影响的，还是买卖双方对公司市场价值的判断以及双方的价格谈判过程。

如果目标公司董事会借助专业顾问的帮助，在签约前进行了有效的市场询价，严谨的招标竞价过程（auction process），审慎、理性、全面地考虑了各种因素后，认定买方出价已经是卖方所可能合理获得的最高价格，或者非常接近，判断签约后出现更优价格的可能性很低，也就更容易接受买方相对严苛一些的交易保护条款。如果目标公司董事会通过与买方在信义退出和交易保护条款上的谈判交锋，迫使买方明显提高了并购价格，那就更有利于目标公司董事会在交易保护条款上做出一些让步。反之，如果在签约前没有进行有效的市场询价，并且买方出价只达到了目标公司董事会认定的公司价值区间的下限，董事会对于获得第三方买家的更高出价抱有真实的希望，那么买方想说服目标公司董事会接受一套严苛的交易保护条款，就是非常困难的事情。

三、常见的交易保护条款

美国上市公司并购交易中常见的交易保护条款有如下几种。

（一）终止或分手费

目标公司和卖方在和更高报价出价方达成交易前必须终止与原始买方的交易，原始交易的买方在此时往往会要求卖方给予其补偿，该补偿金额被称为分手费（termination or break-up fees）。实践中，大多数上市公司的并购交易中都会设置分手费机制。分手费的触发事件（trigger events）通常是交易双方谈判的重点。常见的分手费触发事件包括如下几种：（1）因目标公司的股东大会否决交易而触发，即在买卖双方签署并购协议之后，目标公司董事会向目标公司股东大会推荐交易，但目标公司股东大会否决交易；（2）因在约定的交易终止日（drop-dead date）后尾随期内（tail period），目标公司收到第三方报价而触发；（3）因董事会改变交易推荐而触发，即在买卖双方签署并购协议之后，目标公司董事会因收到更高报价而向股东大会改变交易推荐；（4）因目标公司和卖方违约而触发，例如违反交易中的不招揽承诺或违反其他陈述与保证导致交易未能交割等。

分手费的金额也是谈判重点，交易双方必须确保其设置的分手费金额是合理的，能够经受法院的司法审查而不会被认为负担过于沉重以至于不适当地阻止了其他竞标者就交易进行投标或者迫使目标公司股东大会不得不就已达成的交易投赞同票。但法院对于合理分手费的具体金额并未设置非黑即白的明确标准，需要根据具体情况进行具体分析。基于美国法院过往的判例，交易价值（transaction value）的3%~5.5%通常被认为是一个合理的金额范围。但这仅具有参考价值，交易价值极其巨大的时候，分手费的百分比也会降低；交易价值较低的时候，分手费的百分比也会较高。根据美国投行 Houlihan Lokey 对 2023 年美国市场以美国上市公司为标的，交易价值在 5000 万美元以上交易的统计，卖方支付的分手费在

0.2%~5.7%，中位数为交易价值的2.7%。[③]

（二）不招揽、不交谈承诺

不招揽承诺（non-solicitation/no shop）是指目标公司董事会向买方做出的在签约后到交割前不主动招揽其他竞争性投标的承诺。不招揽承诺能确保目标公司董事会只能被动地接受竞争性投标，买方至少能在一定程度上控制目标公司可以考虑和接受的竞争性投标的类型。不招揽承诺主要包括以下几方面义务：（1）禁止目标公司董事会及其代表招揽或鼓励竞争性投标；（2）禁止目标公司董事会及其代表向第三方提供信息或与第三方进行谈判；（3）要求目标公司董事会在收到未经招揽的竞争性投标时通知买方。与之对应的条款是go shop，意即目标公司董事会可以在签约后主动去市场上进行询价，此类条款一般只有在目标公司董事会没有进行或没有有效地进行签约前市场询价的交易中才可能为买方所接受；即便如此，买方可能会同时要求其他交易保护条款，比如相对高额的分手费。

不交谈承诺（no talk）是指目标公司和卖方不得与市场上其他潜在买方就可能与本次交易竞争的交易进行交流。不交谈承诺往往规定十分严格。但是，为了能够满足董事会的信义义务，不交谈承诺往往会有例外，允许目标公司董事会就第三方主动发来的信息进行礼节性的回复，或者进行沟通，澄清对方的意图和投标内容。

---

③ Houlihan Lokey, 2023 Transaction Termination Fee Study (May 2024), http://cdn.hl.com/pdf/2024/2023-transaction-termination-fee-study.pdf.

基于以上的讨论，实践中经常见到的模式是“签约前有效的市场询价 + 相对严格的 no shop”或者“签约前没有或者没有有效的市场询价 + 签约后 go shop”，当然市场中也存在其他多样的交易模式。但是，近年来，法院对于“签约前没有或者没有有效的市场询价 + 签约后 go shop”的态度越发谨慎，不会仅仅因为目标公司进行了签约后简单的询价，就认定目标公司董事履行了去发现更高价格的义务。原因在于签约后进行询价时，被问询到的潜在买家会了解到目标公司已经与买方签约，而签署的协议中会有各种交易保护条款（尤其是分手费和匹配权），因而对能否以较合理的成本从目标公司现有买方的手里抢走交易存在疑虑。另外，签约前的市场询价，潜在买方都有较为充裕的时间进行谈判与尽调，而在签约后的询价过程中，时间则通常比较仓促。签约后询价的期间通常为 25 天到 50 天不等，原则是需要给予目标公司相对充分的时间来发掘市场上可能的买家。在特拉华州衡平法院最近的判决中，法院认定交易双方约定 30 天的询价期间并不充分，因为该 30 天横跨圣诞节和新年假期，目标公司很难在节日季期间在短短 30 天内获得其他投标。④

（三）**匹配权**

此条款的大意是：如果目标公司在交割前收到任何竞争性的报价，需要告知买方，买方在收到通知后一定时间内有权决定提高收

④ *In re Mindbody*, *Inc. S'holder Litig.*, 2020 WL 5870084 (Del. Ch. 2020).

购价格、优化收购条款和条件，以便与竞争性的新报价相匹配或超过竞争性报价。此外，在有的交易中，目标公司董事会有权在“发现后院金矿”（finding of gold in the backyard）⑤的情况下不再继续向目标公司股东大会推荐与买方的交易，在此情形下，买方同样可以要求目标公司给予其匹配权（matching or topping right），这种匹配权就不是匹配其他竞标者的更优报价，而是由买方修改其报价和交易条件以反映目标公司的真正价值，从而使目标公司董事会认定交易仍然是可取的（advisable）而无须改变向股东大会作出的推荐。

匹配权有一次性匹配权（one-time matching right）和无限次匹配权（买方有权匹配第三方提出的每一次报价，被称为 last look）。谈判匹配权条款时，交易双方通常会关注：（1）初始匹配权的期限，常见的期限为 48 小时到 5 个工作日或更长；（2）匹配权是否是多次重复的（recurring），如是，则每次其他竞标者就其更优报价作出修改后买方享有的匹配期限是多长；（3）目标公司是否有义务在匹配期内与买方进行善意谈判。目标公司会尽量限制买方的匹配权，以避免第三方因此而不再有动力进行竞标，并防止买方拖延竞标流程，例如买方如果有无限次的匹配权，其可以每一次都提出一个仅略高于其他竞标者的报价，与其他竞标者进行拉锯战。

---

⑤ “发现后院金矿”是指在签署交易文件后发现一些情况使继续与已签约的买方进行交易变得不可取，例如目标公司是一家生物医药公司，其发现了一种可以治疗某种癌症的药物，使目标公司的预期价值大幅提升，已签约买方的报价变得不可取。

（四）强制投票

美国《特拉华州普通公司法》第146条允许目标公司董事会在撤销其对交易的推荐的情况下仍然将交易提交股东大会投票。因此，买方可以在并购交易文件中要求目标公司在任何情况下均需将其交易提交股东大会，即使目标公司董事会收到了第三方的竞争性报价且已经撤销了其对交易的推荐，即所谓的“强制投票”（force the vote）。

强制投票可以实质性地拖延其他竞标者的交易进程，因为在目标公司股东大会否决与买方的交易前，目标公司无法与新竞标者签署交易文件，亦无法开始征集股东投票及监管审批程序。因此，强制投票条款使目标公司股东要在眼前已经达成的交易（预期能够在股东大会投票后很快交割）和一个仅仅预期可能达成的替代交易（即便新竞标者提供了更高的价格）之间进行选择。这可以极大地保护买方的交易，尤其是如果新竞标者可能引起目标公司股东对交易的反垄断风险或其他可能导致交易不能成功交割的原因的担忧时，股东可能会选择批准现有买方的交易。在前几年一家中国国企参与竞标的美国交易中，就曾出现过这一情形。⑥

四、非上市公司交易中的交易保护条款

读者可能会发现，我们一直在讨论与目标公司董事会进行谈

---

⑥ Jad Mouawad, *Chevron Says S. E. C. Approves Its Contested Offer for Unocal*, The New York Times (June 30, 2005), https://www.nytimes.com/2005/06/30/business/chevron-says-sec-approves-its-contested-offer-for-unocal.html.

判，而不是与目标公司的股东。为什么呢？因为在并购上市公司的交易中，通常股东非常分散，上市公司一般是由董事会来代表卖方（所有股东）进行谈判，再由董事会将达成一致的交易提交给股东大会投票批准。这样的流程决定了在上市公司并购中目标公司董事会就代表卖方。还需要注意的是：如董事会部分人员存在利益冲突（比如上市公司大股东对公司进行私有化的交易中，大股东担任或委派的董事就有利益冲突），可能需要独立董事组成的特别委员会来代表董事会。

那么，非上市公司的交易是如何呢？原则上讲，非上市公司的董事也一样要履行对于股东的信义义务，在出售公司的时候，也需要为公司股东去争取合理范围内的最高价格。但是，通常非上市的目标公司都是由一家大股东或者少数几家主要股东控制的，在出售这样的目标公司的控制权时，通常不会由目标公司的董事会来主导交易并作出决策，而是由一家或少数几家主要股东直接参与交易过程并决策，因此，非上市公司的董事在出售本公司控制权交易中的信义义务要求很难被触发，也就不存在信义退出条款的需求，买方也不需要提出“一揽子”的交易保护条款来制衡。也正因如此，本回所分析的条款，通常在非上市公司的并购交易文件中是很少见的。

但是在非上市公司的并购交易中并非不存在交易保护条款。有些交易文件中，我们也可以见到“排他性”条款，即要求卖方（通常是出售股份的股东）、目标公司以及他们各自的代理人，在签约后必须终止和第三方有关出售目标公司或资产的一切谈判、沟通与联系，直到交割或者合同终止之前，不得与第三方就竞争性的交易进行谈判、达成协议。从法律方面讲，这样的条款并没有很大的必要，因为买方可以请求法院强制履行已经签署的协议（specific performance）；但是这样的约定对买方是有一定裨益的，使买方能够更加积极、主动、严格地排除签约后的对手，无须等到卖方与竞争对手“生米煮成熟饭”时再去行使权利追究对方违约责任，在发现卖方异动之初，就可以依据该条款主动介入。另外，我们还可以见到分手费的约定，分手费能提高对方违约成本，也有实现交易保护的客观作用。

结　语

除了以上介绍的交易保护条款外，有些执业者把上市公司并购交易中股东支持/投票协议（shareholder support agreement/voting agreement，即目标公司部分股东签署的支持买方交易并表示会在股东大会上投票支持的协议）也作为交易保护机制的一部分，本文不再赘述。

最后，交易双方在为美国上市公司的并购交易谈判交易文件、设计相应条款时，应时刻谨记就拟采用的交易保护条款要结合交易的具体情况，尤其是签约前市场询价和谈判的情况进行综合判断，一方面要回应买方需求，提高交易的确定性；另一方面要顾及目标公司董事会履行信义义务的需要，寻求双方利益的最佳平衡。

延伸阅读

案例摘要 22－1

安邦收购喜达屋

安邦保险是一家中国保险行业的多元化集团企业，曾经以其快速推进的国际化进程和积极的海外并购战略闻名。万豪国际和喜达屋酒店则是全球酒店及度假村行业的领军企业，依靠旗下丰富的品牌组合和广泛的市场覆盖，在全球酒店行业中稳居前列。在2016年的并购战局中，安邦保险与万豪国际之间围绕喜达屋酒店所有权展开了激烈而备受瞩目的争夺战，这场较量生动诠释了跨境并购实践中的多个关键交易保护机制的应用，比如不招揽承诺、匹配权、分手费等。

2015年11月，万豪国际集团与喜达屋酒店及度假村国际集团达成一项合并协议，①协议内容为万豪国际计划通过并购喜达屋，以此合并创造出全球规模最大的酒店集团。根据该协议条款，万豪国际将以总价值119亿美元的换股加现金方式进行收购，具体为每持

① Starwood Hotels & Resorts Worldwide, Inc., *Agreement and Plan of Merger by and among Marriott International, Inc., Starwood Hotels & Resorts Worldwide, Inc., et al.*, EDGAR (Nov. 15, 2015), https://www.sec.gov/Archives/edgar/data/1048286/000119312515377593/d52885dex21.htm.

有1股喜达屋普通股的股东将获得0.92股万豪A级普通股以及额外的2美元现金补偿。该合并协议同时设置了多项交易保护机制：

（1）不招揽承诺及信义退出：根据合并协议第4.2（a）条，喜达屋及其代表不得在交易期间①主动招揽、发起或鼓励竞购对手提出竞争性报价；及②参与任何关于替代交易的讨论或谈判。然而，协议也包含了信义退出条款，若在获得喜达屋股东批准前，喜达屋董事会在征询外部法律和财务顾问意见后善意地判断，有一份第三方提供的非违规要约可能构成优于当前交易的更优报价，那么喜达屋及其代理人有权向该第三方透露相关信息并参与相关讨论或谈判。该协议第4.2（b）条进一步明确了“更优报价”的界定条件：①未违反不招揽义务；②喜达屋董事会善意认为，从财务角度看，新要约的条款对喜达屋股东更为优越；及③喜达屋董事会在全面评估所有相关因素后，确信该新交易有合理交割的可能性。

（2）匹配权：根据合并协议第4.2（b）条，万豪拥有匹配权，在得知喜达屋确认收到更优报价后的5个工作日内，有权修改其自身报价以与第三方竞价相抗衡或超越。若第三方调整报价，万豪后续的匹配期限将缩短至3个工作日。

（3）分手费：根据合并协议第7.2（b）条，倘若①喜达屋在股东大会批准交易前单方面终止协议，或者在交易未获股东大会批准后的12个月内与第三方达成竞争性交易；或②喜达屋董事会未能持续无保留地向股东推荐本次交易，或在接收到竞争性提议后10个工作日内对本次交易推荐意见有所更改，喜达屋将有义务向万豪支付高达 4 亿美元的分手费。

在万豪对喜达屋收购进展顺利之际，2016 年 3 月中旬，安邦保险集团、美国本土投资公司 J. C. Flowers & Co. 以及中国著名投资机构春华资本组成财团介入交易，向喜达屋发起了颇具竞争力的收购攻势。3 月 14 日，安邦财团首次开价每股 76 美元现金收购喜达屋股份，总额高达 128 亿美元。短短 4 天后，即 3 月 18 日，安邦财团再次上调收购价格至每股 78 美元，交易总值攀升至 132 亿美元。同日，喜达屋发布公告，鉴于安邦财团报价更高且融资条件优越，且交易确定性较高，正式确认安邦财团提出的收购要约为更优报价，并根据其董事的信义义务，计划终止与万豪的合并协议，转而与安邦财团签署最终收购协议。②

然而，按照与万豪签署的合并协议第 4.2（b）条，万豪拥有匹配权，能够在接到喜达屋确认更优报价通知后的 5 个工作日内修改其报价，力求与第三方竞价匹敌或超越。若第三方报价有所修订，万豪后续的匹配期限则缩短为 3 个工作日。3 月 21 日，万豪国际利用其匹配权，大幅提升收购价格至每股 85.36 美元，其中包括每股 21 美元现金和 0.8 股万豪普通股，使得新的收购总价跃升至 136 亿美元。面对万豪的有力反击，喜达屋选择了放弃安邦的报

---

② Starwood Hotels & Resorts Worldwide, Inc., *Starwood Hotels & Resorts Determines Unsolicited Proposal from Consortium Consisting of Anbang Insurance Group, J. C. Flowers and Primavera Capital Constitutes a "Superior Proposal", Notifies Marriott of Intention to Terminate Merger Agreement*, EDGAR (Mar. 18, 2016), https://www.sec.gov/Archives/edgar/data/316206/000095015716001745/ex99-1.htm.

价，并与万豪签署了修订后的并购协议，协议中增设了更加严格的交易保护措施。例如，如果喜达屋最终选择接受其他公司的收购，须向万豪支付的分手费从原本的4亿美元提高至4.5亿美元，并可能承担最高1800万美元的融资成本。根据修订协议，双方需竭尽全力向各自股东推荐万豪的收购方案，并将其提交至延期至4月8日召开的股东大会进行投票表决。③

紧随其后，3月28日，安邦财团再次提升了其收购价格，每股现金交易价增至82.75美元，总交易价值提升至141.5亿美元现金。然而，在众人以为这场竞购战将持续升级的关键时刻，喜达屋于3月31日发布的公告透露，安邦财团基于市场因素考虑，决定退出对喜达屋的竞购。喜达屋董事会则继续保持对与万豪国际现有合并计划的一致支持。④尽管安邦财团没有提供更多退出原因的详细解释，但根据媒体的相关报道，原因之一可能是中国保监会对保险企业境外投资的严格监管，尤其是对保险公司境外投资不超过总资产15%的红线把控。最终，安邦财团的退出使万豪与喜达屋的合并得以顺利推进。

---

③ Marriott International, *Marriott International and Starwood Hotels & Resorts Worldwide Sign Amended Merger Agreement*, Marriott International (Mar. 21, 2016), https://news.marriott.com/news/2016/03/21/marriott-international-and-starwood-hotels-resorts-worldwide-sign-amended-merger-agreement.

④ Starwood Hotels & Resorts Worldwide, Inc., *Starwood Hotels & Resorts Announces Anbang Consortium Has Withdrawn Offer*, *Reaffirms Commitment to Merge with Marriott*, EDGAR (Mar. 31, 2016), https://www.sec.gov/Archives/edgar/data/316206/000095015716001816/ex99-1.htm.

4 月 8 日，万豪国际集团与喜达屋酒店集团在两家公司分别举行的特别股东大会上宣布，股东们已经投票通过了万豪收购喜达屋的提案。这场盛大的收购战最终在 2016 年 9 月完成了合并。

第 23 回　注册权协议

注册权是美国证券法体系下的一个特殊问题，与中国法语境下的类似概念有很大的区别。注册权是公司授予特定股东的合同权利，在满足一定的条件下，股东可要求公司向 SEC 注册其股份，以便可以在公开市场予以出售，从而快速地变现退出。一般来讲，如果某股东要退出公司，他可以向特定第三方转让其股份，该转让行为（resale）需要符合公司注册地的公司法、公司章程和股东协议等，同时这种定向转让通常符合美国证券法下的豁免条款［如美国 1933 年《证券法》（Securities Act of 1933）第 4（a）（1）条］。但是，若股东想在公开市场上出售股份，即向不特定的第三方出售股份，则受到证券法的约束。美国 1933 年《证券法》第 5 条规定，任何证券的出售除非受到豁免，均应向美国证券交易委员会注册，只有完成注册的股份才可以在公开市场上进行出售。因此，注册权协议的目的即赋予股东要求公司注册其股份的权利，以便其在公开市场上进行出售。另外，需要注意的是，美国证券法下的注册是针对特定股份的注册，不是对公司/发行人（issuer）所有股份的注册，即在上市公司其他股东手里仍然可能存在未注册的股份，这部分股份属于受限股份，未经注册或符合豁免，不可以上市流通，这与中国法语境下上市公司的股份全流通是不同的。换句话说，注册权是属于特定股东的权利，如果某股东对其所持的股份没有注册权，则通常无法因别的股东行使注册权而注册其股份，从而上市流通。值得注意的是，即使该股东的股份没有注册权，但他仍可以向特定第三方转让其股份，或者按照美国证券法豁免条款［如根据美国 1933 年《证券法》项下的 144 规则（Rule 144 of the Rules and Regulations for the Securities and Exchange Commission and Major Securities Laws，以下简称美国 1933 年《证券法》144 规则）］在公开市场进行出售。

一、注册权的种类和范围

注册权通常分为两大类，一类为要求注册权（demand registration right），另一类为跟随注册权（piggyback registration right）。顾名思义，拥有要求注册权的注册权人可以要求发行人为其进行证券注册，而拥有跟随注册权的注册权人没有发起证券注册的权利，仅可在发行人自行或应要求为其他方进行证券注册的时候，将其持有的股份纳入注册的范围。

二、要求注册权

（一）适用的注册表格类型

要求注册权（demand registration right）给予投资者要求公司向 SEC 提交注册表格的权利。要求注册权包括长表注册［如表格 S－1

（Form S－1）或 F－1（Form F－1）］①和短表注册［如表格 S－3（Form S－3）或 F－3（Form F－3）］②两种情形。通常而言，如果公司可以使用短表注册，则公司将会优先使用短表进行注册。投资者一般也会在注册权协议中要求公司采取合理努力尽快符合使用短表注册的资格。

1. 长表注册

该条款要求目标公司使用表格 S－1（如为美国发行人）或 F－1（如为外国发行人）完成证券的注册。长表注册要求提供详细的公司信息，通常包含目标公司的业务、财务数据、风险因素、资本结构、管理层讨论、主要股东、资金用途等。长表注册耗时且成本昂贵，并需要公司管理层的大量参与。

2. 短表注册

该条款要求目标公司使用表格 S－3（如为美国发行人）或 F－3（如为外国发行人）完成证券的注册。相较于长表注册，短表注册相对简短，允许引用向 SEC 提交的其他文件中的信息（incorporation by reference），成本费用较低。但是，未上市和刚上市的公司

---

① S－1 表格是美国设立的发行人在美国公开上市前必须提交给 SEC 的注册声明。它提供了公司业务运营、财务状况和管理层的详细信息，以便潜在投资者作出明智的投资决策，并确保 IPO 过程中的透明度。F－1 表格是外国设立的发行人在美国公开上市时需向 SEC 提交的注册声明。

② S－3 表格是 S－1 表格的简化版本，适用于已经满足特定报告要求并具有公开报告历史的美国设立的发行人，允许其通过引用向 SEC 提交的其他文件中的信息（incorporation by reference）更快速地注册证券。与 S－3 表格类似，F－3 表格适用于已经满足特定报告要求并具有公开报告历史的外国设立的发行人，允许其通过引用向 SEC 提交的其他文件中的信息更快速地注册证券。

通常不能进行短表注册，因为使用短表注册需满足一些额外条件，包括但不限于目标公司已在 SEC 提交过一份年报［表格 10 – K（Form 10 – K）或 20 – F（Form 20 – F）］并在过去 12 个月内按时提交了所有披露文件以及未出现债务违约（包括优先股的分红）等。通常而言，利用短表注册的公司的流通股价值需达到 7500 万美元；如果公司的流通股价值未达到 7500 万美元，则可以在 12 个月内利用短表注册不超过 1/3 流通股价值的股份。

此外，美国 1933 年《证券法》项下 415 规则允许公司进行储架注册（shelf registration）。该规则下，符合条件的发行人可以利用短表预先注册一定数量的储架证券，该储架证券可在最长 3 年内（该期限可在期满前延长）内，由发行人根据市场条件选择适当的时机进行持续（continuous）或延迟（delayed）的下架发行（take-down）。下架时，发行人得以通过提交补充招股书（prospectus supplement）的方式迅速完成发售。储架注册为公司提供了在市场条件成熟时迅速筹资的能力。此外，短表注册允许引用其他披露文件的机制使得发行人可以在不必每次发行时都重新提交详细注册声明的情况下，灵活地出售证券。如果投资者需要公司进行储架注册，应尽早与公司协商。

（二）注册权的行权期间

公司与投资者通常会对注册权的行权期间进行谈判。正如前文所述，股份注册耗时耗力且成本高昂，公司希望能掌握自己首次公开发行（IPO）的节奏，因此，在未上市的公司私募发行股份时，公司通常希望投资者行使要求注册权的期间开始于 IPO 后的 180 天之后，180 天的期间是 IPO 的主承销商通常要求的锁定期。在已经上市的公司私募发行股份时，注册权的行权期间通常开始于发行完成后一段时间（我们经常见到的期间是 30 ~ 90 天，但也有更长或者更短的期间，具体取决于投资者的要求和公司完成注册需要的时间）。

就投资者角度而言，上市退出是主要的退出途径之一。如果投资交易后公司迟迟不能上市，则投资者很难在公开市场退出。虽然投资者理解没有公司大股东或管理层支持的 IPO 通常很难成功，但投资者希望如果公司在投资完成后较长的一段时间内（如 5 年，时间长短取决于投资者参与的融资轮次，如果是靠近 IPO 的轮次，则该期间可以缩短）仍未进行 IPO，则有权要求公司对其股份进行注册，即迫使公司进行 IPO，但这种案件较为罕见。

（三）注册权行使的次数和规模限制

如前文所述，长表注册通常耗时耗力且成本高昂，因此公司通常不愿为少量股份进行长表注册，其通常会要求拟注册证券须达到可注册证券的一定比例（通常是一个较大的比例，如 30%，有些交易中可能要求 50% 或更高），或者拟注册发行的股份规模达到一定金额，方可要求公司进行长表注册。同时，公司对注册权人行使长表注册权的次数进行限制（常见的是 1 ~ 3 次，除非投资者持有的股份比例很大，则可能争取到更多次数）。对于投资者而言，他们通常会主张既然行权的次数已经受到限制，公司不应再对每次行权的规模进行限制或者应该降低每次行权的规模要求。

相较于长表注册，短表注册成本相对较低，因此投资者通常要求其行使要求短表注册的权利不应受到总次数的限制。但就公司角度而言，短表注册仍然会产生相当的成本，而且可能对公司的经营产生一定的干扰。因此，公司通常会对短表注册的行权频率进行限制，如在 12 个月的期间内，短表注册次数不超过 2 次。另外，公司通常会要求最低发行总额，以避免为少量股份进行注册。

（四）注册生效期间

在注册权人行使了要求注册的权利后，公司应该在多长时间内完成注册也是双方的谈判点。在对公司较为有利的注册权协议中，公司不需要承诺应该在多长时间内完成注册；但在有些协议中，则要求公司“尽快且不晚于 90 天内”完成注册。应注意的是，如果公司还未上市，则公司应该争取尽可能长的期间，因为如果被迫使 IPO，则公司需要较长时间才能完成注册，一般而言，至少应该是 90 天（如果不能争取更长的期间）。另外，公司应尽可能避免答应“尽快”的要求，因为资本市场变化迅速，公司和投资者容易对“尽快”发生争议。

在注册生效后，公司应维持注册表多长的有效期也是一个关注点。在对投资者较为友好的交易中，公司需要维持注册表一直有效直至不再存在可注册的股份。但就公司角度而言，应尽可能避免无限制的期间。因为在注册表生效期间，公司负有更新信息的义务，有可能出现公司无须按照表格 8 – K（Form 8 – K）[③]的要求进行披露，但如果公司此时发行股份，则可能需要更新注册表的情形。通常而言，90～180 天的有效期是一个较为合理的期间，但是在储架注册（shelf registration）的情形下，投资者可能要求注册表在较长的期间（如 2～3 年）内有效，以便根据市场变化随时下架发行。此时，公司可以争取在发行股份后的 6 个月或者 1 年内保持有效（与下文提到的美国 1933 年《证券法》144 规则呼应，如果投资者可以按照美国 1933 年《证券法》144 规则出售股份，则公司可以不再保持储架注册表持续有效）。

（五）中断期间

要求注册权人在行使注册权的时候，可能对公司而言是个不方便的时机，例如公司正在进行重大并购或者面临重大诉讼。此时进行股份注册可能需要公司在注册表中披露相关事项。因此，公司通常要求设定一个中断期间（black-out period），在此期间限制注册权人行权注册权，且无须告知投资者施加中断期间的原因。就公司角度而言，其希望尽可能享有多次施加中断期间的权利。但是，投资者通常会要求限制公司行使中断的权利，以保护其注册权的效力，并能适时退出。因此，公司和投资者可能达成某种妥协，如公司在每 12 个月期间内施加中断期间的次数不能超过 1 次（或 2

③ 表格 8 – K 是美国设立的上市公司在其发生如公司结构变动、重大合同、法律诉讼、财务状况变化等重大事件时，必须向 SEC 提交的实时信息披露报告，上市公司应在事件发生后的 4 个工作日内提交，以确保市场信息的及时性和透明度。

次)，而且每次中断不得超过 90 天等。④

另外，公司通常要求在前次注册生效后 6 个月内，其可以不再次进行注册，即在此期间，注册权人不能行使要求注册权。在有些交易中，投资者会要求只有在前次注册中投资者有机会参与的情形下，公司才可以限制投资者行使要求注册权。另外，投资者通常要求在中断期间内，公司不可以进行其他的证券注册。

三、跟随注册权

跟随注册权（piggyback registration right）给予投资者在公司进行证券注册时参与该注册的权利。被跟随的注册可以是公司主动发起的新股发行，也可以是公司按照其他股东的要求进行的注册，但通常不包括与员工激励、公司重组和以公司股份作为对价的战略性收购相关的注册。

跟随注册权通常不会给公司带来沉重负担，公司需要做的是把该部分股份纳入注册的范围，因此跟随注册权的行权通常没有次数或者期间限制。但需注意实践中跟随注册权可能给公司的股份发行带来的实际影响。例如，注册权协议通常要求公司在提交注册表前 30 天（或其他期间）向跟随注册权人发出注册通知，注册权人需要在收到通知后的一段期间内决定是否参与注册。通知期应尽量缩

---

④　对于公司而言，每次延迟注册权行权的期间不应短于 75 天。表格 8 - K 须在重大事项发生后的 4 个工作日内被提交，模拟的财务报表（pro forma financial statements）须在提交表格 8 - K 时一并被提交或在其后的 71 个日历日内通过修正案完成提交，因此 75 日应为中断的期间。

短，以免公司过早披露拟进行注册的信息，特别是在注册仍具不确定性时。从注册权人的回复期限角度看，越晚越好，因为交易的确定性越高，尤其是在资本市场波动较大的时期。另外，公司可考虑是否对跟随注册权施加期间限制，如果该等股份可依据美国 1933 年《证券法》144 规则出售，是否仍需赋予投资者跟随注册权。在存在数量众多的跟随注册权人的情形下，与他们沟通和确认可能耗费大量时间，导致公司错失股份发行的窗口期。从投资者角度看，如果他们可以依据美国 1933 年《证券法》144 规则进行出售，行使跟随注册权未必符合其最大利益，因为公司注册通常通过承销商进行（underwritten offering），跟随注册的投资者需要分担承销商的成本。

此外，很多注册权协议授予跟随注册权人在注册生效之前撤回的权利。公司应尽量避免给予跟随注册权人随意撤回的权利，尤其是直到注册生效之前都能撤回的权利，因为这会导致承销商在对发行股份定价时（pricing）无法确定发行股份的数量，并需要与跟随注册权人保持持续沟通。公司应对跟随注册权人的撤回进行限制，如只在发行价格低于某个价格时才能撤回，或仅在注册生效日期之前的某个期间可以撤回等。

四、可注册股份的削减

注册权协议通常约定，如果股份注册后将通过承销方式予以销售，且承销商建议公司因市场因素需要减少注册的股份数量，那么可注册的股份数量需要相应削减（cutback）。在此种情形发生时，削减的顺序非常重要，即可注册的股份应该优先分配给谁。如果本次注册是公司的 IPO，公司应该有优先权，有权削减其他所有的可注册股份。如果本次注册不是公司的 IPO，则行使要求注册权的股东通常要求注册的份额应该优先分配给他们。但是，从公司的角度来看，注册的份额应优先分配给公司，这样公司更有动力保证本次注册的成功，并为公司发展募得资金，从而有利于所有股东。此外，在公司之后，份额应该按比例分配给所有可注册的股份（包括依据跟随注册权请求包含在本次注册中的可注册股份），而非优先分配给行使要求注册权的股东，否则将给股东创造错误的激励，使其抢先行使要求注册权。在可注册的股份之后，剩余份额可按比例分配给其他股东［即此类股东持有的股份不是注册权协议定义的可注册证券（registrable securities）］。除以上顺序外，注册权协议中还经常包含一些对削减的限制，例如被削减的可注册股份不能超过请求被注册的可注册股份的 50%（或其他比例）；在可注册股份被削减前，其他持有非可注册股份的股东，包括公司的董事、管理层和员工等持有的股份应该首先被排除等。

另外，在注册权协议中经常可以看到，针对要求注册权和跟随注册权的削减顺序是不同的，通常而言，跟随注册权人的权利顺位会较弱。

五、注册权的终止和 144 规则

注册权协议中经常见到，在公司 IPO 之后的 5 周年（或经谈判的其他时间）或者对于某股东而言，其可以按照美国 1933 年《证券法》144 规则不受数量限制地出售其股份（或者可在 90 天内出售其所有股份），以孰早为准，则注册权协议终止。在某些协议中，我们还可能见到当某股东持有的股份低于一定比例时，注册权协议终止。

美国 1933 年《证券法》144 规则是一个安全港规则，主要内容是受限股份（restricted securities）和控制股份（control securities）在符合一定条件时可以在公开市场出售，无须进行注册。受限股份是指通过非公开市场交易获得的未注册股份，典型途径包括公司的定向增发或者股东的转让。控制股份是指上市公司关联方持有的未注册股份，此处的关联方指公司高管、董事及主要股东（一般为 10% 以上的股东）。需要特别注意的是，关联方从公开市场获得的注册股份，也会成为控制股份。

（一）受限股份

如果公司已经是证券法下的报告公司（reporting company），则持有人已持有受限股份至少 6 个月，其可在公开市场出售受限股份，只要在出售前市场上存在充分、及时的公开信息。如果持有人已持有受限股份至少 1 年，其可不受上述限制地向公开市场出售受限股份，无论公司是不是证券法下的报告公司。

（二）控制股份

公开出售控制股份的前提之一是持有人已持有报告公司股份 6 个月或非报告公司股份 1 年；此外，市场上需要存在充分、及时的公开信息，对于报告公司而言即如所述的遵守定期报告义务（需上市已满 90 天），而对于非报告公司而言，特定公司信息（包括其业务性质、管理人员及董事信息以及财务信息）[5]须是公开的。控制股份持有者在任何 3 个月期间可出售的控制股份数量不得超过已发行同类证券的 1%；但如果公司股份在证券交易所上市（不包括场外 OTC 市场），则出售量不得超过 1% 和前 4 周平均周交易量中的较大者。

另外，控制股份的销售必须在所有方面作为常规股票交易（routine trading transaction）进行处理，经纪人不得收取非正常佣金，卖方和经纪人均不得招揽订单。如果在任意 3 个月期间，计划出售超过 5000 股股份或总额超过 50,000 美元，则持有人还需向 SEC 提交表格 144（Form 144）。[6]

最后，需要指出的是，虽然大多数注册权协议都约定在投资者可以根据美国 1933 年《证券法》144 规则在合理时间内出售其全部股份时注册权协议终止，但是如果投资者股权比例较大，并有意通过承销方式出售股份时，则应对此条款提出保留。

结　语

注册权协议在交易中经常被认为是一个较为制式和技术性很强

---

⑤ 详细要求请见美国 1934 年《证券交易法》规则 15c2 - 11。

⑥ 表格 144 是美国上市公司的关联方（affiliate，即公司的董事，高管及持股超 10% 的股东）计划在公开市场上出售受限制股份（restricted securities），非注册股份或是控制股份（control securities）达到一定数量或金额时，需向 SEC 提交的报告文件。

的协议，交易双方通常不会花费大量的时间去谈判。但是，注册权协议的落实却需要花费公司大量的时间、精力和金钱。只有经过仔细谈判和撰写的注册权协议在注册权人行权时才能落到实处，运行良好，并实现交易双方的商业意图。

第 24 回　投资者持股信息披露

在涉及美国上市公司的并购或投资交易中，投资者的持股信息披露是一个重要的问题，经常涉及何时投资者需要浮出水面。美国的证券监管体系以信息披露作为核心要求，及时有效的信息披露可以提高市场的透明度和效率，使市场趋向于一个有效市场。[①]在对投资者持股信息披露方面，证券法力求取得一个平衡，一是要求投资者在取得重要比例的股份后及时披露，以便目标公司了解股东结构的变化并使市场能够及时反映重大信息；二是允许投资者在取得股份和披露之间存在一定的时滞，以使得投资者投入成本研究目标公司而获得的信息优势能够得到维护和获得回报；三是对于意图改变或者影响目标公司控制权的收购者而言，在此期间内可以继续累积股份，有利于警示公司董事会和管理层勤勉尽责和提升整个市场的效率。本文从立法背景出发，剖析了具体的持股信息披露要求，提供了披露的实操指南，希望对从业者有所裨益。

---

① 有效市场假说（Efficient Market Hypothesis）由美国经济学家尤金·法玛（Eugene Fama）于 1970 年提出，即在一个有效的证券市场中，价格应当完全反映了所有可以获得的信息。有效市场可以细分为弱、半强、强三种形式，弱有效市场充分反映了历史信息，半强有效市场在此基础上还能够反映当前的相关公开信息，而强有效市场则在此基础上能够更进一步地反映内幕信息。

一、立法背景

投资者的持股信息披露起源于20世纪60年代的敌意收购浪潮。当时，报纸的财经页面经常充斥着各类兼并与收购，且现金要约收购成为获取上市公司控制权的重要方式。在当时典型的现金要约收购中，要约收购人在公开市场累积一定比例上市公司股权后，以高于市场价的价格提出收购要约（tender offer），并以特定数量的证券接受收购要约为该等要约生效的前提条件。在极端情况下，要约收购人提出的收购要约有效期可能只有几天，使公司董事会和管理层难以评估收购要约提议的优劣，并对其他股东造成压迫。现金要约收购大行其道，究其原因是在当时联邦法律对代理权争夺（proxy fight）以及股份交换（share exchange）的披露要求进行了规定，但没有对现金收购要约的披露要求进行规定，使现金要约收购人无须披露其身份、资金来源及收购后计划等就可以发起敌意现金要约收购。

为了应对以上敌意收购浪潮，美国通过了《威廉姆斯法案》（Williams Act），对美国1934年《证券交易法》（Securities Exchange Act of 1934）进行了修订，加入了第13（d）章，要求任何人士在获得上市公司超过5%的权益类证券（equity securities）后的 10 日内提交申报（最新修订为 5 个工作日内，见下文）。[②]

二、披露要求

根据经修订的美国 1934 年《证券交易法》第 13（d）章，任何人士或团队在直接或间接获得上市公司超过 5% 的具有投票权的经注册的权益类证券的实益所有权（beneficial ownership）后的 10 日内（最新修订为 5 个工作日内），应提交 Schedule 13D 申报，除非该人士可以根据下文所述例外情形提交更为简短的 Schedule 13G 申报。Schedule13D 项下的权益类证券的定义不仅包括了上市公司在交易所交易的股份，也包括该人士可通过可转债、认股权证、期权及期货等方式在报告日（reporting date）的60 日内取得该类证券的权利，即在计算实益所有权的时候应把该类证券计算在内。以上 5% 的计算是按照单一类别的权益类证券进行计算，而非基于全部稀释的基础上（fully-diluted basis）进行计算。

② 披露门槛和披露时限经过几次提案和变动后才确定为现在的 5% 和获得权益类证券后的 10 日内。1965 年 10 月 22 日，参议员威廉姆斯提出了威廉姆斯法案的最初版本，要求潜在收购人在获得 5% 权益类证券之前提早 20 日发出通知并披露收购目的和后续计划，但在美国证券交易委员会的反对下作罢，美国证券交易委员会认为此方案设置的义务过于繁重和不实际。威廉姆斯提出的第二版将提早 20 日缩短至提早 7 日并将 5% 的门槛提升到 10%；但依然遇到不少反对意见，认为此方案仍然会给股东带来繁重的义务，并不利于督促管理层的尽职尽责。威廉姆斯提出的第三版，将披露门槛保持在 10%，披露时限延后至获得权益类证券后的 10 日内，该版本于 1968 年通过。两年后，威廉姆斯再次提议，并经过国会批准，将 10% 的门槛调整至 5%，威廉姆斯将此改动的原因解释为 5%~10% 在一些大公司中已是多数股东，降低门槛可以更好保护散户投资者的利益。至此，潜在收购人在累积收购到 5% 之后 10 天内便须进行披露，使上市公司和散户投资者可以提早知晓潜在收购人的动向。

根据美国1934年《证券交易法》规则（Rules and Regulations Under the Securities Exchange Act of 1934 of the United States）13d－3，实益所有权指的是该等人士拥有的或者共享的，直接或间接的，通过合同、安排、共同理解、特定关系或其他的，（a）投票或者指示某类证券投票的权力（“表决权”），或（b）处分或者指示处分某类证券的权力（“处分权”）。

（一）Schedule 13D vs. Schedule 13G

Schedule 13D和Schedule 13G都要求披露一些共性的信息，包括报告人的姓名、地址、国籍或注册/登记地，目标证券的类别、报告人实益所有的证券数量、该等证券是独立享有表决权或处分权及与其他报告人共同享有表决权或处分权的分别数量等信息。

除以上共性信息外，Schedule 13D还要求披露更多信息，包括报告人的刑事犯罪或者某些民事诉讼或行政处罚信息、资金来源、交易目的、任何改变或影响公司控制权的计划以及过去60天内涉及公司证券的所有交易等。以上这些需要披露的额外信息即起源于规制敌意收购的目的，以使目标公司和市场能够及时得知投资者的意图。

（二）Schedule 13G

通常而言，三类投资者可以使用Schedule 13G进行披露，包括豁免投资者（exempt investor）、合格机构投资者（qualified institutional investor）以及被动投资者（passive investor）。

豁免投资者［见美国1934年《证券交易法》规则13d－1

(d)］通常为上市前即持股的上市公司股东，且在 12 个月内没有增持超过 2%；合格机构投资者通常指在日常经营中获得证券且无意影响上市公司控制权的经注册的投资顾问、银行、证券公司、保险公司等；被动投资者指持股超过 5% 但不超过 20% 的投资者，而且该投资者无意影响上市公司控制权，该等股份的取得也与影响公司控制权的交易无关。

豁免投资者需要在持股超过 5% 门槛当年年末的 45 天内进行 Schedule 13G 的披露（最新修订为季度结束后 45 天内）；合格机构投资者在持股不超过 10% 时，提交披露的期限为当年年底后的 45 天内（最新修订为季度结束后 45 天内），当持股超过 10% 时，提交披露的期限为当月月底后的 10 天内（最新修订为月度结束后 5 个工作日内）；被动投资者提交披露的期限为获得超过 5% 的证券后的 10 天内（此时限与 Schedule 13D 一致）（最新修订为 5 个工作日内）。

（三）Schedule 13D 申报的关键细节

1. 披露义务人

如前文所述，任何人士直接或间接取得 5% 以上的实益所有权需要进行披露，因此，该等披露义务不仅包括直接持股的主体，也包括间接实益所有人，通常向上追溯到自然人，判断的标准即上文所述是否拥有或者共享，直接或间接，对目标公司超过 5% 股份的表决权或者处分权。在从直接持股主体向上追溯时，不计算上层股东持股的比例，举例而言，自然人 A 持有 B 主体 51% 的股份，B

主体获得了 C 上市公司超过 5% 的股份，此时自然人 A 也将成为报告义务人，计算 A 的实益所有权时不乘以 A 在 B 主体中的持股比例，因为 A 可以控制 B 主体的行为。当投资者是合伙企业时，通常向上追溯到普通合伙人（general partner）及其实控自然人。如果该普通合伙人有 5 名自然人股东，而且任何决定需要由 3 名或以上股东决定时，可以认为没有任何一名自然人有单独的决定权，因此没有自然人被认为实益拥有 5% 以上的所有权，则没有自然人需要披露。以上通常称为“三人规则”，该规则曾被美国证券交易委员会接受但没有正式的规定。另外，在中资跨境并购中，还会遇到一个特别的问题，即如果穿透上层是国有企业的情况，一些案例会选择披露到国有企业的集团公司，而不再上穿到国资委或者其他政府机构。

2. 共同申报

报告义务可以通过独立申报或者与其他团体成员共同申报履行。根据美国 1934 年《证券交易法》规则 13d－5，“同意就收购、持有、表决、或处分发行人权益类证券一致行动的两位或多位人士”应被视作一个“团体”（group）。直接实益所有人和其上层的间接实益所有人作为一个团体一般会共同申报［需签署共同申报协议（joint filing agreement）］；但因合同约定而构成“团体”的不同方经常会独立申报，每一方需在各自申报中披露团体各方身份，另外每一方将被视为持有整个团体的权益类证券。

部分交易中，投资者与现有股东签订投票支持协议或合作协议，约定现有股东在股东会上支持拟议交易。在这种情况下，投资者和现有股东经常会分别提交申报，并在 Schedule 13D 中否认团体的存在，同时进一步说明投票支持协议或合作协议达成的约定。

3. 表决权与处分权

Schedule 13D 要求投资者披露其对上市公司的影响力，包括独有表决权（sole voting power）、共享表决权（shared voting power）、独有处分权（sole dispositive power）及共享处分权（shared dispositive power）。通常而言，直接持股主体对投资获得的股份享有独有表决权和处分权；直接持股主体的控股股东作为穿透的上层主体也对目标股份享有独有表决权和处分权（假设该控股股东没有和其他方签署关于表决权或处分权的协议）；当直接持股主体的股东之间签订了关于表决权或处分权的协议时，这些上层主体可以对目标股份享有共享表决权或处分权。

如前文所述，当投资者与现有股东签订投票支持协议或合作协议后，现有股东有义务在股东大会上支持拟议交易。在这种情况下，应该认为投资者与现有股东就现有股东持有的股份共享表决权，投资者在进行信息披露时，应在 Schedule 13D 表格上"共享表决权"处明确列出与签署投票权协议的现有股东的合并持股总数。值得注意的是，投资者不会因此而享有共享处分权。

4. 交易目的

与 Schedule 13D 诞生的背景紧密相关，Schedule 13D 要求披露投资者取得股份的目的。投资者的目的可能仅仅认为股份价值被低估，也可能存在收购公司（善意或恶意）、代理权争夺等目的。如果存在某些相关的交易或协议，则投资者需要较为详细地披露相关交易下达成的重要约定，包括认购或受让的股份数量和相应对价、董事会构成的安排、认股权证的授予等。如果存在特定的未来计划（比如促使上市公司进行兼并、重组、重大资产出售、改变董事会构成、资本结构变化、私有化下市等），也应当披露。投资者经常在 Schedule 13D 申报中包括概括性的语言，大致意思是其将持续评估该投资，并保留其与公司董事、债权人或第三方进行沟通并保留评估其他替代方案的权利。但是，这种概括性的语言并非万能，在投资者有了采取特定行动的确定意图后，应该及时提交 Schedule 13D 修正案。

5. Schedule 13D 修正案（Schedule 13D/A）

在 Schedule 13D 披露事项发生重大变化之时，披露人应当及时（业界一般认为是 2～5 天内）更新并提交 Schedule 13D 修正案（最新修订为 2 个工作日内）。重大变化包括持股变动达到或超过 1%，即使该等变动是因为公司回购或总股数变化而导致；视具体事实和情况，不到 1% 的持股变动也有可能构成重大变化。如果持股降至 5% 或以下，需要及时提交最终修正案，终止 Schedule 13D 下的披露义务。

（四）继续收购

Schedule 13D 仅要求投资者在跨越了 5% 的门槛后进行披露，并未禁止投资者继续购买目标公司的更多股份，因此投资者在持股超过5%起至披露期限截止的10日内可以继续购买目标公司的更多股份。在Schedule 13D公开时，持有10%甚至更多股份的案例并不鲜见。请注意，这与中国证券法的规定有较大不同，中国证券法要求投资者在超过5%的持股线后3日内进行报告和公告，在此期间不得继续购买目标公司股票。

以上10日的期间即为了保护投资者的利益，投资者通过研究公司获得了信息优势，在此期间可以继续增持，避免其他投资者跟风的“搭便车”行为。在Schedule 13D披露时，股价通常将大幅上升，之后再继续增持的成本将大幅上升。如在马斯克收购推特的案例中，在2022年4月4日消息公开时，推特股价跳涨了27%。

（五）最新修订

2008年国际金融危机以后，美国在2010年通过了《多德—弗兰克法案》（Dodd-Frank Wall Street Reform and Consumer Protection Act），对美国的金融市场监管体系进行改革，其中该法案授予了美国证券交易委员会进一步缩短披露窗口的权利。[③] 2022年2月，美国证券交易委员会宣布拟议修改实益所有人的报告规则，以适应现代市场的科技进步、减少信息不对称及提高披露及时性。2023年10月10日，美国证券交易委员会通过了对美国1934年《证券交易

---

③ Dodd-Frank Wall Street Reform and Consumer Protection Act, Pub. L. 111 – 203, 124 Stat. 1900 929R（a）（1）（A）（2010），https：//www. govinfo. gov/content/pkg/PLAW – 111publ203/pdf/PLAW – 111publ203. pdf.

法》规则 13D－G 和美国 1934 年《证券交易法》规则 S－T④ 的修订。

对于 Schedule 13D 而言，以前规定要求披露方在持股超过 5%后的 10 天内完成披露，根据新规则，披露的窗口期将从 10 天缩短到 5 个工作日；另外，关于 Schedule 13D 的修正案，以前规定为及时披露（通常被认为是 2～5 个日历日），但新规则要求在 2 个工作日内。Schedule 13G 的披露窗口期也相应缩短，比如对于合格机构投资者和豁免投资者持股超过 5% 时，提交 13G 表格的期限从年度结束后 45 天内缩短至季度结束后 45 天内；对于合格机构投资者持股超过 10% 时提交 13G 表格的期限从月度结束后 10 天内缩短为月度结束后 5 个工作日内；对于被动投资者持股超过 5% 时，提交 13G 表格的期限从超过 5% 后 10 天内缩短为超过 5% 后 5 个工作日内。

三、“内部人士”的权益报告——表格 3、4、5

与美国 1934 年《证券交易法》第 13（d）章紧密相关，该法第 16 章还规定了上市公司内部人士的权益报告义务。Schedule 13D 报告义务涵盖的是公司的“外部人士”，即外部投资者取得超过 5% 的权益类证券的时候，而该法第 16 章的报告涵盖的是公司的“内部人士”。

---

④ 美国 1934 年《证券交易法》规则 S－T 是根据美国 1934 年《证券交易法》第 15 章制定的一套通用规则和条例，用于管理电子文件的提交。

上市公司的内部人士包括公司的董事、高管和实益拥有超过10%权益类证券的持有人（该实益拥有的概念与上述 Schedule 13D 定义的实益所有权相同，需向上追溯至实控人）。针对报告义务而言，任何自然人或主体需要在成为上述内部人士的 10 天内提交表格 3（Form 3）；在其后持股变动（包括交易上市公司股份、认股权证等）的 2 个工作日内提交表格 4（Form 4，可受豁免的小额变动除外）；如果存在前述豁免提交的情形或未及时提交的情形，在上市公司财年结束后的 45 天内提交表格 5（Form 5）。请注意，即使董事或高管没有持股，其依然需要提交相应表格，披露其没有持股。

除上述报告义务外，美国 1934 年《证券交易法》第 16 章还要求公司内部人士退回“短线交易的利润”（short-swing profits）给公司。短线交易指的是在 6 个月的期间内既卖又买（或既买又卖）公司的证券，需要退回的利润按照最高卖价和最低买价之间的差额计算，因此可能不等同于内部人士短线交易实际获得的利润。请注意，该第 16 章并没有禁止内部人士进行短线交易，但要求退回短线交易的利润。退回规则是严格责任，公司内部人士不能通过提供合理的抗辩理由而避免退回该等利润。

在中资企业对美国上市公司投资的交易中，一些读者会发现大部分交易并没有提交表格 3、4、5，这是因为如果上市公司属于外国私人发行人（foreign private issuer），根据美国 1934 年《证券交易法》规则 3a12 –3（b），其证券不受制于该第 16 章规定的义务。

非注册于美国的发行人是否属于外国私人发行人要基于美国股东及美国业务联系两种测试做出判断。一般而言，若注册于开曼群岛或英属维尔京群岛，其总部和大多数资产都在中国，则该类中概股公司基本都符合外国私人发行人的定义。

四、EDGAR 系统开户和报告提交

落实到实操层面，以上 Schedule 13D、Schedule 13G、表格 3、4、5 都需要通过美国证券交易委员会的 EDGAR（Electronic Data Gathering，Analysis，and Retrieval system，EDGAR）系统提交。如果投资者属于首次申报，需要开通 EDGAR 账户并取得数个识别码（identification codes），而开户文件需要公证。开户过程大概需要 2～3 个工作日。另外，Schedule 13D 的提交可以仅使用多个披露方中一方的账号共同提交（joint filing），但表格 3、4、5 需要每个报告人使用自己的账号。

结　语

每一条法律规则的背后都有其试图解决的问题和保护的利益。Schedule 13D 为解决敌意现金收购的问题而生，该披露要求较为有效地防止了收购者静悄悄地累积股份并突然发起对上市公司的敌意现金收购，但同时该披露要求允许投资者在披露时存在一定时滞，以保护该等投资者的利益和维护市场的有效竞争。美国 1934 年《证券交易法》第 16 章下表格 3、4、5 的披露义务，则是对公司内

部人士的持股信息披露要求，因为内部人士相对于公众投资者通常具有信息优势，他们的持股信息及变动对于提高市场的透明度至关重要。

延伸阅读

案例摘要 24－1

马斯克收购推特

2022年1月底，美国企业家埃隆·马斯克开始秘密购入推特股票。直到3月14日，马斯克已累计持股超过5%。根据美国1934年《证券交易法》第13（d）章，马斯克应该在10天内履行持股信息披露义务。

然而直至4月4日，埃隆·马斯克才以被动投资者的身份［依据美国1934年《证券交易法》规则13d－1（c）］，通过提交Schedule 13G文件，[①]首次向公众披露他在推特的股权比例。在这份申报文件中，马斯克透露其已实际持有推特7350万股股份，占公司总股本的9.1%。至此，马斯克成为推特第一大股东。消息公开后，推特的股价经历了首次公开发行以来最大的涨幅，盘中涨幅高达27%。

同日，美国证券交易委员会就该披露发信问询马斯克。[②]问询主

① Twitter Inc.，*Schedule 13G*，EDGAR（Mar. 14，2022），https：//www. sec. gov/Archives/edgar/data/1418091/000110465922041911/tm2211482d1_ sc13g. htm.

② Twitter Inc.，*SEC's Request for Additional Information Re*：*Twitter*，*Inc. Schedule 13G filed by Elon R. Musk*，EDGAR（Apr. 4，2022），https：//www. sec. gov/Archives/edgar/data/1418091/000000000022003713/filename1. pdf.

要包括如下几个方面：

1. 披露中的事件发生日期是 3 月 14 日，认定依据是什么？为什么 Schedule 13G 未能在事件发生日起的 10 日内提交？

2. 马斯克依赖规则 13d－1（c）（前述的被动投资者）提交了 Schedule 13G。根据 13G 的要求，披露人需要承诺其取得股份没有改变或影响公司控制权的意图或者后果，并与具有改变或影响公司控制权的意图或者后果的交易无关。为什么马斯克没有做出此等承诺而仅标注“不适用”？

3. 鉴于马斯克的近期言论，包括关于“言论自由”的部分，请分析为什么可以被认定为被动投资者以提交 Schedule 13G？

4 月 5 日，马斯克将自己重新归类为积极投资者，通过提交 Schedule 13D 文件，[③]对先前的 Schedule 13G 报告进行了修订，重新披露持股情况。这份 Schedule 13D 文件还披露了：马斯克与推特在前日达成一份协议，即其将被任命为董事会成员，并规定其在担任董事后的 90 天内，持股比例不得超过 14.9%；马斯克采用现金方式购入推特股份；马斯克在报告日前 60 天内收购股份数量和价格的情况；交易是出于投资目的，报告人可能额外购入、卖出、处分公司股份，目前没有导致或涉及 Schedule 13D 第 4 项中（a）至（j）段所述交易的计划或目的，例如公司并购、重组、管理层变动等。

---

③　Twitter Inc.，*Schedule 13D*，EDGAR（Apr. 4，2022），https：//www.sec.gov/Archives/edgar/data/1494730/000110465922042863/tm2211757d1_sc13d.htm.

随后，4 月 11 日，马斯克提交了 Schedule 13D 修正案，④表示拒绝了加入推特董事会席位，但今后可能与公司管理层就潜在业务合并、公司治理等进行讨论。4 月 13 日，马斯克提交了第二次 Schedule 13D 修正案，⑤表示将以 430 亿美元的现金交易，从推特股东手中购买所有流通股，将推特私有化。收购价格为每股 54.20 美元，比马斯克一月底交易初始的价格高出 54%，比首次披露持股时的股价高出 38%。

4 月 15 日，面对马斯克发起的恶意收购攻势，推特董事会采取行动，全票批准了一项“毒丸计划”。这项防御机制设计独特，规定在马斯克或其他任何收购方持有推特股份达到公司总股本 15% 的关键门槛时，推特除收购方之外的所有现有股东将获得一项特权，即能以当时市场价一半的价格购买推特增发的新股。颇具戏剧性的是，仅仅数日后，4 月 25 日，推特突然宣布与马斯克达成了收购协议，同意马斯克以总价 440 亿美元的资金全面收购该公司。然而，在达成收购协议后，这场收购后续的剧情依然跌宕起伏。

2023 年 5 月，马斯克在公众视野中首次释放出对推特收购案的

---

④ Twitter Inc., *Amendment No.1 to Schedule 13D*, EDGAR (Apr. 9, 2022), https://www.sec.gov/Archives/edgar/data/1494730/000110465922044481/tm2212422d1_sc13da.htm.

⑤ Twitter Inc., *Amendment No.2 to Schedule 13D*, EDGAR (Apr. 13, 2022), https://www.sec.gov/Archives/edgar/data/1494730/000110465922045641/tm2212748d1_sc13da.htm.

疑虑。彼时，一则关于推特每日活跃用户中可能存在高达5%垃圾账户的报告浮出水面。马斯克迅速作出反应，于5月13日宣布暂时搁置这笔价值数百亿美元的交易，引发市场震动，推特股价应声下跌超过10%。⑥7月8日，马斯克正式宣布意图终止收购协议，理由是推特未能满足他对垃圾邮件账户数据的深度调查要求，且公司在未经协商的情况下解雇了部分高层管理人员，这些行为被马斯克视为对收购协议的“严重违反”。⑦作为回应，7月12日，推特在特拉华州法院对马斯克提起诉讼，要求马斯克完成收购交易。⑧

进入8月，马斯克进一步强化了他的退出立场。他向美国证券交易委员会提交了一份详尽的“终止信”，援引前推特安全官扎特科对推特在隐私及数据保护方面的保护不力，指责推特违反了双方签订的收购协议中的陈述与保证。⑨与此同时，马斯克团队试图在特

---

⑥ Greg Roumeliotis & Sheila Dang, *Musk Says $44 Billion Twitter Deal on Hold Over Fake Account Data*, Reuters (May 16, 2022), https: //www. reuters. com/technology/musk – says – 44 – billion – twitter – deal – hold – 2022 – 05 – 13/.

⑦ Clare Duffy, Brian Fung & Rachel Metz, *Musk Tells Twitter He Wants Out of Deal to Buy It. Twitter Says It will Force Him to Close the Sale*, CNN Business (July 9, 2022), https: //edition. cnn. com/2022/07/08/tech/elon – musk – twitter – deal – exit/index. html.

⑧ Matt O' Brien, *Twitter Sues to Force Musk to Complete His $44B Acquisition*, Associate Press (July 13, 2022), https: //apnews. com/article/elon – musk – twitter – inc – technology – 0affe680bb9ce5dcc2bde32e294d87c9.

⑨ James Vincent, *Elon Musk Says Whistleblower's Testimony Gives Him More Reasons to Dump Twitter Deal*, The Verge (Aug. 30, 2022), https: //www. theverge. com/2022/8/30/23328499/elon – musk – twitter – deal – termination – letter – whistleblower – testimony – mudge – zatko.

拉华州的诉讼程序中说服法官推迟即将来临的审判，以争取更多时间整理证据和应对诉讼，然而法官并未应允延期请求，[10]9 月马斯克方面第三次向推特发出终止通知。[11]在法律战紧张进行的同时，马斯克抛出了两个更低的收购报价——分别为 310 亿美元和 396 亿美元。然而，推特董事会态度坚决，断然拒绝了这两个远低于原定价格的提案。[12]

在法官原定的开庭日期临近之际，马斯克的法律团队于 10 月 3 日通知推特，马斯克愿意按照最初的每股 54.20 美元价格继续推进收购，但条件是推特必须撤销针对马斯克的诉讼。[13] 10 月 6 日，法官顺应事态发展，批准将原定的审判日期延至 10 月 28 日。最终，马斯克于 10 月 27 日完成了收购推特的交割。[14]

---

⑩ Richard Lawler, *Twitter v. Elon Musk Trial Date Set to Start October 17th*, The Verge (July 29, 2022), https://www.theverge.com/2022/7/29/23283577/elon-musk-twitter-lawsuit-trial-start-date-delaware.

⑪ Ivan Mehta, *Elon Musk's Third Termination Notice to Twitter Is About Mudge's severance*, TechCrunch (Sept. 12, 2022), https://techcrunch.com/2022/09/12/elon-musks-third-termination-notice-to-twitter-is-about-mudges-severance/.

⑫ Kate Conger & Michael S. Schmidt, *Elon Musk Offered to Buy Twitter at a Lower Price in Recent Talks*, The New York Times (Oct. 5, 2022), https://www.nytimes.com/2022/10/05/technology/elon-musk-twitter-discount.html#:~:text=the%20discussions%20said.-,Mr.,because%20the%20talks%20were%20confidential.

⑬ Cara Lombardo & Dana Cimilluca, *Elon Musk Proposes Closing Twitter Deal on Original Terms*, Wall Street Journal (Oct. 4, 2022), https://www.wsj.com/articles/elon-musk-proposes-closing-twitter-deal-on-original-terms-11664901454.

⑭ Donie O'sullivan & Clare Duffy, *Elon Musk Has Taken Control of Twitter and Fired Its Top Executives*, CNN Business (Oct. 28, 2022), https://edition.cnn.com/2022/10/27/tech/elon-musk-twitter/index.html.

案例索引

A

C

K

L

M

N

O

P

R

S

图书在版编目（CIP）数据

跨境并购实战指引：商业风险分配和法律条款设计／王兴华著. --北京：法律出版社，2024（2024.11 重印）.

ISBN 978-7-5197-9381-4

Ⅰ. D912.29

中国国家版本馆 CIP 数据核字第 2024EV5027 号

跨境并购实战指引：商业风险分配和法律条款设计
KUAJING BINGGOU SHIZHAN ZHIYIN：SHANGYE FENGXIAN FENPEI HE FALÜ TIAOKUAN SHEJI

王兴华 著

策划编辑 薛 晗 赵明霞
责任编辑 赵明霞 宋佳欣
装帧设计 汪奇峰

出版发行 法律出版社
编辑统筹 法商出版分社
责任校对 王语童
责任印制 胡晓雅
经　　销 新华书店

开本 A5
印张 11.75　**字数** 240 千
版本 2024 年 10 月第 1 版
印次 2024 年 11 月第 2 次印刷
印刷 北京中科印刷有限公司

地址：北京市丰台区莲花池西里 7 号（100073）
网址：www.lawpress.com.cn
投稿邮箱：info@lawpress.com.cn
举报盗版邮箱：jbwq@lawpress.com.cn
销售电话：010-83938349
客服电话：010-83938350
咨询电话：010-63939796

书号：ISBN 978-7-5197-9381-4　**定价**：88.00 元

凡购买本社图书，如有印装错误，我社负责退换。电话：010-83938349